磨盘双合的日子

——西双版纳僾尼人的社会性别研究

DAYS WHEN THE MILLSTONES ARE UNITED

GENDER PATTERN AND MECHANISM OF

AINI PEOPLE, XISHUANGBANNA

颜　宁／著

社会科学文献出版社

SOCIAL SCIENCES ACADEMIC PRESS (CHINA)

今天是两块磨盘双合的日子，今天是两片芋叶遮羞的日子；新娘离开了娘家，你要听公婆的话；新郎你娶了老婆，就不要再胡闹；你们的誓言是金竹，你们的誓言是篱笆。

——傈尼"婚礼祝福歌"

序

颜宁教授所著《磨盘双合的日子——西双版纳僾尼人的社会性别研究》出版在即，嘱我写序，于是我再次阅读了这本几经修改的博士论文。

颜宁与僾尼人结缘，缘于参加我主持的联合国环境署"东南亚山区土地可持续利用研究"云南项目。2005 年 9 月，该项目中外专家为选择项目点到西双版纳傣族自治州勐海县南糯山考察，经过现场评估，确定南糯山哈尼族僾尼人村寨大巴拉为项目点之一。颜宁具备项目研究所需的专业素养，亲和力强，且精通英文，所以被选定负责该项目点的研究工作。当时她已是副教授，同时在攻读我设置的"西南民族文化"方向博士学位，我意如能把项目研究与博士论文的写作结合起来，那就可以一举两得，事半功倍。颜宁欣然同意，不过较之土地利用，她对性别研究更感兴趣，所以在完成项目之后，她继续在该村进行调查，直到完成博士论文的写作。

阅读人类学、民族学著作，通常看重两点：一是有无新意，即理论观点是否有独到之处；二是看其如何写文化，即资料是否翔实丰富，表达是否质朴流畅。颜著在这两方面均可圈可点。女性社会性别研究，是一个跨学科的热门研究领域，对此怀有兴趣

1

的中外学者尤其是女性学者不少，研究成果非常之多，理论流派也是百家争鸣、异彩纷呈。白志红教授所著的《女性主义与人类学》曾对迄今为止有影响的 13 种女性主义理论流派做过全面的梳理和评论，颜著中"绪论"部分也对前人的相关理论做了较为全面的回顾。颜宁对社会性别研究情有独钟，是有准备和见地的，而其理论的灵感，却来自僾尼人"婚礼祝福歌"的一句歌词："今天是两块磨盘双合的日子，今天是两片芋叶遮羞的日子；新娘离开了娘家，你要听公婆的话；新郎你娶了老婆，就不要再胡闹；你们的誓言是金竹，你们的誓言是篱笆。"多么形象质朴的唱词！颜著将其突出地放在扉页之后，画龙点睛，寓意深刻。"磨盘双合"，是僾尼人性别观念和文化的形象表达，作者在田野调查中敏锐地感悟到了"磨盘双合"的象征意义，继而通过对成人仪式、恋爱理想、定亲结婚、怀胎生儿、抚养教育、亲属关系、性别分工、生产过程、丧葬礼仪等的深度参与观察，获得了阐释和验证"磨盘双合"高度浓缩的文化象征意义的丰富资料，从而实现了从理论预设到理论建构的跨越。"磨盘双合"理论模式，与长期占据社会性别研究领域主流地位的"二元对立论"大相径庭，其挑战性显而易见。当然，在学界，颜著并非是批判"二元对立论"的先驱，类似的学说其实已多有提出，如美国学者杜杉杉的《社会性别的平等模式——"筷子成双"与拉祜族的两性合一》就是这方面的代表作。此外，国内一些学者的研究也有类似的理论观点。颜著没有否认前人给予她的启发，从大的方面说，其著作彰显的"磨盘双合"与杜杉杉的"筷子成双"基本相似，同属性别和谐论。不过，颜著并非杜著等的翻版，而是有其新意，即认为现实生活中完全的、纯粹的两性和谐、两性平等、合二为一只是一种美好的想象，甚至是"乌托邦"式的理想；双合中存在独立，平等中存在差异，合而不同，同而有异，才是两性的真谛。社会性别"二元结构"中的"磨盘"，你中有我、我中有你，对立统一、相辅相成。正是这种阴阳一体、差异互补的社会性别关系，才使得僾尼人社会洋溢着和谐、安详的气氛。"僾尼人的社会性别关系和角色构成模式及其文化的特有运作方式"，说明"社会性别的观念和实践作为文化和社会存在及运作的核心要件之一，没有单一不变的模式可循，而是具有鲜明的地域性和文化多样性特征"。（颜著语）

　　理论立足于实证，实证来自于田野。颜宁初入田野，说实话我是心存疑虑的。一个一直生活在城市优越环境里的女性，一个教书多年的大学老师，能够转变角色、深入村寨、入乡随俗，不怕艰苦、较长期地和村民一起生活吗？后来的情况消除了我的担心，完全改变了我对她的看法。在大巴拉寨，村民们一点也感受不到这位城市成功女性的自豪优越感，反倒对她的平易、朴素、大方、亲切、真诚交口称赞，同龄人把她看作姐妹，寄宿家把她当作亲人，老人们则亲切地称她为"阿布"（姑娘、女儿）。作为被认同的"大巴拉寨人"，她参与种田、采茶、采集等农活，经历了婚嫁丧葬红白喜事，参与了一年中的各种节日，见识了诸多宗教祭祀仪式，与大巴拉寨的村民们建立了深厚的感情。每当寒暑假期，在昆明上小学的儿子也随她一起去大巴拉寨，儿子像母亲一样，毫不嫌弃农村贫困，和村中的孩子们朝夕相处，嬉笑打闹，成了大巴拉寨小朋友们亲密的小伙伴。读颜宁的著作，不像有的作品东拼西凑、肤浅苍白，也不像有的著作堆砌资料、毫无生活气息，更不像有的论著刻意不说人话，云遮雾罩，故弄玄虚。颜著读来朴素自然，有血有肉，而且能感受到一种诗意的"乡愁"。原因何在？不言而喻，她真正融入了僾尼人的社会，被村民认作"阿布"和亲人，体验了纯真质朴的世态，感知了文化的真谛，其著作自然会呈现真知、流露真情。

人类学的田野调查，被认为是验证理论预设的实验室，其实它的意义远远不止于此。对人类学者而言，长期的田野生活，不仅仅是学术，更是人生。离开田野几年了，颜宁和她的孩子一直难忘、牵挂着大巴拉寨，有时间便重返大巴拉寨看望村民，大巴拉寨的生活经历已然在他们的生命中烙下了深刻的印记，并将让他们回味、眷念终生。一本著作，文字的描写需要冷静和理性，而当画上句号，掩卷之余，难免五味杂陈，思绪难平。颜著的"致谢"，让我感受到了这种心情，引起了我的共鸣。看到她对村民及家人等表示感激的话语，不禁想到当初一起从事联合国环境署"东南亚山区土地可持续利用研究"研究项目的那些学者们，他们中有兼任项目发起人和协调人的联合国大学的梁罗辉教授，有来自泰国、老挝、缅甸、印度、日本、美国等国的诸多学者，其中最值得尊敬的是泰国清迈大学的卡诺克（Kanok Rerkasem）教授。他学识渊博，田野经验丰富，却平实得像一个农民老头，十分和蔼可亲。他的外婆是中国人，他对中国和中国学者很有感情。我与颜宁等几个学生曾多次前往泰国、老挝等地参加项目研讨会，每次卡诺克都是主要的报告者和评议人。为了充分分享他的经验，我曾邀请他参加云南项目的选点和指导工作，为此他几次抽时间到云南和我们一起调查研究，其严谨的治学态度和工作热情，使学生们深受教益。本想在颜宁完成博士论文的时候请他审阅，不料他于2006年突然逝世，让人深感遗憾。借此写序的机会，回忆卡诺克教授，以表达对这位良师益友的深切怀念。

尹绍亭

2016年7月写于昆明厚德苑

目　录

绪　论 ……………………………………………………………… 1

磨盘双合的文化阐释 ……………………………………………… 39

研究对象与田野点 ………………………………………………… 51

第一章　生命周期中的磨盘双合 ………………………………… 66

　第一节　成人仪式的 "半" 与恋爱阶段的 "双" …………… 66

　第二节　夫妻只有一颗心，筷子要两只才成对 …………… 85

　第三节　夫妻携手，共育儿女 ……………………………… 101

　第四节　完成今生凤愿，走进来世乐园 …………………… 110

第二章　磨盘双合的文化补偿机制 ……………………………… 127

　第一节　舅权——代言女性的声音 ………………………… 128

　第二节　尼帕——女性性别角色的凸显 …………………… 148

第三章　传统农耕文化中的磨盘双合 …………………………… 163

　第一节　稻作农耕祭祀礼仪中的 "相辅相成" …………… 164

　第二节　稻作生计活动中的 "环环相扣" ………………… 189

第四章　磨盘双合的变迁与文化调适 ……………………… 210

　　第一节　剩余劳动力脱离土地生产 ………………… 211

　　第二节　男女老少投入茶叶生产 ………………… 221

结　语 ………………………………………………… 240

参考文献 …………………………………………… 243

致　谢 ……………………………………………… 254

绪　论

　　自1975年在墨西哥首都墨西哥城召开联合国第一次政府间世界妇女大会①以来，以谋求"平等、发展与和平"为主题的妇女问题已引起世界范围内众多国家政府机构和非政府组织的关注。妇女问题作为构建公平社会、促进和谐发展的中心议题之一，被纳入国家的政治决策、法律保护等多方面的综合视野中，各国也随之出台了一系列保护妇女合法权益、促进男女平等的政策措施、法律法规。与此同时，以妇女问题为核心的社会性别研究也在学术界蔚然成风，不少学者在研究不同区域、不同种族、不同群体中男女性别关系的同时，也把改善妇女地位、谋求男女平等视为己任，大声疾呼。

　　1995年9月，联合国第四次世界妇女大会（以下简称"世

---

　①　第一次世界妇女大会通过了《关于妇女的平等地位和她们对发展与和平的贡献的宣言》（以下简称《墨西哥宣言》）和《实现妇女目标而制定的世界行动计划》。《墨西哥宣言》认为男女平等指男女作为人的尊严和价值的平等以及男女权利、机会和责任的平等。第二次世界妇女大会于1980年在丹麦首都哥本哈根举行。大会在平等、发展与和平的总目标下，提出了就业、保健和教育等次目标，通过了《消除对妇女一切形式歧视公约》。第三次世界妇女大会于1985年在肯尼亚首都内罗毕举行，通过了《到2000年提高妇女地位内罗毕前瞻性战略》。该战略就全世界妇女到2000年前进一步实现男女平等、参与国家发展、维护世界和平提出了一系列在国家层面上实施平等、发展与和平的措施。

妇会"）在北京召开，大会通过了《北京宣言》和《行动纲领》。2005 年 2 月，在第四次世界妇女大会召开 10 周年之际，联合国纽约总部对促进两性平等和赋权妇女及女童方面的工作进展情况进行评估。① 其间，134 个国家向联合国提交了各国为促进两性平等和执行《行动纲领》所做工作的详细资料。联合国性别问题和提高妇女地位问题特别顾问雷切尔·马扬贾说："北京世妇会以来取得了长足进步。我们目前看到有更多的平等法律来保护妇女免受歧视、虐待和暴力。然而，为了实施北京《行动纲领》，还有大量工作要做，在减少贫穷、改善健康状况、创造经济进步机会和政治领导以及减少侵犯人权现象方面尤为如此。"联合国提高妇女地位司司长卡罗琳·汉南女士说："非政府组织的这种参与水平证明，民间社会过去 30 年来为增进妇女权利做出了巨大贡献。它们对 10 年审查和评估的投入与持续合作乃是这一进程的一个至关重要因素。"② 2006 年 8 月，为纪念"北京 +10"会议的召开，人民日报刊发了评论员文章——《再聚北京　共创未来》③，新华社发布了顾秀莲《男性为中心的传统观念是男女平等的主要障碍》一文④。2008 年 10 月，中国妇

---

① 这次会议旨在对 '95 世妇会召开 10 年来的工作进展进行审查和评估，也被称为"北京 +10"会议。

② 《联合国评估各国性别平等状况》，《中国妇女报》2005 年 2 月 5 日。

③ 《再聚北京　共创未来》，《人民日报》2006 年 8 月 29 日。

④ 顾秀莲：《男性为中心的传统观念是男女平等的主要障碍》，http://news. xinhuanet. com/newscenter/2005 – 08/30/content_ 3419420. htm，2005 年 8 月 30 日。文章开篇援引时任全国人大常委会副委员长、全国妇联主席顾秀莲 8 月 29 日的讲话："以男性为中心的传统观念的影响，是现阶段男女平等进程中的主要障碍之一。中国将继续大力推进社会性别意识主流化的进程。"文章最后援引顾秀莲的话说："只有大力宣传先进的性别文化，使男女平等真正成为全社会的广泛共识，妇女发展才能获得强大的支持力量。"

女第十次全国代表大会在北京召开，提出了"共促科学发展，共建和谐社会，共创美好生活"的口号。贺国强就新时期的妇女问题提出了具体要求：要从全局和战略的高度，充分认识妇女在全面建设小康社会、发展中国特色社会主义中的重要作用，牢固树立马克思主义妇女观，坚决贯彻男女平等的基本国策，不断完善保护妇女儿童权益的法律政策体系，健全支持妇女事业发展的体制、机制，确保广大妇女在国家政治、经济和社会生活中的平等地位与权利，促进妇女与社会协调发展、与男性平等发展。①

在我国，促进男女平等是一项基本国策。② 政府将包括性别平等在内的公平正义作为构建社会主义和谐社会的重要内容，运用经济、法律、行政及舆论等多种措施，努力保障妇女在政治、经济、文化、社会和家庭生活等方面享有与男子同等的权利，形成了以《中华人民共和国宪法》（以下简称《宪法》）为基础，以《中华人民共和国妇女权益保障法》（以下简称《妇女权益保障法》）为主体，包括国家各种单行法律法规、地方性法规和政府各部门行政规章在内的一整套保护妇女权益和促进性别平等的法律体系。与此同时，非政府组织在促进男女平等方面也发挥着积极作用。中华全国妇女联合会（以下简称"妇联"）是中国最大的促进性别平等和妇女发展的非政府组织，代表全国妇女参与国家和社会事务的民主管理和民主监督，在体现和维护妇女权益等方面发挥了重要作用。近年来，政府部门与妇联等非政府组织

---

① 《贺国强在中国妇女第十次全国代表大会上的祝词》，http：//news. xinhuanet. com/newscenter/2008 – 10/28/content_ 10265834. htm，2008 年 10 月 28 日。

② 1995 年，江泽民代表我国政府在联合国第四次世界妇女大会开幕式上指出，"我们十分重视妇女的发展与进步，把男女平等作为促进我国社会发展的一项基本国策"，开辟了将男女平等纳入国家政策体系最高层次的新阶段。

合作开展了多种活动，使社会资源得到有效利用，并通过这些活动有力地促进了性别平等和妇女发展。① 此外，政府还就少数民族地区的妇女问题出台了有针对性的法律法规，形成了以《宪法》为基础，以《妇女权益保障法》和《中华人民共和国民族区域自治法》为主体，包括各种单行法律法规、民族自治地方自治条例和对国家法律的变通条例以及政府规章在内的一整套保护少数民族妇女权益的法律体系，保障少数民族妇女参政议政、参与管理国家和地方事务的政治权利，同时保障少数民族妇女参与到社会经济生活中。

一 基于现实缺失和"二元对立"的性别平等诉求

如上所述，全世界都充分意识到改善妇女地位与赋权妇女是建立一个公平、和谐的社会的重要前提，并从制度层面为之付出了大量努力，把保护妇女的合法权益、促进两性的共同发展纳入国家决策视野和法律体系。然而，有不少人仍存在疑问：政策、法律意义上的公平就意味着现实社会中的公平吗？理论与实践之间的差距究竟还有多大？以上等等质疑②的合理之处在于看到了

---

① 中华人民共和国国务院新闻办公室：《中国性别平等与妇女发展状况》，http：//news. sina. com. cn/c/2005 - 08 - 24/10506771249s. shtml，2005 年 8 月 24 日。

② 相关质疑可参见玛格丽特·桑顿："实际上，病态的法律目光根本不会看到多元的和异质的利益。"《公民概念的性别化分析》，王卫平等译，《外国法译评》1997 年第 1 期）。周全德："法律上的男女平等并不等同于或不完全等同于事实上的平等。近年来，在全球化和市场经济为主导的现代化的背景下，我国妇女的发展出现了一些新问题，如妇女劳动边缘化、妇女商品化、妇女婚姻生活搁浅、女性合法权益受到侵犯等等。"（《我国存在某些男女不平等现象的原因探析》，《中州学刊》2003 年第 1 期）

理论与实践的脱节现象以及理想层面与现实层面的差距。实际上，正是由于"性别平等"长期以来被视为一种只存在于"理想国"中的乌托邦式的幻想，妇女解放运动才被定义为"长期的、艰苦的斗争"。

西方经历了 19 世纪初自由女权主义倡导"男女心智同体"到 21 世纪生态女权主义倡导"男女既是自然的，也是文化的"性别平等观的历史嬗变；中国在"五四"运动中倡导男女平权，鼓励妇女参加社会工作，从而获得经济独立的"新妇观"①，直到抗日战争以及新中国成立后，妇女解放运动始终被看成社会变革的重要组成部分。妇女解放运动的宗旨也从早期的女性自我意识过渡到女性主体意识，再发展到今天的女性群体意识，即每个女性都应该意识到自己是女性群体中的一员，都应该为女性的发展和成长尽心尽力。② 这一切都充分说明了妇女解放运动以及追求性别平等理想的长期性和艰苦性。

然而，在这些轰轰烈烈的追求男女平等的妇女/女权运动中，却隐含着一个不容忽视的事实，或者说值得认真推敲其真伪的理论假设，即世界范围内不存在男女平等的社会。在意识形态和制度领域中，男女分属于压迫与被压迫的不同阶层。而在性别不平等的社会中，妇女大多由于天生的生育功能、被社会强加的养育责任和被认作相对低劣的心智能力而与创造文明、具有文化优越性的男性群体分离。女性不仅被禁锢在家务劳动之中，而且被剥

---

① 参见汪丹、汪兵："梁启超的'新妇观'把中国妇女看作待在家里、坐享其成的分利者，而不是财富的创造者，并认为这种状况不彻底改变，中国就会永远地贫弱下去。"（《是"新妇"还是"西妇"？——梁启超"新妇观"的文化评议》，《思想战线》2004 年第 1 期）

② 张晓红、梁建东：《从"铁姑娘"到"新典范"——中国女性社会角色的历史变迁》，《思想战线》2008 年第 1 期。

夺了参加社会活动、分享社会资源的权利。而造成这种现象的主要原因就是主流意识形态和父权制的交叉结构性力量。在这种力量的控制下,男性主导、女性屈从的"二元对立"成为性别关系模式的常态。① 同时,这种力量从社会、经济、文化等多个层面强有力地维护着"男主女从"的性别模式,使处于其中的很多女性也将自己的屈从地位视为历史必然和命运使然。于是,"性别不平等"的二元对立模式成为界定或解释两性社会角色或关系的理论源泉和思想武器。正如某些学者所说,"性别分工和父权制家庭是构成男女两性社会性别差异的主要根源。要落实男女平等的基本国策,就必须在政策上弱化和淡化传统的性别分工和父权制家庭制度"。②

由此看来,要建立男女平等的和谐社会,首先要打破"男性主导、女性屈从"的二元对立性别关系框架,瓦解父权制家庭结构。然而,正如前文所述,这一切的达成,仅靠"羸弱"妇女的自身愿望和努力是不可能完成的。于是,外力的干预,尤其是国家制度层面的政策性干预不可或缺。"国家通过意识形态、政治运动和行政干预,不仅使男女平等的思想深入人心,而且使之体现在社会生活的各个角落。"③ 然而,在这些法律法规的制定和实践过程中,政策倾斜的对象、被保护与帮助的群体——妇女的声音通常是缺失的。妇女被定义为一群"同源同性、同感同想"的抽象性别群体。无论她们居于何处、处于何种历史与文化境遇、实践着怎样的家庭生活、参与着怎样的社

---

① 熊秉纯:《客厅即工厂》,重庆大学出版社,2010。
② 李慧英:《社会性别与公共政策》,当代中国出版社,2002,第18页。
③ 李小江:《50年,我们走到了哪里?——中国妇女解放与发展历程回顾》,《浙江学刊》2000年第1期。

会活动，她们的经历、感受都被假定为一样的，她们所遭受的压迫也被设想为雷同的。正如越来越多的研究所展示的那样，政府职能部门或研究者"在努力解释宏观社会现象的社会性时却没有真正关注女性群体。女性被描述成沉默无声的群体，她们的想法往往是通过居于支配地位的男性来表达"①。"女性的这种缺席不仅是一种理论逻辑，也是一种社会历史现实。"②

无怪乎在市场经济激烈竞争的背景下，当"80后"的女大学生高喊"妇女回到家里去"的口号，对女性解放运动中所倡导的经济独立、人格自主的女性角色进行颠覆的时候，舆论一片哗然。在2001年3月的"两会"期间，全国政协委员王贤才提出了"妇女回家"的倡议："我的根本目的就是倡导大家树立一种新观念，女同志回到家里相夫教子同样是光荣的，这是社会分工的应有内容之一，完善男女的合理分工，是社会进步的表现。"③ 对此，有人坚决反对，认为女性一旦回到家中，几代人为了妇女解放而付出的努力及取得的成果将功亏一篑，因为"女性一旦回到家庭失去经济自立能力，就很难保证让所有的人都承认没有报酬的家务劳动同样是对社会的巨大贡献"④。

在这样的大背景下，各种批判性的理论思潮风起云涌，其中颇具代表性的当数人类学家基于扎实田野工作的、以社会性别为

---

① 白志红：《早期人类学研究中女性的在场与缺席》，《云南社会科学》2005年第6期。
② 宋建丽：《从性别平等、性别差异到性别公正》，《中华女子学院学报》2008年第4期。
③ 《两会聚焦：妇女回家相夫教子还是延长退休年龄》，http://text.news.sohu.com/12/81/news144268112.shtml，2001年3月7日。
④ 沈奕斐：《被建构的女性：当代社会性别理论》，上海人民出版社，2005，第210~211页。

核心的学术研究和论断。学者们基于长期的田野调查，挖掘不同社会中妇女的真实生活，质疑并挑战某些经典的妇女解放和两性平等的理论诉求。他们批判说，今天"性别平等"诸多研究的出发点仍然顽固地基于这样一种假设，即女性与男性地位的差异，是由于性别被截然划分在家庭和社会、自然和文化这两个被界定为不同价值的领域中。① 换言之，在某些政策层面和学术领域中，"性别平等"实际上是一种基于现实缺失的理想性诉求。此外，不同文化背景中妇女的经历，对性别关系的价值取向以及不同文化群体对性别平等的不同认识和理解并没有被真正纳入主流文化的政策范围和学术视野。坦率地说，在某种意义上，"妇女解放"和"男女平等"是一种被禁锢于"二元对立"的刻板性别观之中，并忽略了文化多样性的、模式化的、单方面的主流文化意识形态和制度文化的体现与表达。

二 社会性别与"二元论"

社会性别理论认为，性别有生理性别（Sex）和社会性别（Gender）之分。生理性别指两性的生物性差异，是与生俱来的。社会性别，泛指男女两性在社会文化建构中形成的性别特征和差异，包括社会对两性及两性关系的期待、要求和评估。社会性别不仅在社会制度及个人社会化过程中得以延续和强化，而且与特定的历史条件、社会结构、政治和经济利益紧密相关。

"社会性别"一词自出现之日起，一直是女权主义思潮和女

---

① 陈庆德、潘春梅：《现代语境中的妇女地位与箐口哈尼族村寨中的妇女角色》，《思想战线》2008 年第 4 期；关于对"自然/文化"的二分法批判，可参见罗斯玛丽·帕特南《女性主义思潮导论》，艾晓明译，华中师范大学出版社，2002，第 8 章"生态女性主义"。

性人类学的关键术语。然而，"社会性别"的内涵总是随着时代的发展而不断丰富和更新。社会性别"可以服务于多重的和多样的目的，要真正理解它，就必须把它置于特定的历史背景和社会语境中"①。例如'95世妇会前后，"社会性别"一度成为拉美妇女为了获得女性应有的权利与天主教会进行斗争的思想武器。当时的社会性别被演绎为与家庭生活和个人情感密切相关的诸多权利，例如，人工流产的合法化、同性恋、单亲家庭等；而在中国，改革开放后的"社会性别"更多关照的是妇女的主体性和社会政治权利方面的问题，例如，妇女贫困化、农村妇女的土地分配权、女童受教育的均等机会、职场的性别歧视等。

1. 存在主义观点

性别研究始于生物学基础上的心理学分析，以社会学、人类学中婚姻、家庭文献为依据，探讨男女两性心理现象的生物性成因。以弗洛伊德为代表的"生物性别决定论"认为女性的生物学特征就是她们的宿命。女性是不完整的、脆弱的、自卑的；女性需要怜悯，她们的天性与命运不可改变且不如男人，"法律可以给女子过去得不到的东西，然而其地位毫无疑问将和现在一样"②。20世纪40年代，法国的西蒙娜·德·波伏娃在其女性主义的经典著作《第二性》中提出了"女人并不是生就的，而毋宁说是逐渐形成的"的观点，抨击了将女性划归家庭，又同时蔑视女性的家庭劳动的社会现象。作者认为"在人类社会

———————

① Scott, J. W., Fictitious Unities: Gender, East and West (A Paper for the Fourth European Feminist Research Conference, Bologna, 2000), in www. women. it/ cyber archive/files/Scott. htm.

② 转引自贝蒂·弗里丹《女性的奥秘》，巫漪云等译，江苏人民出版社，1988，第82页。

中没有什么是自然的，和其他许多产品一样，女人也是文明所精心制作的产品。决定女人的不是她的荷尔蒙或神秘本能，而是她的身体以及她同世界的关系"①。这一观点为社会性别的存在主义观点奠定了思想基础。后来，贝蒂·弗里丹、凯特·米利特和安·奥克利等人进一步发展了波伏娃的思想。弗里丹在《女性的奥秘》中批判了女性的家庭角色限制了她们同其丈夫之间的相互竞争的观点，揭示了中产阶级女性地位是如何被男权社会构建出来的事实。② 米利特在《性的政治》中提出了"个人的即政治的"的观点，把女性的屈从地位和国家的政治制度联系起来，认为"性的政治获得认同，是通过使男女两性在气质、角色和地位的社会化，以适应基本的男权制。就地位而言，对男性天生优越这一偏见的普遍认同保障了男性的优越地位和女性的低下地位"③。奥克利在《性别、性与社会》中正式提出社会性别这一概念并区分了性与性别。奥克利指出，Sex 是生物学意义上的，指男性和女性的解剖学和心理学特点，而 Gender 是文化意义上的，是社会建构的男性气质和女性气质。奥克利同时指出，男女生理性别所对应的社会性别在不同文化中存在着巨大差异。因此，用简单的生理性别来界定社会性别是不正确的。④

在社会性别的存在主义观点中，妇女受压迫被认为是世界普遍现象，它不是偶然发生的，但它与种族压迫和阶级压迫不同。

---

① 西蒙娜·德·波伏娃：《第二性》，陶铁柱译，中国书籍出版社，2004，第 765 页。
② 贝蒂·弗里丹：《女性的奥秘》，巫漪云等译，江苏人民出版社，1988，第 93～119 页。
③ 凯特·米利特：《性的政治》，钟良明译，社会科学文献出版社，1999，第 40 页。
④ Oakley, Ann, *Sex, Gender, and Society* (London: Temple Smith, 1972).

它不会像后两种压迫那样有斗争、逆转，甚至被推翻的可能，因为这种压迫已经被内化为妇女自己的观点，即"男人是最重要的，而女人是无关紧要的"①。存在主义观点认为，妇女受压迫的根源在于，妇女身体的生物事实被当成了社会事实。因此，妇女要解放，就应该有权利选择自己的存在方式："女人的身体无论多么美好，都不应该被规定为，或者被硬性指定为对所有妇女都适用的固定存在模式。每一个女人都应该为自己塑造独特的存在模式。"②

2. 文化决定论

20 世纪 20 年代，美国人类学家玛格丽特·米德为了回答当时论战正酣的热门话题"青春期究竟是由文化决定的，还是由生理变化造成的"，对萨摩亚人进行了研究。在《萨摩亚的成年》中，米德的社会性别文化决定论初现端倪。弗朗兹·博厄斯在该书的序言中写道："米德得之不易的调查结果，证实了人类学家长期持有的猜测：以往我们归诸人类本性的东西，绝大多数不过是我们对于生活于其中的文明施加给自己的种种限制的一种反应。……我们是在这种行为模式中被塑造的，以致我们必然会认为这种行为模式是普遍有效的。"③米德于 20 世纪 30 年代对新几内亚的三个部落进行了研究，旨在寻找造成性别差异的原因。在《三个原始部落的性别与气质》中，米德认为两性人格特征的许多方面极少与性别差异本身有关，就像社会在一定时期所规定的男女服饰、举止等与生理性别无关一样。"性别差

---

① McCall, D. K., "Semone de Beauvoir, The Second Sex, and Jean-Paul Sartre," *Journal of Women in Culture and Society* 5 (2), 1979.

② 罗斯玛丽·帕特南：《女性主义思潮导论》，艾晓明译，华中师范大学出版社，2002，第 279 页。

③ 玛格丽特·米德：《萨摩亚人的成年》，周晓虹等译，商务印书馆，2008，"1928 年序言"。

异是社会制度与文化特征相互作用的结果，一种文化完全可以将只适合于部分人种的行为模式强加于享有这种文化的所有成员。"①

米德的社会性别文化决定论提出了"两性人格差异是由文化所致"的观点，认为传统文化在塑造男女性别角色的同时，"不仅造成了女性情感与才华的浪费，也造成了两性间关系的紧张与对立"。米德在挑战传统性别角色标准的同时，主张"社会应当允许同一性别的个体可以有截然相反的气质"②来促使妇女解放与两性和谐。

3. 后现代解构主义

后现代女性主义思想基础来源于波伏娃的存在主义、雅克·德里达的解构主义和雅克·拉康的精神分析法。波伏娃的《第二性》试图挖掘"女人为什么是第二性"，而后现代女性主义者在对此问题进行重新认知的基础上，提出了"女性为何是他者"的问题。与存在女性主义不同，后现代女性主义在对传统社会性别模式，即"男人优越，女人屈从"的观念进行解构的同时，没有把妇女的"他者性"视为女性屈从地位的原因，而把它视为妇女的优势所在。因为"他者性也可以是一种存在方式、思维方式和讲话方式。它使开放性、多重性、多样性和差异成为可能"③。

社会性别的后现代解构思想批判了西方世界对"二元论"象征秩序的界定，认为"二元对立导致的结果就是，人们总要

---

① 玛格丽特·米德：《三个原始部落的性别与气质》，宋践等译，浙江人民出版社，1988，第2页。
② 夏建中：《文化人类学理论学派》，中国人民大学出版社，1997，第189页。
③ 罗斯玛丽·帕特南：《女性主义思潮导论》，艾晓明译，华中师范大学出版社，2002，第288页。

在一个主导，一个从属的二元对立关系中思考和言说"①。这个体现着男性思维模式的象征秩序一方面把妇女排除在秩序之外，使其边缘化；另一方面，又将妇女强行纳入这个秩序，进而对其进行限制和压迫。因此，社会性别的后现代解构主张摒弃代表男性中心和男性霸权的"阳性书写"，因为"它是在二元对立的秩序中形成的。男人通过两极对立的一对对概念术语，毫无必要地把现实分裂为片段"②。据此，后现代解构主义提出了"阴性书写"的概念。

阴性书写提倡"从女人内部完全的女性开始重新书写女人；既不模仿男人，也不寻求成为他的社会契约的一部分，而是书写出超越先前所有规范语言的女性经验"③。阴性书写不仅能克服当前语言结构中的男权主义和家长制的阳性霸权，还能改变女性表述的沉默状态。社会性别的后现代解构主义者认为，阴性书写不仅是一种新的写作风格，也为女性的解放和自由提供了一条新的途径，"它提供了一种造成改变的可能性；它提供了一个空间，这个空间可以作为颠覆思想的跳板；它是一种转变社会和文化标准的先驱运动"④。

社会性别的后现代解构主义主张以女性的视角来看待性别差异，不把差异看作女性处于从属地位的诱因，而把它看成女性力

---

① Cixous, H., "The Laugh of the Medusa," in E. Marks & I. de Courtivron, eds., *New French Feminisms* (New York: Schocken Books, 1981).

② 罗斯玛丽·帕特南：《女性主义思潮导论》，艾晓明译，华中师范大学出版社，2002，第293页。

③ 奈杰尔·拉波特：《社会文化人类学的关键概念》，鲍雯妍等译，华夏出版社，2005，第106页。

④ Cixous. H., "The Laugh of the Medusa," in E. Marks & I. de Courtivron. eds., *New French Feminisms* (New York: Schocken Books, 1981), p. 249.

量和女性特色的源泉。"整体诞生于差异的结合。如果自主和平
等是男性在过去发现的，那么差异可能成为女性在未来将要发现
的：差异间的平等。"①

4. 绿色生态构想

生态女性主义诞生于现实生态危机和社会性别压迫的双重语
境之中。它沿袭了后现代解构主义对西方"二元论"思想体系
的批判，驳斥该体系中对立双方的对抗性而非互补性、排他性而
非包容性，继而把更高的价值赋予其中的一方而非另一方的男性
霸权主义。同时，生态女性主义也尖锐地指出，后现代解构主义
在主张阴性书写、拥抱丰富多彩的差异，诸如种族、阶级、文
化、宗教等差异的同时，常常会使妇女迷失自我，使女性和男性
更加远离，造成了另一种意义上的二元对立。

生态女性主义的核心假设是：对妇女的压迫与对自然的压迫
密切相关；理解它们之间的联系对理解妇女与自然所遭受的压迫
是至关重要的；女性主义的理论以及生态问题的解决必须结合起
来，并用彼此的视角来看待对方。② 从这个意义上说，男权社会
对妇女的压迫与人类中心主义对自然的压迫有着直接的联系，其
中一方的解放不能脱离另一方的解放。在此认知基础上，生态女
性主义采纳了生态学的视角，借鉴了史前文明的绿色精神，主张
超越二元对立的狭隘和对抗，强调生命平等，肯定生命系统同根
同源、相互依存的关系，遵循生态整体性和生命平等的原则，创
立一种消除对立、歧视和压迫的新型人际伦理关系，致力于建构

---

① 奈杰尔·拉波特：《社会文化人类学的关键概念》，鲍雯妍等译，华夏出
版社，2005，第107页。

② Warren, K. J., "Feminism and Ecology," *Environmental Review* 9 (1), 1987：
pp. 3 – 22.

和谐平等的绿色生态社会性别关系模式。①

　　实际上，社会性别的绿色生态构想把包括两性在内的文化与自然的关系、人与人之间的关系定位为伙伴关系。在这种伙伴关系中，男人和女人既是自然的，也是文化的。这种"伙伴关系要求公平合理，意见一致，互惠互利，民主地参与决策；它包容并追求把人们结为一体。在伙伴关系的环境里人们感觉自己受到了重视，有真诚的关怀和安全感。真正的伙伴关系导致人人有权利并有条件实现自我"②。生态女性主义的社会性别绿色构想在尊重差异、倡导多样性，解构"自然/文化、社会/家庭、公共/私人"二元对立论的基础上，强调"我们能够自觉地选择，不要通过加入男性文化阵营来满足妇女—自然的联系。相反，我们能够利用它的优势来创造一个不同的文化与政治，……在这个范围里，我们得以转化自然—文化的区别，创造一个自由的、生态和谐的社会"③。

　　5. 社会性别主流化

　　到 20 世纪 90 年代后期，"性别/社会性别"基本完成了从民间诉求向政府决策视野的转型，实现了"性别观点主流化"。联合国经济及社会理事会 1997 年对"性别观点主流化"做出了界定：性别平等主流化是一个过程，它对任何领域各个层面上的计划行动，包括立法、政策和项目计划对妇女和男性产生的影响

---

① 潘桂林：《伙伴关系模式：女性解放的绿色构想》，《广西社会科学》2007 年第 6 期。

② 闵家胤：《阳刚与阴柔的变奏：两性关系和社会模式》，中国社会科学出版社，1995，第 14 页。

③ King, Y., "The Ecology of Feminism and the Feminism of Ecology," in J. Plant, ed., *Healing the Wounds：The Promise of Ecofeminism*（Santa Cruz, CA：New Society Publishers, 1989），p. 23.

进行分析。它是一种战略，将妇女和男性关注事项和经验作为一个整体，纳入政治、经济和社会等所有领域的政策和方针的设计、落实、监测和评估，使男女都能平等受益，终止不平等现象。其最终目的是实现性别平等。……社会性别主流化的概念在1995年世妇会上已经得到详尽的阐述和宣扬，并且在这次大会上确定了社会性别主流化的工作主要在政府机构，尤其在国家政策中表达。……社会性别主流化的理想是在政治、经济、文化等社会的各个领域达成性别间的、主流和边缘的、强势和弱势群体间的平等与和谐，而其最关键的实现途径是将性别意识引入社会发展及决策主流。[①]

中国政府在《北京宣言》中承诺："作为政府，我们特此通过和承诺执行以下《行动纲领》，确保在我们所有的政策和方案中体现性别观点。"1996年黄启璪代表妇联在讲话中提出"将性别观点纳入决策主流"[②]。同年，陈慕华对马克思主义妇女观与"社会性别"的关系做了进一步的解释，提出马克思主义妇女理论就是从性别的观点来分析妇女问题，它的核心是男女平等。[③]

至此，"社会性别"从一个与女权主义/女性主义/妇女运动紧密相关的民间词汇正式登上了国家的政治、经济、文化舞台，成为全球化背景下，谋求种族、宗教、国家、文化、男女间平等与和谐的关键词汇。

---

① 转引自沈奕斐《被建构的女性：当代社会性别理论》，上海人民出版社，2005，第323～325页。

② 黄启璪：《黄启璪同志谈：性别观点纳入决策主流》，《妇女研究论丛》1996年第3期。

③ 陈慕华：《加强妇女理论研究，推动中国妇女解放事业沿着正确的道路前进》，http：//www. wsic. ac. cn/internal womenmore mentliterare/12236. htm，1996年12月16日。

三 人类学视野中的"性别二元论"

传统人类学通常把妇女作为非主流文化群体进行研究，她们只是制度的被动执行者并由男性代言。20 世纪 70 年代以男女平等为宗旨的女性研究和人类学相结合，把女性作为社会文化研究和学术研究的主体。人类学以自己独特的视角重新审视世界，"成功地把女性带回到人类学研究的视野中来。女性人类学不仅研究妇女，更侧重研究性别，研究男性与女性之间的关系，研究性别在构成人类社会历史、思想意识、经济制度和政治结构过程中所起的作用"①。

1. "自然—文化"二元对立与女性屈从地位

人类学的初期很多研究者除致力于把女性带入研究视野外，还竭力探讨性别不平等的现象，倾向用"自然/文化、私人/公共、家庭/社会"等二元对立模式来讨论性别不平等。以奥特娜和怀德海特为代表的"自然/文化"模式将两性关系解释为自然与文化的关系。她们认为，女人的生育事实属于生物意义上的"自然行为"，她们自然化、情绪化、特殊和内在；而男性从事的器物生产、科技发明、建立典章制度则属于超越自然的"文化行为"。"文化"价值远胜于"自然"，因此男性的价值也胜过女性，也应比女性获得更高的地位和权力。② 在这样的二元对立思想框架中，"性别被定义为一种社会不平等，性别研究也就被看成是本质上对不均衡的权利和机会的关系的

---

① Moore，H. L.，*Feminism and Anthropology*（Minneapolis：University of Minnesota Press，1988）.

② 奈杰尔·拉波特：《社会文化人类学的关键概念》，鲍雯妍等译，华夏出版社，2005，第 122 页。

研究"①。以罗萨多为代表的"私人/公共模式"认为女性由于生育、母性意识和女性的家庭定位等原因，活动范围被限制在私人领域内，而男性的活动范围可以扩大至家庭之外的公共领域，他们控制着社会的政治、经济权力，分享各种社会资源，进而控制着女性。②

以上两种有关性别不平等的"二元对立"分析模式自 20 世纪 80 年代起就受到诸多质疑。批评者认为，把女性与"自然"领域联系起来，是西方思想的一个重要神话。这个神话是伴随着西方科学和资本主义的兴起而产生的性别神话。在这个性别神话中，自然被视为欧洲男人行动和控制的领域；女人，作为自然的一部分，也成为男人的财产而得以随意控制和开发。如同玛里琳·斯特拉森所说，"我们把文化本身定义为某种被创造出来的事物，把男人定义为创造者与发明者，而女人则被当作是危险的附属物"③。

2. 二元对立的解构与女性独特经验

西方思想把社会截然划分为私人空间与公共空间，无形中把家庭贬为次等地位，而从事家务劳动的女性也就从属于处于社会公共空间的男性。然而，越来越多的来自非西方社会的事实证明，在他们的社会里既没有"文化"与"自然"的优劣之分，

① 奈杰尔·拉波特：《社会文化人类学的关键概念》，鲍雯妍等译，华夏出版社，2005，第 122 页；Ortner, S. & Whitehead, H. eds., *Sexual Meanings: The Cultural Construction of Gender and Sexuality* (Cambridge: Cambridge University Press, 1981)。

② 戴成萍：《女性人类学与中国女性人类学研究现状分析》，《内蒙古社会科学》2003 年第 5 期；白志红《女性主义人类学对二元论的挑战》，《云南社会科学》2003 年第 5 期。

③ 奈杰尔·拉波特：《社会文化人类学的关键概念》，鲍雯妍等译，华夏出版社，2005，第 123 页。

也不存在"私人"和"公共"的明显界限，更不存在"生产"与"复制"的认知体系。例如，凯琳·萨克斯在《重新解读恩格斯：妇女、生产组织和所有制》中质疑了某些马克思主义经济学者"女性的劳动在价值上比男性所从事的生产性劳动低"的观点，修正了恩格斯在《家庭、私有制和国家的起源》中关于"私有制和阶级是性别压迫的根源，以及家庭是约束、压迫妇女的机制"的观点。作者指出，"民族志和历史学资料说明：妇女从属于男人的社会地位并不是跨时期、跨地区、跨领域一直存在的"①。

斯特拉森的《礼物的性别：美兰尼西亚的妇女问题和社会问题》把马克思主义关于劳动价值的理论与美兰尼西亚人的价值观加以比较，指出美兰尼西亚人不认为生产产品的劳动者就是该产品的拥有者，因为产品是特定社会关系的产物。史翠森由此得出结论：美兰尼西亚的妇女并未受到男性的压迫，男女两性的社会关系并不是对立的。② 而世界范围内的妇女普遍处于从属地位的理论假设完全是西方中心主义偏见的结果。③ 在后现代解构主义看来，这种妇女地位的模式化观念实际上是第一世界妇女"认识论暴力"的一种体现："在与男权社会作斗争的女权运动中，西方女权主义者自恃为'全球姐妹'的代言人，通过声称为全世界妇女说话而剥夺了'第三世界'妇女的话语权。"④

---

① 王政、杜芳琴主编《社会性别研究选译》，生活·读书·新知三联书店，1998，第1~20页；白志红：《女性主义人类学对二元论的挑战》，《云南社会科学》2003年第5期。

② Stragthen，M.，*The Gender of the Gift*：*Problems with Women and Problems with Society in Melanesia*（Berkely：University of California Press，1988）.

③ Craeber，D.，*Toward an Anthropological Theory of Value*：*the False Coin of Our Dreams*（New York：Palgrave，2001）.

④ 佳亚特里·斯皮瓦克：《从解构到全球化批判——斯皮瓦克读本》，陈永国等主编，北京大学出版社，2007，"编者序"。

就中国的妇女研究而言，对二元对立的解构更多地植根于中国社会中存在的非西方的家庭价值观。斯塔佛德在中国之行的演讲中指出，结构功能论和男女平等都是西方的观点，这些观点导致人类学对中国婚姻与家庭生活的曲解。在中国，女性不仅精于家庭内部各种关系的营造和维持，对家族的公共生活也起着重要作用。① 因此，中国学者则更重视家庭内部社会性别权力关系的互动，从家庭和社区的层面来看女性的感受及其地位的变化。

高彦颐的《闺塾师：明末清初江南的才女文化》向"五四"以来的性别概念模式提出挑战。作者从17世纪江南地区上层妇女的自我表现中，看到的不是抱怨和诉苦，而是各种思想和审美的表达以及愉悦情感。作者认为，中国的社会性别和阶级等级制的活力有赖于这个制度中存在着的让人获得满足的生活机会。上层妇女足不出户，却通过阅读、写作及出版同外界沟通。家庭成为知识传播、文学创作和娱乐的中心。② 而中国妇女在漫长的历史中都是受害者的概念是某些人为了某种需要而臆想出来的，中国妇女几个世纪里知识和思想的绵延被抹杀了。③ 曼素恩的《缀珍录：18世纪及其前后的中国妇女》考察了清代长江下游地区的社会性别关系。她用妇女的诗文来分析上层妇女如何认识和体验自己的家庭生活、知识、审美和私人活动。作者指出，西方对公私分离的过分关注妨碍了学者对18

---

① 王铭铭：《非我与我》，福建教育出版社，2000，第192页。
② 高彦颐：《闺塾师：明末清初江南的才女文化》，李志生译，江苏人民出版社，2005。
③ 王政：《国外学者对中国妇女和社会性别研究的现状》，《山西师范大学学报》1997年第4期。

世纪中国社会的理解。实际上，在当时的中国社会里，家庭是政治秩序的基础和道德权威的中心，公与私之间是交叉和整合的。①

此外，对二元对立的解构也引发了对女性独特经验的重新描写、挖掘与阐释。罗丽莎的《现代意象与"他者"现代性》以文化人类学的方法调查了新中国成立至改革开放期间中国女性的社会性别变化。作者发现，"解放"对不同年代女工的意义大不相同。新中国成立时期女工对"解放"最有认同感，"解放前"她们因处在男女混杂的工作场所而被看成贞操有问题或名誉不好的女人。"解放后"她们还在同样的场所做同样的工作，却被誉为国家的主人。对这些女工来说，"解放"并不意味着把她们从家庭的禁锢中释放到社会劳动领域，而是从工作的"耻辱意义"中解放出来，她们社会性别的高低贵贱同她们的工作密切相关。而对于20世纪80年代的年轻女工来说，同工同酬和社会地位的逐步下降，并不能给予她们满足感，更谈不上解放感。② 罗丽莎的研究不仅深刻表现了社会性别和文化、经济变迁的关系，也清晰地展示了同一群体妇女之间的差异。伊丽莎白·克罗的《中国妇女变化中的身份：20世纪中国的词汇、经历和自我感觉》考察了三个历史时期（民国时期、毛泽东时代和改革开放时期）中不同的社会性别词语。作者将这些文字中表现出来的妇女自我经历和认识同官方的出版物对比，指出国家的妇女解放辞藻常常

---

① 曼素恩：《缀珍录：十八世纪及其前后的中国妇女》，江苏人民出版社，2004；王政：《国外学者对中国妇女和社会性别研究的现状》，《山西师范大学学报》1997年第4期。

② 王政：《国外学者对中国妇女和社会性别研究的现状》，《山西师范大学学报》1997年第4期。

不能真实反映妇女的切身经历。因此，仅从国家话语的层面来考察和界定中国妇女的地位及其变化是失之偏颇的。① 王政的《女权主义与中国五四时期的新女性》考察了一个历史时期的妇女解放运动，分析了新文化男性知识分子之所以成为现代精英同提倡妇女解放的关系，展现了那个时代知识女性非凡的能动作用。② 熊秉纯的《客厅即工厂》以质性研究的方法探讨了台湾在社会经济变迁的过程中，卫星工厂体制如何把台湾的已婚妇女一方面打造成母亲、妻子和儿媳，另一方面又以工人、无酬的家属劳动者或临时工的身份把她们纳入它的生产体系，成为这个体制中的生产劳动力和生力军。③

　　综上所述，许多基于社会性别的非西方世界的妇女研究没有孤立、片面地把研究对象看作了无生气的、在男权主义的桎梏中挣扎的、需要借助外界力量去唤醒和拯救的弱势群体。相反，她们拥有自己丰富多彩的女性文化，并用自己的独特方式去感知、享受和阐释这种文化。对她们来说，社会性别平等绝非简单意义上的"妇女"解放，男性和女性也绝不是简单的对立关系。妇女研究和社会性别研究不应该是孤立和片面的，既不能脱离特定的历史条件和社会结构，也不能凭借主观臆断来造就僵化刻板的性别观念。妇女研究不仅要考察社会历史变迁对妇女的影响，更要注重妇女在历史变迁中发挥的作用，考察她们在社会性别背景下的活动，揭示特定时期的社会性别话语对她们的制约。同时关

---

① Coll. E. , *Changing identities of Chinese women: rhetoric, experience and Self-perception in twentieth-century China* (Hong Kong: Hong Kong University Press, 1995).

② 王政：《国外学者对中国妇女和社会性别研究的现状》，《山西师范大学学报》1997 年第 4 期。

③ 熊秉纯：《客厅即工厂》，重庆大学出版社，2010，第 91 页。

注社会性别同其他社会范畴的相互作用，以及其他范畴在社会性别层面上的表达。

3. 二元对立的重新定义与性别和谐

在解构"二元对立"的基础上，人类学的视角也从相对单一的女性眼光，开始更多地关注女性视角和男性视角的交错与互动。然而，人类学的妇女研究在批判二元对立方法论时，"并没有全盘否认二元结构在许多文化中的广泛存在以及在研究分析这些文化中的有效性。因为在一些特定文化情景中，二元结构存在，并不断以新的形式呈现出来，这就有必要重新界定'公共/私人'的界限和内容"①。

翁乃群的《女源男流：从象征意义论川滇边境纳日文化中社会性别的结构体系》通过对纳日人（摩梭人）的创世纪神话、祭祀、房屋结构、祖源地及方向和生肖的象征分析，把纳日人的文化象征体系概括为"女源男流"，这一对立象征体系"表达了女子和男子在空间结构关系上的对立统一和缺一不可和在时间结构关系上的源流与延续"②。《公共领域家户化：纳日社会的公众领域和家户领域及其社会性别问题》论述了家户制度在传统摩梭文化中的重要地位，并由此形成一种不分男女的家户导向和以家户为中心的社会化取向。③ 刘永青的《家户领域与公众领域：旅游业发展对摩梭人社会性别关系的影响》关注在旅游业高速

---

① 白志红：《女性主义人类学对二元论的挑战》，《云南社会科学》2003 年第 5 期。

② 翁乃群：《女源男流：从象征意义论川滇边境纳日文化中社会性别的结构体系》，《民族研究》1996 年第 4 期。

③ 翁乃群：《公共领域家户化：纳日社会的公众领域和家户领域及其社会性别问题》，载周星、王铭铭编《社会文化人类学讲演集》，天津人民出版社，1997。

发展的背景下，摩梭人的家户领域和公众领域所发生的新变化。文章通过对一个摩梭社会在现代旅游业影响下，传统社会文化中家户领域的缩小和公众领域的扩张研究来说明摩梭人社会性别观念的变化。旅游业的发展造成传统社会中一个相对庞大的公众领域的出现，摩梭人的文化机制在此过程中进行了重构。①

此外，两性的平等与和谐在某些非西方的文化模式中被证明并非"乌托邦"式的理想。在这些文化中，性别的平等与和谐呈现出极其丰富的文化多样性。

金黎燕的"男人带头牵着走，女人做助手"以口述材料为分析素材，考察了一个景颇族村庄的两性和谐。作者认为，每一个社会都有一套依据自身文化组织的性别模式和规范，同是男性和女性，在不同的社会中，他/她们被期望遵从的行为模式和规范会各不相同。② 在和钟华笔下，纳西社会处处呈现出一种和谐与平和的氛围："在这里女人们主宰着自己的家庭，双肩挑着家庭的担子，主宰着自己的生育，有效地影响着社会。女人们受到家庭和社会的尊重，她们的参与和发展得到重视和欢迎……在这里，男人们当然也生活得自在和轻松，他们有自己独立的人格和尊严，同样受到家庭的尊重，在社会上更是大显身手。"③

杜杉杉的《社会性别的平等模式——"筷子成双"与拉祜族的两性合一》向西方女权主义中关于性别平等的理论做出了挑战。作者认为，西方女权主义关于性别平等的研究是基于一个有

---

① 刘永青：《家户领域与公众领域：旅游业发展对摩梭人社会性别关系的影响》，载杜芳琴、王政主编《社会性别》第 1 辑，天津人民出版社，2004。
② 云南社会性别与发展小组：《参与性发展中的社会性别足迹》，中国社会科学出版社，2005，第 114～158 页。
③ 和钟华：《在女神的天地里》，云南教育出版社，1995，第 1 页。

缺陷的假设，即在世界范围内不存在真正性别平等的社会，同时否认性别平等的多样性。作者通过对拉祜族的研究，认为一个性别平等的社会就是其主流的意识形态、制度文化和社会实践都抛开了两性扮演的不同角色而给予同等的认可与重视。在意识形态中，拉祜社会给予两性同等的尊重，这种尊重源于拉祜族世界观中"成双"的概念，这个概念强调由两个极其相似而又根本不同的元素组成的和谐整体。作者力图证明性别平等的社会确实存在，主张在承认性别平等多样性的基础上，对不同社会中在寻求和提升男女平等进程中所遇到的障碍，预期的目标和采取的措施进行反思。①

四 哈尼族妇女研究

在大量哈尼族研究成果中，有关该民族社会生活、婚姻家庭、宗教祭祀、风俗礼仪的研究文献占相当比例，哈尼族特有的文化特征也无一例外地成为相关研究的实证基础。然而，作为民族文化特征的重要载体，哈尼族妇女研究所占比例甚微。综观为数不多的相关文献，文字传达给读者的哈尼族女性形象也稍显单一和刻板，这不能不说是哈尼族研究的一个缺憾。国内哈尼族妇女的研究文献主要分为三大类。

1. 散见于文化史、文化论丛、文化大观中的妇女研究②

相关描述中的哈尼族女性往往作为一种文化象征符号被呈现出来：她们在爱情和婚姻中的角色、宗教和祭祀中所遭遇的禁忌

---

① 杜杉杉：《社会性别平等模式——"筷子成双"与拉祜族的两性合一》，赵效牛等译，云南大学出版社，2008。

② 参见《哈尼族简史》编写组编《哈尼族简史》，云南人民出版社，1985；《民族问题五种丛书》云南省编辑委员会编《哈尼族社会历史调查》，云南民族出版社，1982；雷兵：《哈尼族文化史》，云南民族出版社，2002；云南省民族事务委员会编《哈尼族文化大观》，云南民族出版社，1999。

及不同人生阶段的服饰变化等等。这些研究具有很高的文献参考价值，但由于文献类型的限制，所述内容多流于表象描述而缺乏地域性和文化特色。

2. 文学中的妇女研究

哈尼族拥有丰富的口传文学，它的创世、迁徙、劳动生产、宗教祭祀、恋爱婚姻、社会道德等诗歌和民间传说为我们展现了一个个绚丽多彩的哈尼族社会。[①] 在这些文学体裁中，我们不难窥见哈尼女性的身影：女性始祖和男性始祖一起创造了天和地，繁衍了子孙并一直在冥冥中庇护着他们；恋爱中向心上人吐露衷肠的羞怯而又大胆的姑娘；婚姻中相夫教子、吃苦耐劳的媳妇；社会伦理道德中恪守妇道的中年妇女；丧葬活动中伤心欲绝的老年妇女……这些研究以文学的形式，较多地阐释了传统文化中对女性角色的界定及期望，集中反映了哈尼女性角色的价值取向。

3. 以田野调查为基础的妇女个案研究

在这类研究中，哈尼族妇女不再是僵化、刻板的形象，她们展示出自己特有的智慧、思想和情感。根据不同的研究重点和取向，这类研究可以大致分为两类：

（1）基于"二元对立"的研究。哈尼族女性在社会生活（包括祭祀活动和生产劳动）和家庭生活中处于较低的地位[②]，

---

① 参见史军超《哈尼族文学史》，云南民族出版社，1998；西双版纳勐海县民族事务委员会编《西双版纳哈尼族民间故事集成》，云南少年儿童出版社，1989；西双版纳勐海县民族事务委员会编《西双版纳哈尼族歌谣》，云南少年儿童出版社，1989。

② 相关论述参见《哈尼族简史》编写组编《哈尼族简史》："在社会上和家庭中妇女常常受歧视，处于无权的地位。红河沿岸的哈尼族中流行这样一句谚语：浮萍不是草，女子不算人。妇女地位的低下可以想见。"（云南人民出版社，1984，第102页）

而这种不平等的地位要通过参加社会生产劳动，获得经济独立，提高知识水平来获得。张宁考察了哈尼族僾尼人 1979～1994 年进入西双版纳勐腊县国营勐捧农场后生产、生活方式及其精神、观念发生的变化。① 作者认为，僾尼妇女进入农场这一过程为其家庭及社会地位的提高搭建了平台；僾尼妇女地位的提高通过参加社会劳动而得以实现。僾尼妇女的劳动力商品化使得妇女的劳动由过去隐性地被全家消耗光变为现在呈现明显的价值而为全家所接受。随之而来的是"男尊女卑"的观念被打破，"男女都一样"的观念开始深入人心。许敏认为，哈尼族传统文化是以父系为中心的文化，重大事务由男子负责处理，家庭财产是子嗣继承制，对妇女有着种种的人身限制。这些都反映出女性的地位是比较低下的，在社会活动与婚姻家庭中处于次要的地位。而妇女地位的提高只有靠"真正参与到社会当中去"② 才能实现。

李云霞对元阳县的哈尼族梯田稻作文化进行社会性别分析，认为尽管哈尼族女性在梯田稻作生产过程中几乎参与了所有的劳动，尤其承担了从选种、栽秧到收割等繁重的劳动。但是，自从哈尼族从母系制进入父系制以后，哈尼族以家庭为社会基本单位，以自然村寨为基本社区，在一家之内，以男性长者为尊。梯田稻作生产及日常生活大事，均由男性主掌，女性处于从属地位，女性在梯田稻作生产中起着重要作用，但没有取得与男性平等的地位。而这种社会性别的差异，根源仍是社会性别制度。③

① 张宁：《爱尼人的变迁——一位女学者眼中的"并寨进场"》，《民族团结》1997 年第 7 期。
② 许敏：《传统文化背景下哈尼族妇女的现代化问题》，《红河学院学报》2006 年第 1 期。
③ 李云霞：《哈尼族稻作文化中的社会性别角色》，《中央民族大学学报》2003 年第 6 期。

在另外一篇文章中，李云霞对哈尼族家庭教育中的女性角色进行了研究。作者认为孩子在家庭中通过社会道德教育逐步形成了自己的社会性别意识，同时也接受了传统的社会性别角色分工。在这种父权制度下，哈尼族女性被排斥于父子连名之外。所以在哈尼族社会中，男孩子一生下来就意味着拥有更多的社会资源，而女性则要受到更多的规范和要求。在父权制／男权制的哈尼族社会里，在社会公共领域，女性始终占有较低的地位。① 邹辉对红河沙普寨的女性人口的个案研究表明，沙普女性一天中的时间安排是很紧凑的，但活动内容零碎繁杂。她们的时间总是被农事生产、家务劳动等活动交叉分割利用。对于女性而言，她们不仅要恪守各种公共禁忌和角色禁忌，她们本身也通常被视为处于禁忌状态的人，成为他人所忌讳的对象。这些女性禁忌事项都在暗示女性在生理上天生处于一种弱势，极易受到外界事物的攻击和伤害。②

（2）解构"二元对立"的研究。哈尼族女性在社会生活（包括祭祀活动和生产劳动）和家庭生活中扮演着非常重要的角色。这类研究认为，以往哈尼族妇女研究中出现的偏颇主要是由研究者先入为主的观念，即"较男性而言，女性天生是弱者"和"公共／私人"的二元对立观念所造成的。而在解构"二元对立"基础之上的田野个案在很大程度上修正了以往对哈尼族妇女地位和角色的模式化认识。陈庆德认为，要讨论"妇女地位"需要对妇女地位的多重含义和形式表达进行多维度研究。"性别

---

① 李云霞：《社会性别视野下的哈尼族家庭教育》，《民族教育研究》2004年第2期。
② 邹辉：《沙普哈尼族女性人口个案研究》，载戴庆厦主编《中国哈尼学》（第一辑），云南民族出版社，2000。

被截然划分在两个被界定为不同价值的领域中，家庭和工作成为不同性别的活动场所，从而导致妇女地位不平等"的实体性表达，有力地支撑着妇女是受压制的和处于从属地位的普遍性观点。① 马翀炜认为，在"苦扎扎"仪式中，之所以不允许妇女碰触祭祀器具，不允许她们出现在祭祀天神的祭祀场合，就是让妇女避免接触危险而守住自己的灵魂，从而使家中的成员在不得不面对一些危机的时候，还有另一半的人可以引领可能走失的灵魂安全返回。妇女的这种参与行为，与其说是在自觉地维护传统的男女性别关系，毋宁说是维护她们所珍视的家园、男女合作关系及各种亲情，更重要的是在维护其灵魂守护者的地位。② 潘春梅认为，（箐口村）哈尼族妇女不仅是民族传统文化和秩序的维护者和传承者，同时也是民族社会变迁中积极能动的参与者。哈尼族妇女是作为男女关系中的独立主体而存在的，不是依附者或从属者。③ 米娜注意到当哈尼族年轻夫妻从以父母为核心的大家庭中分离出来，并组织自己的小家庭之后，妻子不仅成了地道的家庭主妇，而且开始拥有掌管家庭经济，安排农事，主持家祭，抚育子女，联络社会活动等权利。④

至此，我们可以得出以下分析结论：基于社会性别之上的、关于性别平等的论战大多是围绕着"二元论"的对立性、和谐

---

① 陈庆德、潘春梅：《现代语境中的妇女地位与箐口哈尼族村寨中的妇女角色》，《思想战线》2008 年第 4 期。

② 马翀炜、潘春梅：《仪式嬗变与妇女角色——元阳县箐口村哈尼族"苦扎扎"仪式的人类学考察》，《民族研究》2007 年第 5 期。

③ 潘春梅：《元阳县箐口村哈尼族日常生活实践中的妇女角色》，《中南民族大学学报》2008 年第 2 期。

④ 米娜：《哈尼族妇女在家庭中的地位和作用》，载红河州哈尼学学会编《哈尼学研究》（第二集），云南民族出版社，1993。

性以及虚无性问题展开。主张"二元论"呈对立态势的学术流派认为，男女双方由于分别与"优越"的文化和"低劣"的自然相连，而被置于一高一低、一主一从的境地，从而导致了女性地位的低下。要获得妇女的解放，就要打破这种对立的态势：要么模糊男女间的性别差异，要么打倒具有压迫性的一方，要么赋予受压迫的一方与压迫的一方同样的地位和权力。主张"二元论"呈和谐态势的学术流派认为，男女之间尽管存在性别差异，但社会给予了他们同样的尊重和肯定。在这样的社会结构中，男女两性都能自由、平等地生活。主张"二元论"呈虚无态势的学术流派认为，"二元论"并不存在，它只不过是西方思维为了维护男性霸权或人类中心主义而虚构出来的。因此，妇女的解放运动应该同时包括对自然的解放和对男性的解放。

五　本书的研究取向及理论构架

20 世纪七八十年代，社会学、历史学、政治学和人类学等学科研究的介入，使得社会性别研究无论在广度、深度，还是理论建设方面都得到了长足的发展。此时，社会性别已被广泛用于描述一个特定社会中，由社会形成的男性或女性群体的特征、角色、活动以及责任。这种被建构出来的性别秩序包括物质的、政治的和文化的因素，它弥漫于人们生活的各个层面，是一种最基本、最持久的社会制度。跨学科的社会性别研究业已表明，生物性别并不是社会性别分工的主要依据，对性别角色的期待和评价实际上是社会的产物，并通过文化传统、习俗、教育、法律、宗教、政策等机制得到进一步加强和巩固。社会性别具有明显的文化特征，因为在任何一个具有性别分层的社会中，人类的生活均不会是整齐划一的，不同社会中作为男人或女人的经历会因文化的不同而相差很大。男女各自承担的性别角色既然是在社会文化中形成的，社会性别也就会随社会文化的变化而变化。因此，人类学常常利用跨文化的比较方法，基于田野实证，关注不同社会文化中社会性别角色和社会性别关系是怎样被界定和整合的。

（1）纵观国际国内的研究成果和实践过程，我们不难看出，作为社会性别理论与实践的核心理念的"社会性别关系/性别平等"自诞生之日起，一直处于发展变化之中。女权主义和女性人类学对"二元论"的定位、解构或重新定义与其所植根的社会、文化、政治、经济等因素的发展变化紧密相关。尽管人们对社会性别的理解不同、观点各异，政府机构和非政府组织的政策倾向和实施手段也千变万化，但追求"性别平等"一直是各有关方面追求的目标。而这一切皆把"性别不平等的现实存在"作为理论与实践的动因。主流文化认为："女性自古以来经历了从受尊敬到被欺压以至今天求平等、求解放的不平凡历程。今天妇女问题的核心仍是男女不平等。在远古时代，妇女曾经被尊为女神……女人的女神地位在我国原始社会有充分的资料可以佐证。自进入阶级社会后，妇女便首当其冲成为受压迫者……当妇女的社会地位降为男性之下，而具有奴性之后，妻子……任随男性摆布；妇女在物质方面被剥夺了继承权；在政治权利方面无权参与政治生活及相应的社会活动；在精神领域，则更陷入痛苦的深渊，散失种种自由，甚至连虔信宗教的权利都被剥夺……"①

（2）众多学者在挖掘妇女受压迫的历史、文化、经济的根源时，发现了这样一个问题，即在以往相关研究中，"妇女的声音是缺失的"。"当整体社会始终是一个男子中心/男权主流社

---

① 龚佩华：《龚佩华人类学民族学文集》，民族出版社，2003，第209页。

会，妇女始终处于社会边缘，往往受到不公平和不公正的对待，并被轻视、忽视、漠视、无视时，所谓'社会成员普遍性角色'、'社会成员共有的价值观和意识'、'社会成员的普遍性经验'等只能更多地乃至仅仅是男子的视角、男子的价值观和意识、男子的经验。妇女的视角、妇女的价值观和意识、妇女的经验是被淹没与遮蔽的。"① 因此，社会性别研究的重任之一，就是把女性从幕后推向台前，还女性以真实面目，不让女性再"受到努尔人的牛一样的待遇，只会观察而不会说"②。书写女性的历史、分享女性的经验、倾听女性的声音成为了社会性别研究的新内容。然而，在这种为女性而呐喊、疾呼的精神鼓舞下，"社会性别"的真正内涵却在某种程度上被忽略了。"它（女性研究）与对男性生活的研究相分离，形成一个封闭的思维圈，未能全面揭示女性与男性共生共长及其对立分化过程中其各自的特殊性及作为人的存在的同一性。"③ 实际上，作为一个性别群体，妇女研究不应该是孤立的，而应该与男子研究相比较而言，在进行妇女地位的分析比较时，男子应该作为一个比较变量介入。因此在某种意义上说，当今的某些性别研究出现了从孤立地研究男性、代言男性的极端走向孤立地研究女性、代言女性的另一个极端。

（3）社会性别研究在发展、深化的过程中，学者们逐渐把眼光从纯学术性的、对性别压迫普遍性的研究转向对富有文化多

---

① 王金玲：《女性社会学》，高等教育出版社，2005，第2页。
② Ardener. E.，"Belief and the Problem of Women," in S. Ardener, ed.，*Perceiving Women* (London：Malaby Press, 1975)，p. 4.
③ 戴成萍：《女性人类学与中国女性人类学研究现状分析》，《内蒙古社会科学》2003年第5期。

样性特征的田野实证研究。越来越多来自非西方的不同文化、不同族群的研究成果质疑并挑战了许多经典理论。然而，在研究结论得到不断更新和丰富的时候，有几个现象是值得注意的（以哈尼族的妇女研究为例）：①以同一个民族群体为研究对象，不同的研究视角却引发了截然不同的研究结论。这到底是研究对象就如学者们所发现的那样存在诸多不同的文化特征还是研究者的预期假设，诸如对"二元对立"的支持与否、研究手段以及研究过程中的"主/客位"研究身份等因素出现了问题？②某些研究虽然在表面上充分关注了女性群体，但实际上仍然把男性的地位和权力视为参照物，来衡量女性是否拥有与之相匹配的，或更高或更低的地位和权力。这种研究从本质上讲，人为地割裂了男女两性不论在生物意义上还是在社会意义上的相关性和互为前提性。换句话说，这些研究过分强调了两性差异带来的社会结构的不稳定和不平等，而忽略了两性差异在特定文化背景之中的整合与互动。田汝康曾说："人在社会中所以能表现差别，还是靠了一个基本的相同；这就是每一个人都是构成社会的一分子。在社会的构成上看，没有人是有差别的，所谓能分工，就靠了分工之后还能合作。只有在共同的社会中，个人的差别才允许存在。若是我们要求各个人都相同，即使可能的话，那就是要个人完全独立生活，互不依赖，也就没有了社会。"①

（4）需要特别提及的是杜杉杉的著作《社会性别的平等模式——"筷子成双"与拉祜族的两性合一》。毫不讳言，作者对西方主流世界"性别平等观"的质疑，对"乌托邦式的性别平等理想"的反证，以及她对拉祜社会中性别平等理念的阐释，

---

①　田汝康：《芒市边民的摆》，云南人民出版社，2008，第101页。

都给本书提供了很多灵感和思路。在杜杉杉看来，"在一个男女平等社会中，其主导意识形态、核心社会制度，以及主流生活实践对两性做出的价值评判是同等的，而且与性别角色无关"①。随后，作者反复强调，"尽管男女合一主题在拉祜社会文化中极其突显，我们却千万不能视之为天衣无缝地支配着拉祜族人民生活的一成不变的原则"②。这是作者的坦诚之处，也是作者的巧妙之处。在该书中，作者借用拉祜族"筷子成双"的谚语阐释了拉祜族社会性别的核心理念，即由相似但可分辨的两部分组成的单一实体。"这种二元合一的世界观宣称男女拥有一模一样的人类天性及品行，甚至否认生殖活动中两性差异的天经地义性，男女平等的理念也由此而生。"③在"合二为一"世界观的实践过程中，作者以拉祜族的生育观作为有力的举证，再一次证明了"拉祜传统文化如何独具匠心，竟然在妊娠、分娩和哺育这类与女性生理相关的任务，仍持守着两性合一的理念"④。以上论断，可以说是作者对拉祜文化中"男女平等"精粹的浓缩和自己理论构建的基石。

然而，这样一个贯穿始终、被反复强调与论证的核心理念却存在着一个明显的理论漏洞。纵观国内外的相关研究，我们会发现，尽管各学术流派的主张不同、关注的焦点不同、对社会性别

---

① 杜杉杉：《社会性别平等模式——"筷子成双"与拉祜族的两性合一》，赵效牛等译，云南大学出版社，2008，第 11 页。

② 杜杉杉：《社会性别平等模式——"筷子成双"与拉祜族的两性合一》，赵效牛等译，云南大学出版社，2008，第 11 页。

③ 杜杉杉：《社会性别平等模式——"筷子成双"与拉祜族的两性合一》，赵效牛等译，云南大学出版社，2008，第 31 页。

④ 杜杉杉：《社会性别平等模式——"筷子成双"与拉祜族的两性合一》，赵效牛等译，云南大学出版社，2008，第 96 页。

的理解各异，它们都或多或少地把"女性的从属地位"归因于特定文化把女性的自然生育能力与其社会性别紧密相连。女性之所以处于从属地位，主要是因为她不得不承担与自然、私人相关的生儿育女的家务劳动。而这种繁重劳动的价值不仅得不到社会的承认，还使得妇女被迫失去了参加社会生产、共享社会资源的机会和权利。即使某些女性有机会参加有酬的社会生产劳动，也会因为不得不同时肩负家庭劳动或与生俱来的感性的、内在的、被动的女性特征，无法获得与男性同等的成功或地位。因此，女权主义者们呐喊、呼吁，主张模糊男女之间生物性别的差异，创造一个"无（社会）性别的/既是自然的也是文化的"公平社会，使妇女不再为自己与生俱来的生物特征所困，从而实现真正意义上的性别平等。一句话，只要男女间不存在生物性别差异，也就不会存在社会性别差异，实现"男女平等"的理想也就指日可待。

　　同样，杜杉杉著作中所展示的拉祜族人的社会性别关系之所以能使"男女平等"概念在拉祜族社会中蔚然成风，依靠的仍然是双系制社会①人为地否定男女间性别差异。而作者的这一核心论点恰好从另一个层面有力地证明了，男女生物性别的差异势必导致社会性别的对立与冲突，同时也是导致男女社会地位不平等的诱因之一。这使得作者在不经意之间掉进了自己试图摒弃的、致命的理论窠臼。再者，在男女生物性别差异不可避免、不

---

①　关于拉祜族的双系制社会结构可参见杨毓骧《拉祜族"奥者奥卡"双系制家庭剖析》，《云南民族学院学报》1988 年第 3 期；许鸿宝：《拉祜族大家庭的调查与分析》，《云南社会科学》1984 年第 1 期；王正华、和少英：《拉祜族文化史》，云南民族出版社，1999；晓根：《拉祜文化论》，云南大学出版社，1997。

可抛弃的历史与现实面前，杜杉杉笔下"筷子成双"的平等社会仍然是一个可望而不可即的世外桃源。对于以"男女差异明显、社会分工明确"为共性的大多数社会而言，拉祜族"男女平等"的理想社会在以绝美的个案呈现在人们眼前时，仍摆脱不了"镜中花、水中月"的结局。此外，杜杉杉在文中提及的"滚石成婚、筷子成双、两只脚走路"等成双成对的观念在中国西南民族的民间谚语中普遍存在①，而不同文化对此却有不同的解读，并生动地体现为不同的社会性别关系，这一点使得相关研究变得更有新意和价值。

基于如上理论分析，本书综合运用女权主义和人类学的社会性别理论，将女权主义与人类学的视角有机地结合起来，以更新、丰富或重构女权主义和人类学在社会性别方面的研究理论和结论。

本书把西双版纳哈尼族僾尼人的社会性别关系定义为"磨盘双合"。在僾尼人的社会中，"磨盘双合"的观念无处不在：天地、日月、水火、夫妻、儿女……就社会性别而言，僾尼社会中实实在在地存在着基于性别差异的社会性别分工与期望："男子不栽秧、女子不犁田；男子不织布、女子不打猎。"从表面上看，这种凸显着性别差异的社会性别分工，既有悖于主流文化的"性别观点主流化"，也有悖于女权主义者关于"妇女要解放，就要打破二元对立性别模式"的观点。然而，笔者的田野调查

---

① 史军超：《哈尼族文学史》，云南民族出版社，1998；西双版纳傣族自治州民族事务委员会编《哈尼族古歌》，云南民族出版社，1992；张福三：《简论我国南方民族的兄妹婚神话》，《思想战线》1983 年第 3 期；李子贤：《彝、汉民间文化圆融的结晶——开远市老勒村彝族"人祖庙"的解读》，《云南民族大学学报》2010 年第 4 期；王宪昭：《中国多民族兄妹神话母题探析》，《理论学刊》2010 年第 9 期。

和研究却发现，社会性别"二元结构"中的"磨盘"不一定会造成对立，而"双合"也不一定会抹杀差异。正是这种既承认差异、又整合不同的社会性别关系使得僾尼社会洋溢着一种和谐、和睦的气氛。

在僾尼人的社会性别关系中，"磨盘双合"表现为两性角色的"对称、对等"而非"对立、冲突"。僾尼人的"磨盘双合"性别关系及性别期望并没有人为地分离男性和女性，也没有将两性置于或高或低、或主或从的对立和冲突中。相反，"磨盘"双方通过"双合"被纳入一个互补合作、和谐共赢的性别关系共同体中。可以这样说，僾尼人的"磨盘双合"社会性别关系既强调"磨盘"的对称，又突显"磨盘"的双合；"磨盘双合"既没有因为达成"双合"而牺牲"不同"，也没有因为尊重"不同"而放弃"双合"。这种"磨盘双合"的性别关系生动地体现在僾尼人的意识、制度和社会实践等层面，并相映成趣。

因此，本书要提出并加以研究论证的观点是：男性主导、女性从属的社会性别关系并非一种普世概念。而在此基础上构建起来的"妇女—自然、男性—文化"两性分离和对立的性别模式，实际上是一种忽略了文化多样性的、体现着文化霸权的理论分析框架。此外，笔者对某些女权运动和人类学研究中关于"妇女要解放，就必须打破并超越二元模式"的主张提出质疑。在笔者看来，处于"二元模式"中的性别双方在被研究之初，就被某些"性别平等"的诉求者或妇女问题的研究者人为地贴上了"对立与冲突"的标签。于是乎，"二元模式"成为了他们抨击的对象，也就有了"要实现性别平等，就应该模糊传统的性别分工；妇女要解放，就必须打倒男性霸权"的呐喊。

僾尼人"磨盘双合"的社会性别关系表明，"二元模式"中的性别双方并非总处在一个对立冲突的位置上，他们的性别角色也可以呈对等与对称、互补与和谐的态势。因此，"二元模式"并不一定都会造就男性霸权和女性屈从。相反，对"二元模式"僵化演绎和人为曲解才是问题的症结所在。当我们抛弃了"二元对立"的僵化演绎，放弃了文化霸权的先入为主，相信一定会发现不一样的、带有鲜明文化特征的、与主流文化"格格不入"的社会性别关系模式，由此也会促成对文化多样性的更深层次的理解与尊重。

磨盘双合的文化阐释

今天是两块磨盘双合的日子，今天是两片芋叶遮羞的日子；新娘离开了娘家，你要听公婆的话；新郎你娶了老婆，就不要再胡闹；你们的誓言是金竹，你们的誓言是篱笆。

——僾尼"婚礼祝福歌"

"磨盘双合"是哈尼族（僾尼人）社会性别观念的核心意象。"磨"是"把粮食弄碎的工具，通常是用两个圆石盘做成"①。一盘磨由上下两扇磨组成，上磨较小，有木制把手；下磨较大，有盛装粮食的凹槽。就其结构而言，上磨和下磨处于一个"二元结构"中；就其功能而言，上磨与下磨有明显的区别。但要完成"弄碎粮食"的任务，须得两者的通力合作才行。"磨盘双合"的意象生动地体现在哈尼族开天辟地、人类繁衍的神话、古歌和史诗中。在兄妹繁衍人类的传说中，男、女两性具有了鲜明的生物性别差异，原始思维中关于两性交合而生育后代的思想已经完全成型。在这样的性别体系中，男女两性属性不同、

---

① 《现代汉语词典》第 6 版，商务印书馆，2012，第 919 页。

特征相异，但其地位、功能和作用却完全相当、互为补充。

在哈尼族（僾尼人）始祖神话中，人类的始祖是一对劫后余生的兄妹。"洪水神话"是一个在世界各地广泛流传的神话类型。在我国56个民族中，41个民族有洪水神话流传①，其讲述的故事内容也大致相同，即由于神或人犯下了错误，某个（某几个）被殃及的神发动洪水毁灭世界，人类难逃劫难，濒临灭绝。一对兄妹因其善举感动了神，神投以葫芦、木箱等供其避难。兄妹俩劫后余生，为了延续后代，经滚石磨、飘树叶、对歌调等占卜方式测天意，结婚生子，繁衍人类。在布依族、侗族、毛南族、拉祜族、基诺族、彝族等民族中，用滚石磨占卜天意、兄妹成婚的故事也多为其始祖神话故事的原型。但同一主题原型所反映的蕴意却不尽相同，例如，在杜杉杉关于拉祜族"筷子成双"的论述中，"洪水神话"之后的"兄妹滚磨成婚"造就了"二元合一"的社会性别关系，即功能相似的两性角色通过整体共有而得以相互认同。

而哈尼族（僾尼人）的"洪水神话"与"滚磨成婚"却另有蕴意。哈尼古歌里唱道：

> （金鱼娘抖出了七位大神）/可惜呀/在鱼娘宽大的尾巴里/还躲着一位大神/她就是力气最大的密嵯嵯玛/望见大神们一对一对（天地神、日月神、男女人神）出去/只剩下她一人孤孤单单/听见三对大神哈哈的笑声/神威的密嵯嵯玛（女）很不喜欢/她的怒火把大海烘涨/……/密嵯嵯玛骑上鱼背/伸出巨手把鱼尾来搬/鱼尾搬动一下/世上就遭

---

① 郭丽：《彝语支民族"洪水神话"解读》，硕士学位论文，四川大学，2007。

殃/……/她抖动长长的衣裳/大水就漫齐大地天上/①

形单影只的女神密嵯嵯玛为了宣泄孤独和嫉妒的怒火，掀起了洪水巨浪，企图摧毁世界。

另一首古歌也唱道：

大鱼把身子一摇/肚子里送出一对人（人神）/男的叫知达/女的叫妲布/……/不久妲布怀了孕/浑身上下鼓起来/她生下十九个小娃/……/十九个小娃长大/九个是男人/九个是女人/配成九对夫妻/还剩下一个男人/没有女人配他/……/他一生气/就跳进水里/变成一条龙/龙没有老婆/它每天都生气/生气就发大水/大水淹没了大地/大地变成了汪洋/②

在"洪水神话"中，孤独的大神密嵯嵯玛和龙神由于没有被纳入"磨盘双合"的性别模式，形单影只、妒火中烧，继而发大水，企图淹没世界。这两则神话故事从另一个侧面再一次印证了"磨盘双合"的性别观念在哈尼族（僾尼人）原始思维中举足轻重的作用：一旦这种"磨盘双合"模式被解构，人类将遭受灭顶之灾。

"洪水神话"之后，人类正式登上了历史舞台。在人类繁衍的进程中，神和人类始祖都恪守着"磨盘双合"的理念，小心地呵护着大难不死的人种。至此，神的世界逐步转向了人的世

---

① 西双版纳傣族自治州民族事务委员会编《哈尼族古歌》，云南民族出版社，1992，第 16 页。

② 西双版纳勐海县民族事务委员会编《西双版纳哈尼族歌谣》，云南少年儿童出版社，1989，第 2~3 页。

界，"磨盘双合"的观念成型。

古歌里唱道：

（大洪水之后，世界遭受了灭顶之灾，神赐葫芦给一对善良的兄妹避难）/栽葫芦要砍葫芦地/砍葫芦地的是哪个？/是地神的大儿子/栽葫芦要撒葫芦种/撒葫芦种的是哪个？/是地神的大儿子媳妇/地神的大儿子栽葫芦/不栽嘛不栽/一栽栽下十棵/十棵只活一棵/地神的儿子媳妇栽葫芦/不长嘛不长/一长长出十股藤/十股只活一股/地神的儿子和媳妇栽葫芦/不结嘛不结/一结结出十个果/十个最大的只有一个/……（天神俄玛把最大的葫芦送给了最穷的佐罗和佐白）/最穷的哥妹俩/躲进葫芦去逃命/把万物的种子也带进葫芦/先进葫芦的是妹子佐白/佐白的手指甲缝里/藏下了五谷的种子/佐白的脚趾甲缝里/藏下了蔬菜的种子/后进葫芦的是哥哥佐罗/佐罗的手指甲缝里/藏下了六畜的种子/佐罗的脚趾甲缝里/藏下了野物的种子/①

此段古歌唱道：在栽葫芦的过程中，地神的大儿子和大儿子媳妇一个砍地、一个撒种，一个栽种葫芦、一个管理葫芦，然后共同收获了一个大葫芦。躲进神赐葫芦的兄妹俩，一个带上了五谷和蔬菜的种子、一个带上了六畜和野物的种子，这些种子的品种不同，但都是人类生存和繁衍的必需品。同时，它们也是哈尼族先民采集狩猎阶段男女通力合作、共谋生计的生动写照。

---

① 西双版纳傣族自治州民族事务委员会编《哈尼族古歌》，云南民族出版社，1992，第158~159页。

古歌里继续唱：

（葫芦终于靠了岸，可是世界上只剩下兄妹俩）/大水渐渐退了/葫芦总算着了地/兄妹从葫芦里走出来/手牵着手举目无亲/……/阿哥望望天/天塌掉一边/不塌的一边也是要塌要塌的样子/天不再是牢牢的天/阿妹望望地/地垮掉一半/不垮的一半也是要垮要垮的样子/地不再是稳稳的地/……/阿哥说/天上的神不在吗/在就快来救救我们/阿妹说/地下的神不在吗/在就快来救救我们/①

兄妹俩一个求天、一个求地，求天地显灵。兄妹俩在求天神告地神的活动中，进行了同等虔诚的祈祷，发挥着同样的作用。但神灵没有听见，神灵没有看见，兄妹俩只有自己想办法，凭借占卜的方法，滚磨成婚。古歌里唱道：

（兄妹成亲要问天地容不容）/我俩来滚石磨/你朝东边滚/我朝西边滚/如果石磨各东西/我俩就不成亲/……/妹妹的石磨朝西边滚来/哥哥的石磨朝东边滚来/九十九道弯滚进磨盘弯/两扇石磨稳稳合一盘/……/兄妹成亲在今夜/兄妹双合如磨盘/妹妹摘下一片芋叶/盖在哥哥身上/哥哥摘下一片芋叶/盖在妹妹身上/两片芋叶遮住羞/两片磨盘合成一盘/兄妹结成了夫妻/男人和女人婚配/婚配了才有后代/这就是人类的繁衍/②

---

① 西双版纳傣族自治州民族事务委员会编《哈尼族古歌》，云南民族出版社，1992，第 162~163 页。
② 西双版纳勐海县民族事务委员会编《西双版纳哈尼族歌谣》，云南少年儿童出版社，1989，第 40~42 页。

马林诺夫斯基把（人类繁衍）神话分为三大类：关于人类和社会制度起源的神话、关于文化英雄事迹的神话和基于文化成就和巫术的神话。其中，关于人类和社会制度起源的神话广泛存在于世界范围的文化中。在这类神话中，"始祖群永远是借着妇人出现；她有时被弟兄伴着，有时被图腾伴着，未尝被丈夫伴着"。①她最初传嗣的方法，是与自然的"结合"，要么被石钟乳穿伤，要么被鱼咬破，一个灵魂小孩就钻到她的身体里……"因此，神话所显示的，不是父亲的创造神力，乃是女祖自然的生育能力。即使在其他职务，也没有父亲出现。实际上，他永远未被提及，他在神话世界的任何部分，都不存在。"②

哈尼族（僾尼人）的有关人类繁衍的神话故事显然不能用马林诺夫斯基的"经典模式"来解释。在哈尼族（僾尼人）的创世神话故事中，"妇人"不仅有"丈夫"伴随，而且两性交合产生后代的自然生育观还得到了极力宣扬。

古歌《窝果策尼果》里唱道：

> 记住啊，先祖的子孙/天神的窝果有多少支/它们像十二条大路通向四方/神传的窝果有多少条/一支窝果像夫妻成双成对/高能的天神不给后人传错/又把二十四岔窝果分在两旁/早上传出的叫"烟本霍本"（神的诞生）/神做的事在这里吟唱/晚上传出的叫"窝本霍本"（人的古今）/人间的古

---

① 马林诺夫斯基：《两性社会学》，李安宅译，上海人民出版社，2003，第106页。

② 马林诺夫斯基：《两性社会学》，李安宅译，上海人民出版社，2003，第106页。

规在这里宣讲/①

"窝果策尼果"意为古歌十二调，是哈尼族神话古歌的集大成者。笔者就该段古歌涉及的偶数概念咨询过哈尼族民族文化专家和当地歌手，他们解释说："哈尼族举凡古典多以十二之数为准则，有明显的对偶观念，凡天必有地，凡阳必有阴，凡水必有火。先祖传下来的古歌古礼，像十二条大路通向四方，一条大路又一分为二，共二十四条小路通向八面，两条小路又像夫妻成双成对合成一支窝果。"于是，像夫妻一样成双成对的"窝果"，在祭典中，在火塘边，在一代一代哈尼（僾尼）人中间，把"神的诞生"和"人的古今"娓娓道来。

传说在远古的时候，没有天和地：

> 上没有天/下没有地/只有气上下串/上气下串/下气上串/上气下气交配/产生了又红又稠的血/……/地造好了/天造好了/天在上/地在下/天地各一方/天地间空荡荡/天也寂寞/地也寂寞/地求天/天求地/天地相求/谈结合/……/天地的四肢相合了/天地都怀孕了/天的肚子隆起来/一点点胀大/像顶鼓鼓的帐篷/地的肚子凸起来/凸成无数的山峰/……/天生产了/它的孩子呀/是一群群大雁/地生产了/它的孩子呀/是一窝窝蚂蚁/……（然而）/天没有光亮/地没有光亮/天地间黑乎乎/谁也看不清谁/……/翁奔奔朗/是管天的神/咪培培搓/是管地的神/管天的神/来想办法/管地的神/来想办

---

① 西双版纳傣族自治州民族事务委员会编《哈尼族古歌》，云南民族出版社，1992，第8页。

法/……/天神地神成婚配/生了一个小太阳/天神地神成夫妻/生下一个小月亮/……①

在哈尼族天地成型、日月生辉的神话中，"二元对偶"概念贯穿始终："上气下串、下气上串"，"天在上、地在下"，"天也寂寞、地也寂寞"，"管天的神、管地的神"……它们各据一方，但如此对称；它们如此不同，但彼此相求。"双合"把二元结构中的对等双方纳入了一个共同体："上气"与"下气"结合、"天"与"地"结合、"夫"与"妻"结合，两个彼此独立但互为前提的元素经过合作融通催生了天地和日月。

天地成形构成了世界的基本轮廓，天地双合衍生了天空飞翔的大雁和地上爬行的蚂蚁，还有象征温暖与光明的日月。可是如此广袤的世界仍然很寂寞，具有真正生命意义的精灵随之一一涌现。古歌里唱道，远古时候，天地间没有生命，到处都是白茫茫的雾霭，只有大海里有一条名叫"密乌艾西艾玛"的金鱼娘。她100年翻动一次身子，翻过77回，鱼鳞中抖出七位大神，其中，天神俄玛被奉为"最大的天母"，住在高高的"烟罗"神殿里，繁衍着世间万物……俄玛先生出一对美丽的姑娘烟姒和玛奔，她们是专司"流传到今的十二种古规古礼"的法典女神。俄玛后来生下了执掌万神万物的女神阿匹梅烟（意为"老祖母梅烟"）。阿匹梅烟生下了男神烟沙，男神烟沙又生下自然界的九位大神。

烟沙大神生下的九位大神是：天神、地神、太阳神、月亮神、庄稼神、年神、水神、树神和人神。九位大神虽然神力无

---

① 西双版纳傣族自治州民族事务委员会编《哈尼族古歌》，云南民族出版社，1992，第480~495页；西双版纳勐海县民族事务委员会编《西双版纳哈尼族歌谣》，云南少年儿童出版社，1989，第1~30页。

边，但寿命不长，因为它们既没有处于"二元对偶"的结构中，也没有满足"磨盘双合"的要求：

> 自从造出我们九个兄弟/要说格亮吗/我们也亮了/要说格大吗/我们也大了/要说格好呢/我们也是好/要说格合呢/我们也是合/千样百样齐了/只差一样了/千样百样有了/只少一样了/……/九个大神走来商量/打伙去要长命/①

烟沙找到母亲阿匹梅烟寻求帮助，"万能的大神，最高的神王阿匹梅烟答应了，生出了九个长命姑娘，分别取名为永生不死的太阳、月亮、水、庄稼、年、树、人、天、地。天神梅烟的姑娘不嫁，世上一样也不会有，大神烟沙的九个妹子不嫁，世上万物要死光。九个姑娘嫁给了九个神，九个神得到了永生不死的长命。从此，天不会塌，地不会陷，太阳月亮永远有，庄稼永远栽不完，江河泉水流不断，日子永远过不完，树林青草永远绿，世上永远有人烟。"② 这九位姑娘为九位神带来了"长命"，他们的结合不仅改变了世界的面貌，使世界生机盎然，还生出了许多哈尼（僾尼）人的规矩，如年姑娘嫁给年神后，人们会认辈分、分长幼了，"数数日子月份去吧，大一日也叫阿哥阿姐，小一日也叫阿弟阿妹，大一辈叫阿爸阿妈，小一辈叫姑娘儿子"；太阳姑娘和月亮姑娘嫁给太阳神和月亮神后，"亮光的路才能通，太

---

① 西双版纳傣族自治州民族事务委员会编《哈尼族古歌》，云南民族出版社，1992，第378页。

② 刘辉豪、阿罗编《哈尼族民间故事选》，上海文艺出版社，1989，第19页；西双版纳傣族自治州民族事务委员会编《哈尼族古歌》，云南民族出版社，1992，第24页。

阳月亮神才会顺着光路，一个跟一个走在天上"，于是有了日月更替，时光流转；庄稼姑娘嫁给庄稼神后，"庄稼的路才能通，庄稼神顺着十二条大路，走在天上和地上，一条是籽种的路，走过生根开花的路程；一条是四季的路，经过了春夏秋冬的时间；一条是水土的路，通过挖沟引水的艰难"①，于是人类的整个农耕过程变得秩序井然。

至此，"两性结合繁育后代"的观念在哈尼族（僾尼人）的原始思维中正式成型。我们看到，九位大神在与九位长命姑娘结合前，虽然具有超级神力，却不能长久。九位姑娘的出嫁不仅给予了大神们永恒的生命，造就了一个充满生机的世界，还促生了与之相随相伴的人类文明。

德国人类学家利普斯认为，"原始人的神话是他们的圣经和历史书，是他们礼仪的法典和词典，是他们充满古代智慧的百宝箱和详细的心理学。……物质、自然力、植物和动物，所有这些都像人一样地思想和行动。这就使得没有成文历史的民族的故事和神话是如此的丰富多彩，如此的绚丽迷人"②。在充满神秘、奇异色彩的神话中，那些"关于令人惊异的事件的描述勾勒出某种情景，使得世界的所有特征和生活的各个形态，特别是人类、能动性和要素，变得清晰明确起来"③。九位男性大神和九位长命姑娘的神话传说极为生动、极为鲜明地彰显了"两性对等、两性合作"共创伟业的性别观念。在哈尼族（僾尼人）的

① 西双版纳傣族自治州民族事务委员会编《哈尼族古歌》，云南民族出版社，1992，第25页。
② 利普斯：《事物的起源》，汪宁生译，四川民族出版社，1982，第353~354页。
③ 奈杰尔·拉波特等：《社会文化人类学的关键概念》，鲍雯妍等译，华夏出版社，2005，第237页。

开天辟地神话中，二元结构中的"磨盘双合"彰显的是两性的对等与对称、互补与和谐。两性之间没有优劣之分，更没有强弱之别，他们的结合使得天地成形、日月流转、山清水秀、人烟繁茂。

与此相仿，在描述兄妹两人时，哈尼族（僾尼人）传统文化给予了两者完全不同但相辅相成的性别特征定位，他们身上具备了明显的阳刚或阴柔的性别特征取向。他们特征不同、角色各异，却如此的协调和相配，古歌里唱道：

> 佐罗和佐白/阿哥和阿妹/相会在两条大水相交的地方/相遇在两条大河汇集的地方/两条河水是好水/……/好水水色不一样/大河水色是黑色/小河水色是白色/阿哥吃着大河水/变成皮肤黑黑的阿哥/阿妹吃着小河水/变成皮肤白白的阿妹/……/两条河水是好水/好水水声不一样/大河水声是粗的/小河水声是细的/阿哥吃过大河水/变成粗声粗气的阿哥/阿妹吃过小河水/变成细声细气的阿妹/……/阿哥的身上/好看的黑色有七样/阿妹的身上/好看的红色有七层/阿哥的嗓管/好听的粗声有七样/阿妹的嗓管/好听的细声有七样/……①

"滚磨成婚"的传说不仅存在于哈尼族（僾尼人）的神秘幻想中，其在哈尼族的家族世系连名谱牒中也有确实的记载："在三层高天上有一座神殿，其中住着最高神俄玛，俄玛生下一系列

---

① 西双版纳傣族自治州民族事务委员会编《哈尼族古歌》，云南民族出版社，1992，第 175~176 页。

的神，有梅烟、沙拉等，主宰着神和人间的大事小事。到了第十二代祖先诗米乌，这代人会认母亲了，奶也不会吃错了。诗米乌以前的祖先是人、鬼、神不分的时代，以后就分开了。诗米乌以后的第十三代祖先乌突里，这是男女成双成对的祖先。"①

哈尼族（僾尼人）在以神话古歌为载体的意识形态中，生动地体现着"磨盘双合"的二元结构性别观念。这种性别观在凸显两性（两者）差异的基础上，强调两性的合作、协调与共赢。在这样的思想观念中，男女两性差异显著、但没有优劣之分；他们互为前提、互为补充，为着共同的目标携手前行。

从以上的分析研究中看到，哈尼族（僾尼人）的神话、古歌、民间故事中弥漫着"磨盘双合"的社会性别观念。在这个"二元结构"体系中，传统文化既没有为了彰显女性的生育能力而忽略了男性的贡献，也没有因为强调男性的超强神力而忽视了女性的作用。对偶的两级特征不同、角色各异，但在创造天地、日月，繁衍人类的活动中互为补充，携手合作，成就了辉煌。这一切所表达的文化核心理念是：在哈尼族（僾尼人）的社会性别关系中，性别差异不是事物的对立两级，也不是非此即彼的正反两面，它们虽彼此独立，但互为补充。它们的合作融通造就了该民族的历史与文化，并赋予其长久的生命力。

---

① 云南省民间文学集成办公室编《哈尼族神话传说集成》，中国民间文艺出版社，1990，第7~16页。

研究对象与田野点

　　本书的研究对象为云南省西双版纳傣族自治州境内的哈尼族僾尼人，田野点为云南省西双版纳傣族自治州勐海县格朗和哈尼族乡南糯山村委会。下面从自然地理、历史沿革、田野经历等方面对研究对象和田野点进行概述。

　　1. 哈尼族概况

　　据2000年全国第五次人口普查统计，哈尼族人口总数为143万余人，在全国少数民族人口中位居第15位，在云南省少数民族人口中位居第3位。哈尼族主要分布在云南省南部元江—红河、澜沧江之间的哀牢山和无量山区的半山地带，约北纬21°~26°、东经99°~104°。哈尼族大多居住在海拔800米到2500米之间，气候温和、雨量充沛、土地肥沃的山区半山区地带。就行政区域而言，哈尼族主要分布在红河哈尼族彝族自治州、普洱市、西双版纳傣族自治州和玉溪市等地。哈尼族是一个跨境而居的民族，国外的哈尼族统称"阿卡"，主要分布在东南亚诸国的北部山区。据1996年在泰国清迈召开的第三届世界哈尼族/阿卡文化学术研讨会的统计，国外哈尼族/阿卡人数约为50万人。

　　哈尼族是历史最为悠久的民族之一，与彝族、拉祜族等同源于古代的羌族。据《尚书·禹贡》记载，大渡河名为"和水"，沿岸有"和夷"居住。隋唐时期，哈尼族与彝语支先民共称为"乌蛮"。唐初，滇东南六诏山区的"和蛮"① 部落，曾多次向唐朝贡方物，与中原有着经济和政治联系。南诏国时期，和蛮直属南诏，与滇东北和滇南的彝族一起，被称为"三十七蛮部"。其中，因远部最大，包括今元江、墨江、普洱、镇沅、景谷东部及新平西部；思陀、落恐二部在红河县；溪处部在元阳北部；维摩部在泸西南部和丘北县；强现部包括文山、砚山、马关、西畴四县。前四部在哀牢山，后三部在六诏山。哀牢山与蒙乐山一带，自隋、唐至今，就是哈尼族的聚居区。哈尼、糯比、路弼、卡惰、罗缅五个名称，首见于清代文献；毕约、惰塔二名，晚近才载于民国方志。"和尼"则为哈尼族自唐代至清代1300 多年来的历史名称。"和蛮"一名，出现于《新唐书·南蛮传》、《同鉴·唐纪》和《张曲江文集》中。现在通用的"哈尼"是一个使用人口最多的自称，首载于清初康熙《蒙自县志》，已有300 多年的历史。②

　　哈尼族民间传说也表述了与古籍文献记载中十分相近的迁徙历史：哈尼族的先民，曾游牧于遥远的北方一条江边上的"努美阿玛"平原，后逐渐南迁，经"谷哈"散布各地。"谷哈"原意为湖滨平原。红河、元阳一带的哈尼族认为"谷哈"指今昆明滇池，相传其祖先是经今昆明南下而来；而新平哀牢山的哈尼族则说"谷哈"指大理洱海，相传其祖先是经大理南下而来。③

　　根据语言工作者的划分，哈尼族有11 个支系，即哈尼支系，自

---

① 参见尤中："'和蛮'的大部分是从原来的叟、昆明族分化出来的。其所以被称之为'和蛮'，是'和蛮'意为居住在山坡上的民族。"（《中国西南的古代民族》，云南人民出版社，1980，第82 页）

② 《哈尼族简史》编写组编《哈尼族简史》，云南人民出版社，1985，第17 页。

③ 《哈尼族简史》编写组编《哈尼族简史》，云南人民出版社，1985，第18 页。

称哈尼，他称糯美、糯比、各和等；豪尼支系，自称豪尼、白宏、和尼，他称多塔、阿棱等；多尼支系自称多尼，他称多尼；海泥支系自称海尼，他称也是海尼；和尼支系自称和尼，他称罗缅；雅尼支系自称雅尼，他称纠为、纠交、僾尼；卡别支系自称卡别，他称卡别；卡多支系自称卡多，他称阿里卡多、阿古卡多；碧约支系自称碧约，他称碧约；哦怒支系自称哦怒，他称阿西鲁马、西摩洛；阿木支系自称阿木，他称阿木。① 哈尼族有多种自称，以哈尼、卡多、雅尼、豪尼、碧约、白宏（和尼）等六个自称单位人数较多，另外还有锅锉、哦怒、阿木、多泥、卡别、海尼等自称单位。本民族内部各自称单位之间的互称和其他民族对哈尼族的称谓也不一致，如元阳的哈尼互称糯美、糯比等，雅尼互称觉围（也作纠为）、觉交（也作纠交）。见于汉文史籍的历史名称有和夷、和蛮、和尼、禾泥、窝尼、倭泥、俄泥、哈尼、斡泥、阿木、糯比、路弼、卡惰、毕约、惰塔等，其中的大部分，均与目前的自称和互称相同或相近。② 新中国成立后，经过民族识别，统一称为哈尼族。

哈尼语属汉藏语系藏缅语族彝语支，内部又分哈雅（僾）、碧卡、豪白三种方言和若干土语。哈尼语的地方变体与哈尼支系的分布有密切的关系，方言、土语的名称大多可从哈尼族的不同自称中寻找渊源。自称哈尼和雅尼的哈尼人操哈雅方言，哈雅方言内又分哈尼次方言与雅尼次方言，其中，雅尼次方言主要分布在西双版纳傣族自治州和普洱市澜沧拉祜族自治县内。③ 哈尼族过去没有文字，靠刻木、结绳记事。民间文学主要散见于丰富的

---

① 云南省编辑组编《云南方志民族民俗资料琐编》，云南民族出版社，1986，第63页。

② 《哈尼族简史》编写组编《哈尼族简史》，云南人民出版社，1985，第3页。

③ 史军超：《哈尼族文学史》，云南民族出版社，1998，第27页。

口头文学，内容包括神话、传说、故事、谚语等。1957年，党和人民政府帮助哈尼族以拉丁字母为基础创造了拼音文字。1981年在中国科学院少数民族语言研究所的帮助下，以西双版纳勐海县格朗和乡苏湖寨的语音为标准音，对试行的哈尼文进行了补充和修改，制定了正式的哈雅方言雅尼次方言的文字方案。①

2. 西双版纳的僾尼人

据2004年统计，西双版纳哈尼族人口186067人，其中景洪市71492人，勐海县61232人，勐腊县53343人。这些僾尼人主要分布在山区半山区，比较集中地聚居在勐海县的格朗和乡和西定乡、景洪市的景哈乡和勐龙镇以及勐腊县的勐润乡和关累镇。其中，勐海县的格朗和乡是西双版纳哈尼族僾尼人最集中居住的区域之一，僾尼人口占该乡人口总数的87.49%。②

相传公元7~8世纪时，西双版纳哈尼族僾尼人的祖先主要居住在红河中游两岸地区。公元9世纪中叶，因战争被迫陆续外迁，在南迁的过程中，经元江、江城等地进入西双版纳至澜沧江东岸，而后渡过澜沧江，被"召片领"接纳为臣属，逐渐分布于西双版纳全州的山区半山区。新中国成立前，西双版纳傣族称之为卡戈或卡培，汉族称阿卡，僾尼人内部称阿卡或阿卡雅（也作阿卡然）。"雅"，在哈尼语哈雅方言雅尼次方言中意为"人"。1953年召开的格朗和自治区人民代表大会决定把"雅"译为"僾"，从此便有了"僾尼"一称，整个西双版纳的"雅尼"随之称为"僾尼"。在民族地方文献史籍和哈尼族文化

---

① 参见《哈尼族简史》编写组编《哈尼族简史》，云南人民出版社，1985；《民族问题五种丛书》云南省编辑委员会编《哈尼族社会历史调查》，云南民族出版社，1982。

② 勐海县人民政府编《勐海县乡镇年鉴》，2004。

论丛中①，多以"僾尼"的字样出现；而在哈尼族学者的相关民族研究和地方内部史志资料中②，则多以"爱尼"的字样出现。这种对"僾尼"或"爱尼"名称的不同选用，是出于历史、地域或民族认同的原因，还是仅为汉字化繁为简的结果，已经无从考证。但就"阿卡"这一他称，学术界普遍认为泛指分布于东南亚各国的哈尼族。

本书力图保持与《哈尼族简史》、《云南方志民族民俗资料琐编》、《哈尼族社会历史调查》等权威文献的一致性，经过反复斟酌，决定选用"僾尼"而非"爱尼"。因此，后文中的"僾尼人"通"爱尼人"，同指西双版纳哈尼族的雅尼支系。就本书的田野点——勐海县格朗和乡南糯山村民委员会——而言，"僾尼人"指僾尼人的纠为支系，俗称平头僾尼。

---

① 参见《哈尼族简史》编写组编《哈尼族简史》，云南人民出版社，1985；云南省编辑组《云南方志民族民俗资料琐编》，云南民族出版社，1986；《民族问题五种丛书》云南省编辑委员会编《哈尼族社会历史调查》，云南民族出版社，1982；云南省民族事务委员会编《哈尼族文化大观》，云南民族出版社，1999；雷兵：《哈尼族文化史》，云南民族出版社，2002。

② 参见杨忠明《西双版纳哈尼族简史》（内部资料），西双版纳州政协提案法制委员会，2004。该书对西双版纳哈尼族称的演变情况有较为详细的说明："阿卡"（Aqkaq）这个族称是哈尼族哈雅方言雅尼次方言群的自称族名。公元10世纪哈尼族先民迁入"勐泐王国"后，当时的土司将"阿卡"这个自称族名演绎为"哈戈"（Haqhhao），自称族名也变为他称。19世纪后，"阿卡"这个自称开始出现于西方社会科学文献，成为国际他称族名。到了20世纪50年代，居住在西双版纳的"阿卡"逐渐被"爱尼"代替。使用"爱尼"的其他文献参见门图《勐海少数民族纪略》，勐海县民族事务委员会，1993；门图：《西双版纳爱尼村寨文化》，中国文学出版社，2002；李克忠：《寨神——哈尼族文化实证研究》，云南民族出版社，1998；王清华：《梯田文化论》，云南大学出版社，1999；门图、高和：《爱尼风俗歌》，香港创意出版公司，1992；勐海县民族事务委员会编《西双版纳哈尼族民间故事集成》，云南少年儿童出版社，1989；中共勐海县委员会编《中共勐海县党史资料》第3辑（内部资料），2003；格朗和哈尼族乡党委政府、勐海县史志办编《幸福吉祥的格朗和哈尼族乡》（内部资料），2002。

　　僾尼人最初居住在西双版纳的勐海、小勐宋、勐遮山头，后来才慢慢分布在全州除勐养、勐旺、攸乐山、瑶区外的各个地方。哈尼族僾尼人在西双版纳有三个支系，有大小支系之分。纠为（也作鸠为、吉为等，当地人称平头僾尼），是大支。服饰是妇女穿裙，团头，主要聚居于格朗和、西定、景洪龙山等地。吉坐（当地人称尖头僾尼），是小支。服饰是妇女穿裤，尖头，聚居在景洪吉坐山和大勐龙。木达，当地自称南林，服饰是妇女穿裤，圆头，聚居于景洪南林山。① 僾尼人村寨内部有自己的社会组织，每寨有嘴玛（寨主），负责主持和管理宗教祭祀活动；贝摩（祭师），负责念经驱鬼、开路送魂；尼帕（巫师），负责占卦，用草药和巫术给人治病等。

　　僾尼人善于种茶，他们居住的南糯山是驰名中外的普洱茶的主要产地之一。另外，他们普遍种植玉米、豆类、荞麦、小麦、小米等粮食，并种植经济作物如花生、甘蔗、棉花、蓝靛和紫梗等。新中国成立前，西双版纳僾尼人的社会生产以刀耕火种式的农业为主，主要种植旱谷、玉米、瓜豆等作物，耕作粗放，广种薄收。僾尼人的信仰主要为祖先崇拜和万物有灵的多神崇拜。每个僾尼族村寨都要建一道寨门，称作龙巴门。龙巴门既是村社神的象征，也是村寨与山野的分界，被视为神圣不可侵犯之物，离开了龙巴门就意味着离开了神和集体。僾尼人把"松米窝"② 作为元祖，一直沿用父子连名制，父连子，子连孙，即父亲名字的末一字，作为儿子名字的头一个字。父子连名制谱系，僾尼人称

---

① 《民族问题五种丛书》云南省编辑委员会编《哈尼族社会历史调查》，云南民族出版社，1982，第100页。
② 参见李强："雅尼人的第一代男性始祖应为'松咪'，而非'松咪窝'，这样一来，雅尼人进入父权制社会的时间就往前提早了300年左右，即公元200年到300年间。"（《雅尼人父子联名制谱系新说》，《云南社会科学》2003年第1期）

之为"子",是僾尼人宗族和身份的认知系统。僾尼人的"子"包括两个部分,第一部分,僾尼人认为是"女人当家"、"人鬼共居",没有形成真正独立的人的时候所传的"神谱",只有危难或祭祀时方能提及和背诵。"神谱"记述的是开天辟地及世间万物诞生的顺序,反映了僾尼先民先有天地,后有万物,最后产生人的认知观念。第二部分是始祖谱系,指僾尼人祖先"人鬼分居"后的男性始祖排列下来的"子",记录了始祖及其后所有世系代数和人名的谱系表。① 僾尼人社会的基本单位是父权制的个体家庭,婚姻实行一夫一妻制。婚前男女社交自由,结婚自主,离婚自由。僾尼人用自己染织的藏青色土布做衣服,装饰大银片、银币等。僾尼人能歌善舞,音乐或激昂高亢,或舒展明朗,舞蹈或粗犷奔放,或沉稳秀气,普遍流行的舞蹈有"咚巴查"、"竹筒舞"等。

3. 田野点概况

云南省西双版纳傣族自治州勐海县位于云南省西南部、西双版纳傣族自治州西部,地处北纬 21°28′~22°28′、东经 99°56′~100°41′,东接景洪市,东北接普洱市,西北与澜沧县毗邻,西和南与缅甸毗邻。全县国境线长 146.6 公里,东西最长横距 77 公里,南北最大纵距 115 公里,总面积 5511 平方公里,其中山区面积占93.45%,坝区面积占 6.55%。勐海县不仅享有"滇南粮仓"的美誉,还是云南大叶茶原产地之一。

汉代前,勐海县隶属昆明、嵩部落,是"西南夷"的一部分。西汉,隶属益州郡。东汉光和年间,划归永昌郡。唐南诏时,隶属银生节度。宋淳熙七年(1180),境内设九勐土司地。元朝,属车里路军民总管府。明朝,隶属车里军民宣慰使司。明

---

① 李强:《雅尼人父子联名制谱系新说》,《云南社会科学》2003 年第 1 期。

隆庆四年（1570），宣慰使召应勐将辖区划为十二版纳，本县内设四个版纳。清朝，沿袭明制。清顺治十八年（1661），域内重置九勐土司地。1912年，改设勐海、勐遮、勐混3个区。1913年，域内设勐遮、勐混（实驻勐海）两个区。1927年，改区设佛海县、南峤县、宁江设治局。1950年2月，域内解放。1951～1958年，建制几经变动。1958年11月，勐遮、勐海两县合并为勐海县。至今，隶属西双版纳傣族自治州。

2004年，勐海县辖6个镇5个乡，即打洛镇、勐海镇、勐混镇、勐遮镇、勐阿镇、勐满镇、勐往乡、勐宋乡、格朗和哈尼族乡、布朗山布朗族乡、西定哈尼族乡。全县11个乡镇下设85个村民委员会、946个村民小组。[①]（见图0-1、图0-2）

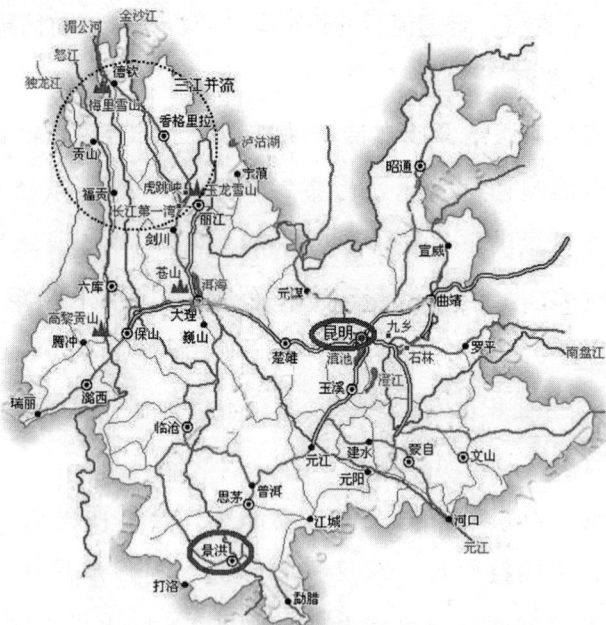

图0-1　田野点：西双版纳及周边地区

资料来源：http://www.tochina.com.cn。

---

① 勐海县人民政府编《勐海县乡镇年鉴》，2004，第6页。

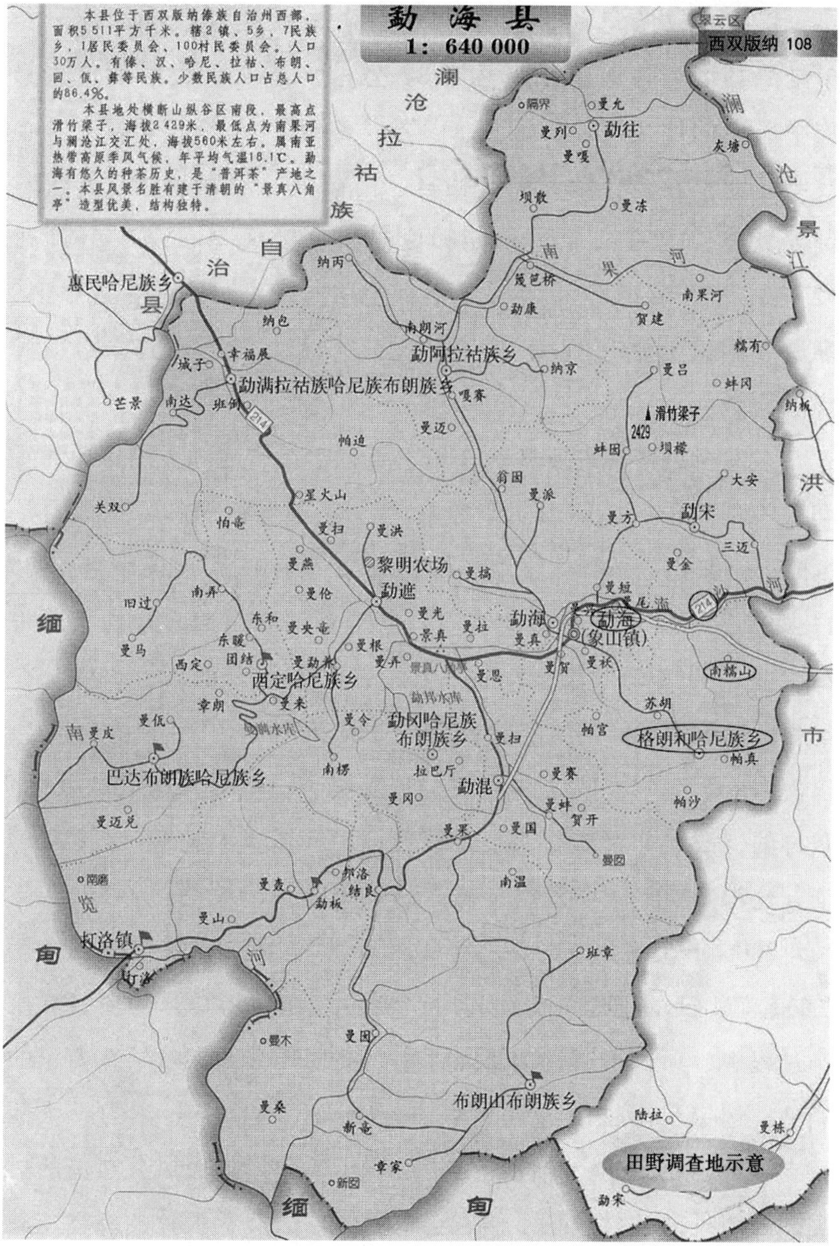

图 0-2　田野点：西双版纳勐海县格朗和南糯山

资料来源：http://www.guang.net/m/menghai.htm。

格朗和（哈尼语，意为幸福、吉祥的地方）哈尼族乡位于勐海县境东部山区，距县府28公里，是西双版纳僾尼人最集中居住的地区之一，面积312平方公里，人口1.5万人。乡政府驻地黑龙潭，辖苏湖、帕宫、南糯山、帕真、帕沙5个村民委员会。1953成立"格朗和僾尼族自治区"；1957年12月12日，十二版纳合并为五个县级版纳时，改称为格朗和区，隶属版纳勐海；1987年10月23日区改乡，正式成立格朗和哈尼族乡。

本书的田野调查及材料收集主要集中在格朗和乡南糯山村委会。1953年前，南糯山属车里县。1953年置格朗和哈尼族自治区时，南糯山划入该区。南糯山村委会（辖31个村民小组，935户4207人，僾尼人口占95%）① 位于景洪市西面，距离景洪市23公里，紧邻214省道，是著名的普洱茶原产地之一。生长在南糯山半坡寨的一株大茶树据传说是在57代（一代以25年记）以前由一个名叫沙威的"阿波"（僾尼语：爷爷，这里是敬称）栽种的，故名"沙威拨玛"（僾尼语：沙威大茶树）。经专家考证，这棵茶树系人工栽培，树龄约800年。

2005年8月，笔者参与了尹绍亭教授主持的联合国环境署"东南亚山区的土地可持续利用"项目。在同年9月的项目点挑选过程中，项目组通过项目点评估、实地考察并参考外籍专家的意见，选定了南糯山的僾尼寨子——"大巴拉寨"作为一个项目点。大巴拉寨是一个美丽的僾尼寨子，醇厚的民风，热情的村民、开明外向的村组长、能说会道的僾尼妇女、大片的森林、满眼的茶园、传统的手绣、偷跑运输的小面包车、叽叽喳喳围拢来

---

① 勐海县人民政府编《勐海县乡镇年鉴》，2004，第84页。

的小孩子、慈祥的老人的脸……记得第一次走进大巴拉寨时，我们身边围满了身体壮硕、面色红润、伶牙俐齿的僾尼妇女。她们在和项目组专家的对话中，没有显露出丁点儿的羞涩，而是落落大方，回答得头头是道，偶遇她们认为不便回答的问题时，几个妇女会暗中交换一下狡黠的眼神，哼哼哈哈地搪塞过去。第一次的接触，大巴拉寨的僾尼妇女便给笔者留下了深刻的印象：她们和笔者以往阅读的关于哈尼族社会组织、家庭生活等方面的文献中描述的妇女形象大相径庭。在后来的实地调查中，僾尼妇女的形象越来越具体和鲜活，特别是在 2006 年的一次葬礼中，僾尼人仪式活动中强烈的女性意识渲染和对两性和谐观念的张扬深深震撼了笔者。后来，随着研究工作的日趋深入和思路的日渐明晰，笔者最终选定格朗和乡的南糯山村委会作为田野工作点。在后来的多次田野调查工作中，笔者的走访对象遍及南糯山村委会的十余个僾尼寨子。

在多次田野调查工作期间，笔者的吃、住大多在南糯山的大巴拉寨。大巴拉寨是一个有着 130 多年历史的古老村寨，较为完整地保留着僾尼人的文化传统。"巴拉"是僾尼语"波光"意思，寨边一道波光闪闪的菁沟和美丽的寨子相映成趣，所以大巴拉寨也就是波光大寨。大巴拉寨的寨址是按照哈尼古规选定的——寨子坐落在一个山凹中，暖和而又水源丰富，四周绿树环合，寨子头有茂密的神林（见图 0-3）。① 大巴拉寨的最低点海拔 1120 米，最高点海拔 1780 米，海拔垂直落差 660 米，占地 6.04 平方公里，81 户，407 人。据寨子的老人说，寨子约 130 年前由勐碗迁至小巴拉寨（老寨），后迁至现址（1980

① 《云南画报——景洪》，云南画报社，2004，第 82~83 页。

年改称大巴拉寨）。1958年，大巴拉寨划归南糯大队；1966年，由于粮食缺乏及恶劣的交通条件，在县政府的动员和鼓励下，大巴拉寨从老寨（现址东南3公里处，海拔1600米）搬迁至现址并由政府划定寨子村界；1968年，搬迁完毕，共33户人；1984年，水田包产到户；1989年，推广杂交水稻；2004年，紧邻大巴拉寨北面的214省道通车。

图0-3 青山绿树环绕的僾尼寨子

资料来源：笔者于田野点拍摄。后文图片均来自笔者田野点拍摄，不再赘述。

4. 田野经历

2005年8月，笔者参加了"山区可持续性土地管理：泰国、老挝、中国云南"（日本联合大学、泰国、老挝、中国的跨区域研究项目），接受土地管理与资源利用的相关培训。2005年9月，笔者跟随泰国清迈大学卡洛克教授赴西双版纳勐海县格朗和哈尼族乡的大巴拉寨（项目候选点）进行了为期一周的项目田野调查。初次踏进大巴拉寨，全然没有陌生和惶恐的感觉，这个美丽的寨子霎时抓住了笔者的心，这就是笔者和大巴拉寨缘分的开始。

2006年2~4月，笔者再次来到大巴拉寨，开始了第一次正式的田野调查。前村小组长学爬是一位德高望重，心地善良的老人，得知笔者来大巴拉寨的目的，便安排笔者在他的女儿女婿家住下。前村小组长的女儿叫爬娥，是一个体格健壮、皮肤黝黑、牙齿洁白的中年妇女；女婿叫克索，个头不高，热情好客，是个闲不住的人，家里家外、大事小情都由他亲自张罗。夫妻俩有两个儿子，大的19岁，叫二优（梭江），小的17岁，叫二弟（梭明）。克索是家里的幼子，大哥、大姐和小妹都已结婚分家，克索继承了父母的房产，也承担了赡养老人的义务。克索的父亲秋克和母亲飘咪已70出头，但身体都很健康。从第一天走进克索家，笔者就和他们一家人有了割不断的缘分，后来，它变得像亲情一般亲切和紧密。克索和爬娥年长笔者几岁，笔者称他们大哥大姐，他们称笔者"小颜"。由于居住条件十分简陋，夫妻俩临时为笔者在他们"卧室"与"客厅"之间支起了一张木床，挂了一席布帘，地方小得刚好容身。在大巴拉寨逗留期间，笔者在县民委的帮助下到勐海县档案局、农业局和国土资源局查阅了相关文献，又到乡政府和退休的、在任的两位副乡长（均为僾尼人）进行了交谈。此外，笔者还参与观察了一次葬礼（死者为男性）。僾尼人葬礼中父系宗族集团、血亲意识的强化和舅舅权力、两性和谐意识的极力张扬等等使笔者感触颇深。笔者对这次葬礼进行了完整详细地记录，拍摄了上百张照片，研究的思路逐渐清晰。

回昆明不到一个月，笔者又一次来到西双版纳，参加德国一个NGO组织在西双版纳举办的"传统农耕系统——东南亚山区的刀耕火种区域性国际研讨会"。经笔者推荐，主办方邀请克索夫妇和寨子的歌手确美（女）到勐腊植物园参加会议。同时，大巴拉寨成为田野参访（Field Visit）的一个点。这是克索夫妇有生以来第一次作为民族代表参加高级别的会议，夫妻俩一时间成为寨里的名人，两人兴奋得不得了，寨里人也十分羡慕。短短一周的时间，笔者和克索一家的感情又拉近了一大截。

2006年7~10月，笔者赴大巴拉寨进行第二次田野调查。这次调查区域扩展到了大巴拉寨所属的南糯山村委会的十余个寨子，旨在对上期工作查缺补漏、核对材料并补充完善，以开展深度访谈为主。就笔者参加过的几个项目而言，内容多涉及人类、生态、资源的可持续利用等主题，也是当前研究的热点话题。如果从这几个方面入手，前期的积累相对多一些。但几个月的田野调查给笔者留下最深刻影响的，还是僾尼人的社会性别关系，妇女的形象是那样的鲜活，夫妻间的关系是如此亲密，两性间的分工合作是如此和谐……经过反复思量，笔者把"哈尼族（僾尼人）的社会性别关系研究"定为本书的主题。

2007年7~10月，笔者第三次来到大巴拉寨，当地普洱茶的生产和销售进入了改革开放以来的鼎盛时期。家家户户都赚了不少钱，好几家人盖起了新房，克索家的老屋也进行了部分翻新，笔者终于有了一间属于自己的小木屋。屋子很小，是从老屋的一角延伸出来用简易木板搭成的，屋顶是厚实的塑料布，光线不好，通风也不好，但它却是一片独立的天地，笔者从心底里感谢笔者的"大哥大姐"。茶叶的销路很好，管家的女人们的形象也变了，她们戴上了金项链，用起了防晒霜，但爬娥告诉笔者，她大哥黑大离婚了，因为大哥有钱了，买了车，在城里"串"了一个年轻姑娘。克索家的茶叶生意做得相当好，大部分水田租给别人耕种，爬娥不再酿酒和养猪了。通过朋友的帮忙和介绍，笔者联系到了当地有名的僾尼作家、民族历史学家朗确、门图和杨忠明等人，爬娥自告奋勇陪笔者去采访他们。在这次田野调查中，笔者参与观察了一次婚礼和一次葬礼（死者为女性）。寨里的老人都说笔者有福气，因为近 7～8 年来，寨子里只有两位老人过世，而笔者两次都在场！

在接下来的两年中，笔者开始着手收集和研读有关"社会性别"的文献资料，读了几十本书，上百篇期刊文章，做了十几万字的读书笔记，为下一次的田野调查打下了坚实的理论基础。

2009 年的 7～10 月，笔者进行了最后一次田野调查。两年前红红火火的茶叶生意已销声匿迹，农户们受到了很大打击，但传统文化的调适能力发挥出巨大作用。在新的情况下，僾尼人的社会性别关系又呈现出新的面貌。

回顾几年来的田野调查经历，田野给了笔者很多灵感，当地的民族文化为笔者提供了丰富的素材，善良纯朴的村民给予了笔者莫大的帮助。笔者和村民们建立了良好的关系，寨子里的老人都亲切地叫笔者"阿布"（小姑娘、女儿），克索大哥和爬娥大姐把笔者看作"城里来的妹子"，我们已经成为一家人。

正是这样的亲身参与，与当地人共同生活、共同体验生活中的惊喜、遗憾、平淡等种种细节，以他们的观点来看待世界，以他们的情感来感知自然与文化，从他们的角度来阐释生产生活中的点点滴滴，笔者的研究思路逐渐清晰，田野工作方法逐渐老练。加之前期文献资料的积累和后期反复修正、完善与润色，本书才以今天的样子呈现出来。

第一章　生命周期中的磨盘双合

前面提到，在以神话、古歌等为载体的意识形态层面，僾尼人将两性关系置于一个对等互补的二元结构中，认为世间万物的产生和发展均是男女两性合作融通的产物。这种"磨盘双合"的性别模式没有人为地模糊两性之间的差异与不同，也没有把对偶的双方置于对立和冲突的位置上，而是在承认差异的基础上彰显合作与和谐。哈尼族（僾尼人）的神话传说作为传统文化传承的重要手段之一，从意识层面不断地教化和强化着该民族的认知心理和价值观念。那么，原始思维结构中所崇尚的"磨盘双合"社会性别理念是如何在僾尼人的社会生活中得以体现和实践的呢？本章以僾尼人生命周期中的相关礼仪和实践过程——出生、成年、结婚、死亡等各个阶段中，传统文化对两性"磨盘双合"的阐释和诉求为切入点，探讨其在僾尼人社会生活中的象征性表达和具体实践。

第一节　成人仪式的"半"与恋爱阶段的"双"

一　成人仪式的"半"

祖先鱼一共生下了 77 个儿女，最后一个是"半"：饭半生半熟是"半"，母亲生下的儿女，儿子是"半"

> 姑娘也是"半"，凡是吃得吃不得，认得认不得的，只
> 要是"半"，都是"半"。
>
> ——"祖先鱼上山"

　　僾尼语把"人"叫作"搓"，把"小孩"叫作"然"。在汉
语的认知体系中，"人"是统称，"小孩"是"人"的下属分支
种类。而在僾尼语的认知体系中，"搓"不包括"然"，"然"
也不隶属于"搓"。换句话说，僾尼人认为未成年的男孩或女孩
不能算作完整意义上的"人"，既不享受做人的权利，也不承担
做人的义务。问及当地老人，他们告诉笔者说："小娃娃不能算
是人，只能算是'然'，'然'的意思就是'半'。"

　　（一）"半"的本土认知

　　就"半"的含义，笔者询问过当地的多位老人，他们为笔
者讲述了一则在当地广为流传的神话传说。神话讲述了祖先鱼[①]
如何生下世间万物并孕育它们成长的过程。在这则神话故事中，
僾尼人原始思维以其特殊的认知结构及认知方式为我们描绘了一
幅关于自然与人类的神奇画卷。在这幅画卷中，生命没有被划分
为各自独立的领域，而呈现出"一体化"[②]的形式，它以奇特的
方式沟通了形形色色的个体生命形式。在这则神话中，僾尼人的
祖先是一条生活在大海中的鱼。这条祖先鱼生下了世间万物：老
大是"天"、老二是"地"、老三是"有"、老四是"无"……
祖先鱼一共生下了77个儿女，最后一个是"半"。饭半生半熟
是"半"，母亲生下的儿女，儿子是"半"姑娘也是"半"，凡

---

① 哈尼族的祖先鱼神话有多种版本，还可参见云南省民间文学集成办公室
　编《哈尼族神话传说集成》，中国民间文艺出版社，1990。

② 恩斯特·卡西尔：《人论》，李琛译，光明日报出版社，2009，第104页。

是吃得吃不得，认得认不得的，只要是"半"，都是"半"。

在这则奇异的神话中，自然界和人类世界没有截然的分界线。世间万物可以按有形和无形进行分类，也可以按颜色不同予以认知，还可以按无边与有边赋予内涵，等等。例如，"生"可以是阿妈生小娃、庄稼发芽和长高、酸涩的或不成熟的乌沙梨；"死"可以是人死、石头不动或心眼不活的憨人。祖先鱼的最后一个子女是"半"，它既指有形之物，也指无形之事。当地老人告诉笔者，等姑娘、小伙长大了，成人了，就不是"半"了。在僾尼人的本土认知中，"半"可以指事物半生半熟的状态，也可以指半人半神的精灵，还可以指个人所处的既非 A 也非 B 的中间状态。这种"半"所指代的"中间状态"颇似范·盖纳普的"通过仪式"和维克多·特纳的"阈限"。在盖纳普看来，"中间状态"指个体的生活从一个阶段进入另一个阶段的连接点或转折点，通过"中间状态"，通过仪式实现了从"分离"向"结合"的过渡。特纳把盖纳普的"通过仪式"发展为"阈限"仪式，认为"阈限"阶段是仪式过程的核心，它是一种处于两个稳定状态的"转换"。在阈限期，受礼者进入了一种神圣的仪式时空，所有世俗的分类都不复存在。①

在僾尼人的原始认知体系中，以"半"为标志的"中间状态"不仅指人生礼仪中诸如出生、成年、嫁娶、死亡等重要仪式过程，还延伸至传统文化对个人行为规范的社会性要求。例如，未成年的少男少女为"半"，到了恋爱结婚年龄而不恋爱不结婚的男子或女子也为"半"，不能生育的夫妇为"半"，只生

---

① 夏建中：《文化人类学理论学派》，中国人民大学出版社，1997，第 305～315 页。

男不生女的夫妇为"半",只生女不生男的夫妇为"半"……傻尼人认为,"半"的状态阻碍了人生理想的顺利实现,所以要以各种方式促成"半"的顺利过渡或转换,并在传统文化中不断强化相关意识。这种意识也是实现"磨盘双合"的前提条件。

(二) 成年礼仪中的"半"的转化

傻尼姑娘、小伙在成年前,算不得"人",只能算"半"。这一状况在"成年礼"后得到完全改观。"如果是仪式,我们就不能从举行仪式者的意图来分析,而是从仪式举行之后所产生的影响、从关系或特性的隐喻或变化来分析。"① 从此,男孩女孩都变成了具有象征意义和实际意义的"人",小伙子被称为"然达",意为年轻男子;姑娘被称为"咪达",意为年轻女人。此时的小伙、姑娘就开始享受做人的权利并承担做人的责任和义务。

西双版纳的傻尼人把"成年礼"当作姑娘、小伙长大成人、步入社会的重要标志。"成年礼"的日子大多选在年首的"嘎汤帕"节或年中的"耶苦扎"节,同龄男女相约举行。"成年礼"主要包括染齿和换装两个内容。

1. 染齿

在南糯山的傻尼寨子中,50 岁以上的老年人几乎都染过牙齿。老人们说,在过去,不染牙齿的人是很难找到心上人的。染牙前,把一种野生酸果"嘎切"切开,用其酸汁涂抹在牙齿上使牙釉质软化,1～2 天后开始正式染牙。染齿时,将带胶虫的生紫胶片放到火塘旁烘烤,等软化后敷在牙齿上,两三天后再取下,这时的牙齿就变成紫红色。染齿是男女成人的一种标志,更

---

① 拉德克利夫－布朗:《安达曼岛人》,梁粤译,广西师范大学出版社,2005,"前言"。

是僾尼人显示牙美的一种方式。染了牙齿的姑娘、小伙具备了找对象谈恋爱的资格。现在，在南糯山的青壮年僾尼人中已难得一见染齿的情况，他们也觉得"黑牙齿"不是外面世界的审美标准。但每个寨子里都会保留一两棵紫胶树，村民们对染齿的细节也谙熟于心。

2. 换装

在笔者的田野工作中，没有机会亲身参与观察少男少女的换装仪式，一来是机缘不巧，二来是因为现今的换装仪式不再像以前那样正规了。但几乎每个 30 岁以上的已婚妇女都能将换装的过程与环节一一道来，五六十岁的老年妇女更是细心收藏着那些包含着她们青春印记的物件。以下是笔者搜集自田野点的访谈材料。僾尼小姑娘 3 岁前的着装与男孩不作区别。孩子出生取名后戴黑色小帽，满月后，小黑帽上装饰一个小银泡。3 岁后换成一种有别于男孩的圆形青布小帽，上面镶有一条白边和一条绿边，并装饰彩色帽缨，僾尼语叫"屋果"，男孩的小布帽仅装饰少量银泡，叫"屋多"。随着年龄的增长，女孩的帽子上逐渐出现了银饰品并装饰有彩色羽毛。僾尼姑娘到了十四五岁，家人便择吉日为其举行换装仪式。参与换装仪式的人员仅限于家庭成员，也偶有女孩邀约相好的同龄女伴一起进行换装的情况。换装仪式中，衣裙的式样变化不显著，但装饰品有所增加，如无领左襟上衣的前胸后背加挑有美丽的刺绣图案，上衣两侧和袖口等部位添加彩色布条和五彩线花球，裙子的后部加皱褶等。

但是，帽子却有了很大变化。成年仪式中，女孩换戴的帽子称为"屋确"。此种帽子和之前的圆形布帽完全不同，帽子里装有一个围住脑壳的竹圈子，后脑勺上装有一个长约 9 厘米的圆竹筒，附上一圈约 1 厘米宽的小竹环。帽子用黑布衬里，六七十颗圆形的银泡分别装在前额两侧的竹圈上，帽檐上装饰有五彩的花球和各式彩色的缨子。帽耳边分别坠有四五对圆形银制品将两耳遮住，走起路来叮当作响。前额直至头顶用一块三角形的黑布"帕卡"遮住，系上红色小布条，帽绳从耳后拉至下额并拴在脖前。成年女性帽子上的银饰是僾尼女子服饰中最具特色的部分。装饰部位不同，所选用的银饰也不同，名称也随之而异。例如，装饰于帽顶和帽后的银子叫"匹果"、帽檐上的银子叫"铺习"、从帽子前部正中向左右两边延伸至帽子后部的串状银饰叫"屋巴"、帽耳边叮当作响的银饰叫"匹梭"、插在头顶的银簪子叫"丫纠"。(见图1–1，图1–2)

3岁女孩　　　　　　　　　　　10岁女孩

已婚妇女　　　　　生育过的妇女　　　　老年妇女

图1–1　僾尼女性不同生命阶段的头饰

准备换装　　　　　　　　换装后的咪达

图 1-2　僾尼女性穿着民族服饰

　　大巴拉寨的米洒（42 岁）向笔者展示了她的帽子：帽子上的银饰中，有的是本地银匠打制，有的是明清时的钱币如清代光绪年间的铜钱，民国时的钱币如半开、银大头等，也有来自缅甸、印度、法国等国的钱币。她告诉笔者说：僾尼妇女头上的银饰品是家庭富裕的象征。帽上银饰多的姑娘，不仅在同龄的姑娘中享有较高的地位，也更能得到小伙子的青睐。实际上在笔者看来，妇女帽子上的银饰在有意或无意间承载了一段僾尼人积累财富的历史，并展示了一种海纳百川的民族胸襟。

　　僾尼小伙子在 15 岁左右跨入成年人的行列，具备了谈情说爱的资格。小伙子一般不举行正式的成年或换装仪式，由母亲视情况和时间为儿子换上成年人的服装即可。僾尼男子下穿宽腰大脚裤，上衣为无领左衽或左开襟的宽大外套。左襟宽出的部分从胸前系成三角形，纽扣分别设在右腋一颗和左前二颗。纽洞是用粗布棉线做成的圆扣，纽扣为竹木或银质的两种。银饰多镶在左衣襟的边缘，从领口开始，顺序排列至右肋下。男子成年后，也要束绑腿，僾尼语叫"克刀"。绑腿布是一块宽约100厘米的黑布，用蓝黑色绳子绑于小腿上。此外，成年男子要打"包头"。包头布宽约30厘米，长约2米，圆盘似的层层缠绕于头上，其尾部高高翘起，正前方装饰若干饰品，有银饰、五彩的花球、斑斓的羽毛等。外出劳动或打猎时，男子腰佩腰刀、肩背粗布挎包、肩扛长枪或弩等。当然，这样的装束在今天的南糯山已经很少见了。男子们大多着汉族的上衣长裤，头戴绿色或蓝色有檐军帽，脚蹬帆布运动鞋。但在重要的场合还可以偶尔瞥见传统的黑色棉质、配有银饰的上衣。

3. 跨入成人行列

　　刚戴上包头的姑娘哟／告别了小姑娘的生活／是你谈恋爱的好时光／你可不要满不在乎／过了这段时光／你就是个老姑娘／刚戴上包头巾的伙子哟／结束了小捣蛋的生活／是找姑娘的最好时期／你可不要为此而骄傲／过了这段时光／你就会成为老伙子／

　　水牛角与耳朵一般齐／是一生中最勇猛的时候／牛角超过耳朵后／就长出硬茧一层／少男少女是蹦跳的年龄／告别了少男少女／人就老成有智慧／就要考虑人生大事／勇敢的伙子能摘到好花／聪明的姑娘能擒住牯牛／告别了少男少女／生活更甜情更浓／责任重大莫退缩／①

在这首僾尼歌谣里，十五六岁的小阿布（姑娘）被比作含

---

① 西双版纳勐海县民族事务委员会编《西双版纳哈尼族歌谣》，云南少年儿童出版社，1989，第291~292页。

苞待放的鲜花，十五六岁的小阿利（伙子）被比作刚长胡子的小老虎。经过了"戴上包头"的成年礼，姑娘、小伙就享有恋爱权利：勇敢的伙子能摘到好花，聪明的姑娘能擒住牯牛。歌谣用轻松诙谐的语言催促小伙、姑娘不要辜负青春好时光，快快寻找心上人。经过了成年仪式的少男少女不再是半生半熟的"半"，而进入一个完整而稳定的状态。但就僾尼人对"磨盘双合"社会性别理想的追求而言，完成"半"向"搓"的转化，只是朝着理想迈出的第一步。而理想实现的前提，必须要完成"个人"向"双合"的转变。因此，僾尼人的成年仪式所包含的内容和步骤不仅限于形式上的转化，更着重于少男少女跨入成人行列之后，要承担的责任和履行的义务。经过了成年礼，姑娘、小伙不仅具有了恋爱的权利，也要承担起赡养老人、关心弟妹成长的义务；有了寻找心上人、组成家庭的权利，也就有了生育儿女、操持家务、生产劳动的义务；有了参与公共活动的权利，也就有了遵守公共秩序、遵守伦理道德的义务。

二 "自由自在"的恋爱理想——"双"转化的前奏

> 人到十五六岁，心不动也动了，人到十六七岁，情不动也动了。姑娘和伙子，像两只筷子一样齐了，伙子和姑娘，像两只脚离不开了。
>
> ——"窝果策尼果"

经过了成人礼的小伙、姑娘，心智上日渐成熟并具备了独立的人格，开始为承担社会责任做准备。而这一切的达成，必须以实现"双合"为前提，就如同"两只筷子一样齐了、两只脚离不开了"。在僾尼山区，姑娘、小伙到了十六七岁还不找对象不谈恋爱是很少见的，即使有那么一两个比较"木讷"的人，同龄的伙伴也会在一旁敲边鼓：

　　山花艳丽莫过三日／姑娘漂亮莫过三年／姑娘不要辜负好时光／寨里英俊的阿哥／好时光莫过三年／五拃肥猪最合适／因为它要出栏了／伙子大了要找情人／姑娘大了要会情郎／①

　　2007 年，笔者在南糯山向阳寨采访的时候，索江刚满 18 岁，是个心地善良的小伙，但性格木讷、内向。比他小两岁的弟弟索门倒是很开朗外向，已经有了一个女朋友②。有一天，索江对笔者说："我原来也有过两个女朋友，后来觉得不太合适，就没有好了。"在后来一次和索江阿妈的闲聊中，证实索江没有说真话。事实上，他从没有过女朋友。索江阿妈说，索江对"没有女朋友"这件事非常在意，内心也很焦虑，因为小伙子到了索江那个年龄还没有女朋友是让人羞愧的一件事情。于是笔者明白了索江对笔者说谎的原因。一年后，当笔者再次踏进向阳寨，索江就兴高采烈地报告了一个好消息："我有女朋友了。"由此看来，傈尼人文化中的"成人仪式"不仅完成了"半"向完整人格的转化，还吹响了向"双"转化的前奏曲。至此，小伙、姑娘便进入实质性的恋爱阶段。

　　"恋爱"是傈尼姑娘、小伙进入成年人行列的主要任务和社会活动，因为它是实现婚姻生活"双合"的必经阶段。没有恋爱就迈向婚姻的行为是不可想象的，也是不合规范的。在傈尼青

①　西双版纳勐海县民族事务委员会编《西双版纳哈尼族歌谣》，云南少年儿童出版社，1989，第 186 页。
②　在傈尼文化中，"男朋友"和"女朋友"是指已经同居的男女对象。

年的心目中，恋爱理想就是"自由自在地和心爱的人在一起"。一首歌谣里这样唱道：

> 亲亲的阿哥（阿妹）哟／我们像两只鸽子相亲相爱／千张弓万支箭也不能把我们拆开／我们悄悄交换了定情物／对着天地立下誓言／我们想在一张篾桌上吃饭／我们想在一丘田里干活／不管爹妈反对哥嫂斥骂／生生世世都要在一起／几千个声音听过了／没有一个像你的声音一样甜美／几千张面孔看过了／没有一张像你的脸一样亲切／亲亲的阿哥（阿妹）哟／我们命中注定一辈子在一起／①

在这样的认知体系中，曾经由"自由恋爱"步入婚姻殿堂的父母对于成年儿女的恋爱一般不会横加干涉，对他们在恋爱过程中结交的对象也不会指手画脚，有时父母连儿子或女儿的恋爱对象的名字也不知晓，因为年轻人婚前的恋爱对象有可能随时更换。笔者在南糯山石头新寨的调查中就观察到，当地的僾尼妇女有把情人赠送的牛角饰品佩戴在帽子上的习俗，这样的牛角饰品越多，就说明姑娘的追求者越多，这是妇女们引以为豪的事情。直到儿女向父母正式报告结婚意愿的时候，父母才会仔细询问对方的家庭背景、个人人品等方面的问题。但这些做法常常流于表面，大多数父母都会尊重孩子们的选择。记得笔者在采访一位在勐海县政府任职的僾尼女性时，她用"僾尼女人心中有一种彻头彻尾的浪漫"来形容她母亲和自己的恋爱婚姻生活。听了这一席话，笔者感动了好久。

僾尼姑娘、小伙婚前享有充分的社交自由，20 世纪 70 年代

---

① 笔者收集自田野点。

以前的很多僾尼村寨都有专供青年聚会的"公房"。而一些村寨至今仍保留着到寡妇家进行社交活动、寻找心上人的习俗。此外，一般僾尼家庭在儿子成年后，要在自家大房子"拥戈"旁边另建一小屋，僾尼语叫"扭然"（意为"恋爱房"），供儿子串姑娘（找男女朋友）、结婚、生育直至分家。

　　然而，"自由自在"的恋爱理想并不意味着男女之间可以随意结交异性朋友或草率地将自己的情感交与他人。绝大多数僾尼青年严格奉行着传统文化所推崇的择偶标准和恋爱观，而这些道德原则和价值取向保证了恋爱中的男女青年能够实现恋爱阶段的人生理想并顺利地跨入婚姻生活，继而履行"做人的责任"。例如，当地的僾尼未婚男女青年有自己的青年组织和领导者。男性领导者称为"扎达阿尤"或"扎祜阿尤"，女性领导者称为"米达阿尤"。两者都由群体中年长并未婚的成员担任，他们一旦结婚，便由他人接任。其主要职务是领导和管理未婚男女伙伴的社交活动，调解爱情纠纷，教育和处罚违反哈尼族传统及两性道德准则的成员，批准和协调不同村寨间男女青年的爱情关系。[1] 此外，僾尼人找对象不仅重容貌，更重人品，他们认为，结婚不仅仅是男女双方的事，更是家庭和家族的事，因此在选择对象时，对方的家庭教养和本人的人品是非常重要的。在相识、相亲、相爱的整个过程中，姑娘侧重于选择掌握优秀生产技术、体格健壮的小伙；小伙侧重于选择具有良好的家庭教养，能够持家理财、心灵手巧的姑娘。在恋爱过程中，"男女双方的机会是均等的，权利也是平等的"[2]。民歌里唱道：

---

① 俞顶贤：《中国各民族婚俗》，北方妇女儿童出版社，1988，第350页。
② 杨忠明：《西双版纳哈尼族简史》（内部资料），西双版纳州政协提案法制委员会，2004，第186页。

（女唱）我愿意嫁的汉子/能相依相伴过日子/风风雨雨一辈子/能盘田种地过日子/岁岁勤劳一辈子/能稳稳当当过日子/心心相印一辈子/①

（男唱）选姑娘不能只图漂亮/要是经不起雨淋风吹/怎么理家过日子/怎么哺育孩子长大/我心爱的人/好比鼓鼓的豆子/好比黄黄的谷子/豆子结满山坡不嫌地瘦/谷子年年生长带来富足/②

僾尼人认为，一个家庭讨进一个好媳妇，就会使这个家庭"好"起来；一个寨子讨进一个能干的媳妇，整个寨子里的人脸上也有光彩。所以，聪明能干、心地善良、尊重长辈、孝敬父母的人，往往是年轻人心仪的对象。此外，年龄也是僾尼人择偶中要考虑的重要因素。通常情况下，僾尼夫妇是"老妻少夫"，在笔者调查的中、老年夫妻家庭中，百分之九十以上的夫妇都是女大男小，年龄一般相差 2～4 岁。在僾尼家庭里，当家的是妇女而不是男子，她们不仅和丈夫一同承担着生儿育女、敬老养老的家庭责任，还掌握着"家庭经济大权"。因此，僾尼人认为，妻子比丈夫年长，比丈夫"早一天见太阳"、"多一天吃冷饭"、多一些生活阅历，才能成为家庭当之无愧的"一家之主"。此外，僾尼老人说："女人年长几岁，心也就不乱了，能踏踏实实地守住家。"

当然，僾尼人的择偶观在现代化大潮的冲击下，发生了不小的变化。关于此问题，本书的后面章节有所论述。

---

① 西双版纳勐海县民族事务委员会编《西双版纳哈尼族歌谣》，云南少年儿童出版社，1989，第 223 页。
② 西双版纳勐海县民族事务委员会编《西双版纳哈尼族歌谣》，云南少年儿童出版社，1989，第 226 页。

三　恋爱理想的解构与惩罚

（一）殉情

"自由自在地和相爱的人在一起"是僾尼青年男女的恋爱理想，只有在这个理想的框架内，恋爱中的男女才能将真心付予对方，并享受男女之情带来的快乐和愉悦，也才能顺理成章地进入下一个人生过程——步入婚姻的殿堂。但天有不测风云，民族间不和、父母的嫌贫爱富或意外事故，都会造成恋爱理想的破灭，继而使恋爱中的男女双方选择极端的形式结束自己的生命，希望到另一个世界实现"磨盘双合"理想。"殉情"在僾尼人的现实生活中极为少见，笔者在田野工作中也没有发现个案，但哈尼族的民间故事和歌谣中却不乏这方面的描写。

鸠为和吉坐为西双版纳僾尼人的两个支系，曾因历史宿怨，互不通婚。下面这首民歌讲述了一个鸠为小伙子和一个吉坐少女相爱的故事。在族群的仇怨中，一对相爱的少男少女只能选择殉情，以求得在另一个没有怨仇的世界里结为夫妻，完成向"双合"的转化。

　　（女）鸠为的阿哥哟/你的阿妹已来到/你不要迟疑我们坐一道/

　　（男）吉坐的阿妹哟/青崖上的阿哥已等多时/青青的山崖是我们的证婚人/让大地做我们的婚床/有千仞厚万仞长/谁也摇不动捣不烂/

　　（女）爱是一个不可摆脱的精灵/今夜里我享受到神灵的真谛/上天要毁灭我/我也在所不惜心甘情愿/今夜实现了我的心愿和你的心愿/结合成一个精灵长存人间/狗闹花已开

放在我们身旁/它将把我们带到遥远的地方/

（男）那里没有冤家械斗/只有成对的鸟儿翱翔/只有并蒂的莲花开放/只有我们的爱长依依/只有我们的情绵绵长/①

此外，也有因为父母嫌贫爱富导致儿女走上殉情之路的悲剧。相传很久以前，有一对僾尼青年男女，男的叫批耶，家境贫寒，女的叫罗巴，家境富裕。批耶和罗巴相互爱恋，悄悄定下终身。可是罗巴的父母嫌弃批耶贫穷，为罗巴另寻了一个富家子弟。罗巴一气之下便一个人住到了远离山寨的田蓬里，却不幸被老虎吃了。批耶得知噩耗后，悲痛欲绝，站在罗巴家的楼房下，悲痛欲绝地唱道：

罗巴是一位多么美丽的姑娘哟/我们曾是一对多么相爱的情人哟/就像榕树和青藤不能分离/可如今，凶狠的老虎哟/夺去了我心爱的姑娘/老虎一样狠心的父母哟/埋葬了我们美好的情感/想起含恨死去的情人哟/我的心像刀割一样疼/既然我的爱人已离我远去/我哪有心肠一个人活在世上/世间不容我们相爱/阴间里我也要把爱人寻找/②

（二）私奔

笔者在田野调查的过程中，曾收集到姑娘或小伙违抗父母意志和心爱的人私奔的案例。20世纪80年代初，大巴拉寨少女黑娥年方十七，聪明美丽，是寨子里数一数二的姑娘。小伙克索刚过二十，踏实肯干，是寨子里人人喜欢的年轻人。黑娥和克索深

---

① 西双版纳勐海县民族事务委员会编《西双版纳哈尼族歌谣》，云南少年儿童出版社，1989，第205~209页。

② 门图：《西双版纳爱尼村寨文化》，中国文学出版社，2002，第52~79页。

深相爱了。可是黑娥的父母认为克索家太穷，配不上自己的女儿。黑娥不顾父母哥嫂的反对，悄悄和克索躲进山林里……现在，克索和黑娥是寨子里人人羡慕的好夫妻。黑娥说："克索家真是太穷了，我嫁过来的时候，家里什么也没有。我妈妈很生气，本来出嫁的姑娘要给十套衣服，她才给了我一套。不过他们现在看到了，我和克索过得很好，我一点也不后悔。"

另外一个案例是南糯山半坡寨的姑娘斯度和小伙子罗大。事情发生在20世纪70年代。斯度和罗大两人从小青梅竹马，长大后互相爱慕并定下了终身，可双方的父母由于一些小过节，不同意年轻人的婚事。两个相爱的年轻人私奔到大山里躲起来，没有被子，身上的衣服就是被子；没有吃的，挖一些山茅野菜和剥一些芭蕉芯充饥。10多天过去了，亲戚们不放心，到山上把他们找回家。在亲戚家杀一只鸡，驱邪赶鬼，姑娘换上了婆家送来的衣裳裤子，返回到婆家居住。这样的情况就不再举行婚礼，新娘也要等上好几个月甚至几年才能回娘家。

（三）"合同制"婚姻

社会性别既然是一种被社会文化建构起来的社会制度，其必然"在特定的历史时期发挥着稳定社会结构、协调社会机制的社会稳定器作用"①。在僾尼山寨，社会性别关系作为一种制度文化和一种组织结构，在规范和校正处于该文化结构中的人的行为时，表现出极强的文化干预性和权威性。在僾尼山寨，未婚生子的女人被称为"麻瑶"。如果姑娘通过"串姑娘"怀了孕，而和她相恋的男子又不愿或不能娶她为妻，就得由全家甚至全寨的

---

① 刘伟：《"社会性别"——社会学"他者"的研究视角》，《南方论刊》2009年第3期。

人为她找一个丈夫，这个过程叫"卡暗"，意为降价处理。姑娘本人即使不愿意，也必须嫁过去，否则小孩生下来要被弄死，姑娘本人也要被赶出村寨。

1. 被强制纳入"磨盘双合"模式

南糯山水合寨的姑娘确美和搓丽都经历过和心上人相知、相爱的过程。后由于种种原因被迫和男方分手，最后不得不在胎儿出生之前匆忙出嫁。确美在出嫁后 26 天生下一个女孩，搓丽在出嫁后 16 天生下一个男孩。

下面这首歌是上文提到的确美的母亲（63 岁）含着眼泪唱给笔者听的。（女儿）：我长大了，懂事了，我的青春年华来到了；我有了心爱的人，白天黑夜想和他在一起；我不顾爹妈的反对，要嫁给心爱的人；我要随他走到天边，走到海角，我要与他终身相守。（母亲）：我那花一样的女儿呀，你的年纪还太轻，听信了那个男人的花言巧语，上了他的当；等你长大了，懂事了，后悔来不及了；小小的娃娃怀上了。（寨老）：可怜的姑娘呀，我们看着你长大，你从小到大手脚齐全，干干净净，现在却做出了错事；没有和他（要嫁的丈夫）谈过恋爱也得嫁了，肚子里的娃娃不能等；这样的婚姻有两种结果：万一嫁到好男人，你还会得到幸福；万一嫁错的男人，你会苦上一辈子……①

在南糯山的僾尼人眼中，未婚先孕是传统文化提倡的，而未婚生子则是传统文化排斥的。未婚先孕并可以和心上人结为夫妻的女人被认为是有福气的女人，婆家也会为这件事感到高兴。所以，寨子里哪家人讨来的媳妇是怀有身孕的，人人都非常清楚，而女人们也会在私底下炫耀自己是"怀着孩子嫁过来的女人"。

---

① 笔者收集自田野点。

在僾尼人看来，婚前怀孕并未违背传统的"恋爱理想"，反倒有助于达成后一步的"磨盘双合"的婚姻理想。僾尼人居住的地区大多属于边远山区。在过去物质和技术条件都极为有限的情况下，僾尼人形成了一套对生死的认知和关于生命更替延续的文化。"在新生儿死亡率相对较高的时期，只有靠多生育来保证绵绵不断的世代更替，才能艰难维持本群体与外部世界的联系与平衡。"① 这也从一个侧面证明了僾尼人关于"怀着孩子嫁过来的女人会为家族带来福气"的观念。

而"未婚生子"却完全不同。"麻瑶"一旦生子，就会将自己、家人及新生儿置于一种传统道德观念所排斥的、非"磨盘双合"的境地，因为这种行为势必挑战"父母—子女"的理想家庭模式。在笔者采访的僾尼寨子中，并未发现真正未婚生子的女人或所谓的"单亲（母）家庭"。因为在这种情况既成事实之前，当事人所在的家庭、家族甚至整个寨子都会借助传统的力量，想方设法予以制止和弥补，把"麻瑶"强行纳入"磨盘双合"的婚姻家庭模式。

笔者在南糯山收集到的"合同制"婚姻有 7 起，所占比例很小，但足以说明作为一种制度文化的社会性别关系的干预强度。当事人都是 40 岁以上的中年夫妻。在僾尼人的传统文化中，流产是被严格禁止的。为了腹中的胎儿，年轻的母亲们不得不违背意愿和并不相爱的男人缔结"合同制"婚姻。可以说，"合同制"婚姻是对理想的恋爱婚姻模式破灭后的一种文化补偿措施。这种措施是在无奈的情况下，传统文化采取的一种变通手段，目

---

① 熊丽芬、李劼：《西南少数民族两性角色差异的支点》，《中央民族大学学报》2010 年第 1 期。

的在于维护和传承文化既定的规范和原则。

这种婚姻虽然在形式上达成了"父母—子女"的家庭模式,满足了传统文化对"磨盘双合"的维护,实质上却是对当事人的一种文化惩罚行为。"合同制"婚姻中的女方对这种强制性婚姻是极不情愿的,但无力反抗。而"合同制"婚姻中的男方往往是寨子里"最差"的小伙,他们要么智力上有缺陷,要么本人过于木讷、笨拙。"合同制"婚姻虽然从表面上帮助当事双方完成了传统文化中"做人的责任",却把他们置于一种极其不稳定的婚姻状态。

2. 再次"出轨"

从表面上看,"合同制"婚姻的强制性补救措施最终促使当事人进入"磨盘双合"的模式,但没有帮助僾尼青年实现真正意义上的"自由自在在一起"并"欢欢喜喜结连理"的恋爱婚姻理想。因此,悔婚的情况时有发生。

向阳寨的女子米酒怀孕后,由父母托人帮忙将她嫁到了苏湖寨,婚后1个月生下一个男孩。结婚的当天,新郎所在寨子的寨主、贝摩、寨老和新郎父母等人为新娘定下规矩:结婚后不得以任何理由提出离婚,要安安心心和丈夫过日子,养育孩子,侍奉老人。米酒结婚后,也踏踏实实和丈夫过了一阵子,并生下了一男一女。等到孩子长到七八岁时,米酒和丈夫日渐不合,常在外人面前数落丈夫不像男人。但当初"合同制"婚姻立下的规矩是不可更改的,米酒不能提出离婚。无奈之下,米酒偷偷跑回向阳寨,和寨子里的几个已婚男子"勾搭"。这样的出轨行为严重威胁到僾尼人"一夫一妻"的婚姻模式,为传统所不容。无奈之下,米酒的丈夫主动提出了离婚。

"合同制"婚姻中的妇女,由于没有完成由"恋爱"到"婚姻"的顺利过渡,违背了传统文化对婚姻生活中"磨盘双合"

的社会性别关系的要求，被排除在传统文化的框架之外。接下来，传统文化又以补偿或保护的名义将她们强行纳入传统框架。而某些不甘示弱的女人，只有靠"出轨"来挑战传统婚姻观念，从而获得另一种意义上的自由或自我实现。

"合同制"婚姻在满足传统文化对"磨盘双合"期望的同时，在本质上扼杀了经由"自由恋爱"进入"婚姻殿堂"的理想诉求。而对于年轻的一代，随着医疗技术的日益发达和"流产"观念的日益普及，"合同制"婚姻在年轻人中已基本绝迹。

第二节　夫妻只有一颗心，筷子要两只才成对

> 今天是两块磨盘双合的日子，今天是两片芋叶遮羞的日子；新娘离开了娘家，你要听公婆的话；新郎你娶了老婆，就不要再胡闹；你们的誓言是金竹，你们的誓言是篱笆。
>
> ——僾尼"婚礼祝福歌"

一个人从在腹中成形、诞生、成年、婚配、死亡等生命周期的各个阶段无一不承载着社会对他（她）的期望，换句话说，人生的过程就是达成社会期望、实现人生理想的过程。前一节中论述了"磨盘双合"的发轫，即成人仪式中"半"的转换和恋爱阶段中"双"的铺垫。本节集中讨论"喜结连理"的婚礼仪式是如何把两个经由"成人仪式"和"自由恋爱"的性别个体纳入"双合"的共同体中，从而实现从性别角色的相互独立向性别角色的双合状态的根本性转变。

一 定亲——"双合"的过渡性仪式

从"自由恋爱"顺利过渡到"喜结连理"是傻尼人在传统文化中对恋爱和婚姻的期盼。"自由恋爱"强调男女双方在遵循传统恋爱标准的基础上，通过一定的方式向心仪的对象表达自己的爱慕之情，并自由自在地在一起。傻尼姑娘、小伙婚前大多有过不止一次的恋爱经历，只要没有正式向父母提出结婚意愿，父母一般不会详细过问或干涉。有不少的傻尼妇女向笔者表述过同样的思想："我们女人苦是苦，但我们可以挑选自己真正喜欢的人。结婚，再苦再累也值得。"在从恋爱迈向婚姻生活的过程中，婚礼作为具有象征意义的重要仪式使曾经彼此独立的个体进入了一种"双合"的状态，为傻尼人实现婚姻生活中的性别和谐拉开了序幕。然而，婚姻生活的"双合"状态并未模糊两性间的差异，而是在强调差异的基础之上升华并彰显出一个"双合"的共同体。

婚姻对外联结了不同的人们群体，对内厘定了相应的人伦关系，规定了各成员相互间的权利与义务。这一规则在使以家庭为单位的成员有序就位的同时，也将成员间的各种不同转化为全体认可的差别对待制度，如尊老爱幼、男女有别、长幼有序。婚姻使两性角色在家庭和家族范围内更为泾渭分明。[①] 在现实的婚姻生活中，傻尼人也始终贯彻着"磨盘双合"的社会性别理念。在男女青年缔结婚姻、组成家庭之前，要履行正规的"定亲"仪式。前文谈到，虽然傻尼青年男女婚姻自主，父母也会充分尊重孩子的意见和选择，但在礼仪方面，必须遵从传统的"礼"，

---

① 熊丽芬、李劼：《西南少数民族两性角色差异的支点》，《中央民族大学学报》2010年第1期。

即在礼仪的层面把谈婚论嫁的男女双方纳入一个相互对称，互相匹配的"对偶"模式，为后续婚姻生活中的"双合"打下基础。

　　傈尼青年男女双方只需要交换信物就意味着定下了终身，但由双方父母亲自操控的烦琐的"定亲"仪式作为一种不可缺少的仪式手段保持至今。按照傈尼习俗，定亲时，耶毛（意为"媒人"）要带领男方亲属（父母、兄弟等）带上一瓶酒到女方家说明来意，同时将带来的酒斟满献给女方的父母。如女方父母接酒，就表示基本同意，如不接酒，则表示不同意。男方家每次去女方家求婚，媒人都要带上一定的聘礼。尽管所带的聘礼一次比一次多，但都不昂贵，均为傈尼人日常生产生活所需之物，如草烟、茶叶、酒等。女方父母一般不会轻易收下聘礼，而是以女儿年纪小，不懂事等作为托词，假装拒绝男方家的求婚。此时，伶牙俐齿的媒人便展开全面攻势，极力吹捧男方家的家境如何好，小伙子如何心地善良、聪明能干等等，请求女方父母看在儿女们的情分上，尽快答应这门婚事。（见图1-3）

图1-3　说媒

以下是广泛流传于西双版纳僾尼地区的定亲歌（媒人劝说女方父母同意女儿的婚事）：

姑娘到了十七／十七是该嫁的年龄／伙子到了十八／十八是该讨的年龄／伙子脸上的汗毛已经褪尽／姑娘的发辫齐下了腰／伙子的肩头已经够宽／姑娘的刘海已经够齐／……／得了得了，合也合适了／

姑娘背上藤篾卡背（背箩）／伙子提上铁制夫则（砍刀）／这个前脚出门了／那个后脚也跟上了／他是个勤劳的伙子／只会埋头苦干／白天下地晚上还编箩／她是个贤惠的姑娘／只知出工劳动／白天出工晚上还绣花／不瞧也瞧着了／不爱也爱着了／……／称也称了，对也对上了／①

在定亲歌中，媒人在向女方父母表明"姑娘、小伙实在相配"的时候，充分关注到姑娘、小伙的不同性别特征和社会角色定位，它们各有特点但样样相称，各具特色但事事相配。

二 结婚——"双合"的象征性实现

僾尼人的婚礼仪式一般持续 2～3 天，但如果从男方家上门提亲到婚礼仪式再到新娘婚后回门的整个时间段来算，整个婚礼过程要持续 1～2 个月的时间。整个的婚礼过程中，始终贯穿着僾尼人对理想婚姻生活的诉求。社会对男女双方在婚姻生活中的不同期望，体现了传统文化对理想婚姻生活中"双合"的评判

---

① 西双版纳傣族自治州民族事务委员会编《哈尼族古歌》，云南民族出版社，1992，第 390～391 页。

标准。僾尼人在"婚礼祝福歌"中这样唱道：

今天是两块磨盘双合的日子/今天是两片芋叶遮羞的日
子/今天是美好欢乐的吉日/唱一支婚礼祝福歌/……/今天的
新娘啊/手上的银镯多光亮/这是新郎的心/已牢牢箍在你的
臂上/今天的新郎啊/银条挂着叮当当/这是新娘的情/日夜贴
在你的胸膛上/……/新娘哟你离开了娘家/婆家和娘家隔着
山/山沟藤子绕大脚树/你要听公婆的话/新郎你娶了老婆/就
不要再胡闹/守着妻子养个儿子/讨个小老婆总不好/……

生了儿女要教育/父亲要严格/母亲要慈爱/把祖先的规矩
传下去/人的责任不可推卸/人的生活就是这样/祖先教会我们生
活/天神安排得很恰当/……/你们和和气气过日子/你们勤勤恳
恳干劳动/你们美美满满住小屋/你们亲亲热热做夫妻/①

婚姻是构建僾尼人社会性别关系的一个关键要素。"双合"
的婚姻生活是"祖先的规矩"和"做人的责任"，"一夫一妻"
的婚姻形式以及"和和气气过日子"、"勤勤恳恳干劳动"的婚
姻状态是"磨盘双合"的集中体现，而孝敬父母、关爱姐妹弟
兄、养育孩子则是完美婚姻的基本要件。

"喜结连理"作为恋爱婚姻的终极目标体现了僾尼传统文化
中对社会性别"双合"的理解和诉求。僾尼人认为，男女双方
只有通过婚姻，才能真正完成性别的社会化过程。在这个过程
中，男女两性的社会角色有了实质性的飞跃和更新。男女两性从

---

① 西双版纳勐海县民族事务委员会编《西双版纳哈尼族歌谣》，云南少年儿
童出版社，1989，第 70~79 页。

成人阶段以生理成熟为标志的性别角色个体转变为婚姻中性别角色的互补与和谐，而这些要求能否得以满足和实现在很大程度上决定了婚姻生活是否幸福和美满。因此，在婚礼过程中，家庭长辈、家族长老和亲朋好友通过各种方式，向新婚夫妇传达文化传统对婚姻生活的期望和对美满家庭的评判标准。

传统上，僾尼妇女作为家庭生活的"主持人"，掌管着经济大权、管理着家庭事务、协调着亲戚间的各种关系。因此，在婚礼过程中，传统文化对女性提出了更高的期望，对其婚后的要求也更加具体，旨在通过"教会"新娘持家的本领，然后以其作为主要媒介，确保婚姻生活的美满和幸福。

（一）"双合"角色的象征性表达

僾尼人的婚嫁特别注重吉日，有"竜日里不砍柴，竜日里不舂米，竜日里不成亲"的说法。属鸡日是最好的成亲吉日，因为"母鸡一窝抱十个儿，整天唱歌领娃儿；鸡日会带给新郎新娘好运气，他们的家庭会和睦，他们的子孙会满堂"。而其他的日子，诸如属狗日、属猪日、属鼠日等，皆因日子所指代的动物"狗只会汪汪叫，里外活计不会干"、"猪只知道埋头拱土，一年到头吃不上一顿好饭"、"老鼠虽然勤劳，却得不到好收获"等生活特性和僾尼人对婚姻生活的阐释有一定距离而不予选择。

吉日一旦选定，男女双方的家庭就进入实质性的婚礼准备阶段。除通知亲朋好友，准备丰盛的酒席外，女方家要为女儿准备嫁妆，男方家也要为未来的儿媳妇缝制结婚礼服。僾尼人为女儿准备的嫁妆和为儿媳缝制的礼服虽然数量不多，品种也较为简单，却饱含着父母对女儿或儿媳迈入新生活的期望，也反映了传统文化对婚姻生活中女性角色的界定和期望。民歌里唱道：

姑娘没有更好的日子了/属鸡那天是姑娘出嫁的日子/娘家人为姑娘备嫁妆/分一半生姜给姑娘/分一把韭菜给姑娘/用生姜去办事情/用韭菜去办事情/地里的糯米分一把给姑娘/家里的鸡蛋分一些给姑娘/用糯米去办事情/用鸡蛋去办事情/……/阿爸给女儿的嫁妆是一两三圈的耳坠/那一两三圈的耳坠/不是早晚去炫耀/叫女儿生财要胜过人家/阿妈给的是一弄裙子/不是叫女儿不织布穿一辈子/是叫女儿织布胜过人家/生活过得红红火火/兄弟为她的出嫁杀一口猪/不是给她早晚的好处/不是叫她不养猪吃一辈子/要她养猪胜过人家/阿嫂给小姑子绣花衣服/不是叫小姑子早晚去炫耀/叫小姑子织布绣花胜过人家/家族给姑娘一块大糍粑/要姑娘勤俭持家/……①

以下是笔者于 2008 年 8 月在南糯山大巴拉寨参与观察的一次婚礼：新郎名叫门四，是家里最小的儿子；新娘名叫飘香，家住格朗和乡的苏湖寨。

当日吃过早饭，约 10 点钟，由自家亲戚和寨子里最活跃的年轻姑娘、媳妇组成的迎亲队伍从巴拉寨出发了。她们带上米酒，由新郎的大伯带领，到女方家里去迎娶新娘。迎亲队伍走出寨门后，便放声高歌。歌的内容各式各样，有唱史诗的，有唱祝贺歌的，也有即兴演唱自己高兴心情的：

太阳当顶的时候/我们唱着歌走出寨子/太阳落山的时

---

① 施达、陈桂芬整理《欧夏奕——哈尼族婚礼古歌》，云南民族出版社，2002，第 269～275 页。

候/我们接回一个新人/当日头重新升起的时候/她将开始一
种新的生活/①

　　新娘出嫁时，由她的哥哥和其他亲友组成十余人的送亲队伍
将新娘送至新郎家，当夜在新郎家留宿，而新娘则在新郎的奶奶
家留宿。第二天一早，迎亲队伍叩开新娘的门，新郎的母亲接过
新娘的嫁妆，引领新娘走进新家。当新娘来到男方家门前时，早
就等候在那里的男方家的女性亲属用清水帮新娘洗净脸、手，再
给她穿上一条特制的白裙子，并由男方的母亲扶新娘走上楼梯。
结婚对女性来说，象征着新生活的开始，从走进夫家的那一刻
起，新娘就脱胎换骨成为一个新人。(见图1-4)

图1-4　婆婆把媳妇领进家门

----

①　笔者收集自田野点；参见李克忠《寨神——哈尼族文化实证研究》，云南
民族出版社，1998，第381～382页；西双版纳勐海县民族事务委员会编
《西双版纳哈尼族歌谣》，云南少年儿童出版社，1989，第83页。

　　结婚仪式在男方父母家的大房子里举行，仪式由媒人主持。新郎新娘背靠背坐在女室的火塘边，媒人拿个鸡蛋递给新郎，新郎新娘往左后方互相传递三次，又由新郎将鸡蛋交还给媒人。媒人将鸡蛋分成两份，新郎、新娘各持一份，媒人念贺词："一个鸡蛋只有一个黄，一对夫妻只有一颗心，一双筷子要两只才成对，今天吃下同黄蛋，永生永世不分心。"（见图 1-5）念毕，新婚夫妻共用一双筷子将鸡蛋吃下。此外，新郎新娘还要同吃一条猪前腿肉。

图 1-5　夫妻一条心

　　酒宴开始不久，新郎父母事先安排的歌手开始唱酒歌：

　　你俩是一男一女/像红花配上了绿叶/你俩像土地和山泉/一起哺育着丰收的果实/你俩像一个窝里的蜜蜂/一起酿造着香甜的蜜/你俩像一对小鸟/在树上筑下了一个窝/你俩像一对鱼儿/一同游进了池塘/①

---

① 　笔者收集自田野点；参见西双版纳勐海县民族事务委员会编《西双版纳哈尼族歌谣》，云南少年儿童出版社，1989，第 84 页。

敬酒开始后，媒人祝福新娘第一胎生女孩，第二胎生男孩：

> 今天你们办喜事╱从此就是一家人╱快快生几个娃娃╱僾尼的血缘可以传下去╱老祖宗说，先生个女娃，生育门就打开了╱再生几个男娃都不难╱①

吃完饭后，新娘躲在女室，新郎躲在男室，双方用碗盛上糯米饭，隔着隔板互撒三次，表示我中有你、你中有我，从此组成新的家庭。就此，新婚夫妻圆满完成了婚姻生活中"双合"状态的象征性表达。

（二）婚姻促成了财产的共同继嗣

按照僾尼传统，女儿出嫁只准备几样简单的嫁妆，如砍刀、锄头等生产工具或其他育儿用品。出嫁的女儿不得继承祖上的田产和房屋，而这一文化特征在很多研究中往往被作为僾尼女性地位低下的重要例证。然而，当笔者深入到僾尼人的生活，去感受和体会他们特殊的文化惯习，仔细研读有关的神话传说和民间歌谣，展现在笔者面前的却是另外一番景象。

根据僾尼人财产继承制度，儿子结婚并有了儿女后，就有权利向父母提出分家，而分家就意味着财产的分割。一般来讲，为了避免兄弟之间闹财产纠纷，父母在世时就会把家分好。首先留下自己的一份，其余的部分再分给儿子。家里有几个儿子，父母的财产就平均分成几份，而祖宗神"阿培波罗"留在父母处。父母通常会和小儿子同住，房产由其继承并由其承担赡养义务。分家单过的儿子可以带走父母分给的田地，同时得到父母的部分

---

① 笔者收集自田野点。

资助另盖新房。新房不能盖得和父母的房子一样高一样大，盖房时要用上从父母的房屋中拆下的一块隔板或一块瓦片。房子盖好后，要从父母房屋的火塘中取来火种，方能生火做饭。此外，父母还会分给一些粮食，三脚架一个，砍刀、镰刀、锄头各一把，背箩一只、篾巴一床、锅一口，还有各样的庄稼种子。在分家过程中，主持仪式的可以是当事人的父母，也可以是当事人的舅舅。而财产赠予的对象不是儿子本人，而是儿子的家庭。主持分家的老人会说，"我家某某处的水田分给大儿子家，我家某某处的山地分给大儿子家；父母分给你们粮食、砍刀、背箩……愿你们和和气气过日子……"通过缔结婚姻，男性和女性具有了共同继承权，换句话说，女性通过婚姻"曲折"地获得了财产继承权。

傣尼妇女从娘家嫁到男方家之后，其地位和作用就发生了变化。这段时间的妇女称为"然克消"即"做婚妇"，她在大家庭中有承担劳动的义务和分享劳动成果的权利，而没有管理家庭经济、主持家祭等事务的权利。结婚一段时间，婚姻关系比较牢固之后，他们便可以从父母的大家庭中分离出来，另起炉灶，成为独立的新家庭。这时，她就成为这个新家庭的主妇，开始拥有管理家庭经济、安排家庭生活、主持家祭活动等权利。与此同时，她在家庭中的地位也有了很大的提高，被人们称为"其傲阿玛"，即"一家之主"。

这一现象和"出嫁的女儿无财产继承权"的传统惯习形成了鲜明的对比。就此问题，笔者问过当地的多位老人。老人们告诉笔者，那是祖先传下来的"礼"。笔者翻阅大量文献，找到了一些线索，认为可以对这个问题进行一定解释：

在傣尼人对自己历史演进的叙述和评价中，"忍辱负重"一直是其民族精神的主旋律。为了争夺生存资源和空间，僾尼人的历史在很大程度上是一段与外族斗争的历史，而在众多的战斗中，僾尼人始终处于劣势。古歌"杜达纳戛"①（意为祖先迁徙）讲道：在遥远的地方，有一条宽阔的大江，江畔有肥沃的土地，那就是祖先居住的地方"诺玛阿美"（据传为凉山西昌一带）。可是"熟透的果子容易招来馋嘴的雀鸟，肥壮的牛羊会招来凶恶的豺狼，美丽富饶的诺玛阿美招来了恶人的魔掌"。先祖仰者带领父老乡亲几经周折，翻山越岭来到了腊萨（据传为今元江）坝子，开山辟地，幸福地生活着……然而，不幸的事情再次发生，"我们安居乐业，异族人也想沾点边，数不尽的人跑来寨子，要求上门做姑爷的话比蜜甜，先祖心肠软，招下十个姑爷帮栽田；……幸福的日子没过多少年，不幸的灾难驱赶我们搬迁；十个姑娘听信了十个姑爷的蜜语甜言，叫来她们的公婆，带着异族的中人到门前，提出要分家，要分财产和良田；（异族人姑爷心狠手辣，施计抢走了全部好田）我们只好种剩下的一点瘦田"，在与异族人为家园和良田的占有而发起的斗争中，僾尼人再次败下阵来。在遭受了种种磨难之后，"我们的先祖望着受苦的老少开了言：亲爱的父老兄妹，异族人多势众不怕天和地，我们人少势力单，挨着异族的老牛鞭，从今以后子子孙孙要代代相传，僾尼人不得招姑爷，出嫁的姑娘不得分田"②。

"史诗必以一定的史实为依据，虽然它本身不是史实，然而无疑地，所有的史诗，尤其是民族民间流传千百年的史诗，必然

① 张牛朗等演唱，赵官禄搜集整理《十二奴局》，云南人民出版社，1989，第106～142页。
② 关于先祖的记述还可参见云南省少数民族古籍整理出版规划办公室编《哈尼阿培聪坡坡——"好地诺马阿美"》，云南民族出版社，1986，第38～90页。

是某种史实（某种文明的历史时代，某个时代的一定时期，或某一重大事件如征战、变革等等）的折光反映，这是为历代民族史诗业已证明了的事实。"① 在上千年的迁徙历史中，僾尼人经历了数不清的磨难与痛苦，面对这些磨难，他们始终因为势单力薄一味地退让。他们斗不过天地，也斗不过恶人。为了保卫自己的家园，僾尼先祖唯一能做的就是为子孙后代立下箴言："僾尼人不得招姑爷，出嫁的姑娘不得分田。"追溯僾尼人悲壮的迁徙历史，可以得出这样的结论：僾尼人不分给出嫁的女儿田地与房产的传统习俗和"歧视妇女"并无关联，而是该民族为了保持民族独立和捍卫生存空间的无奈之举。

如上所述，在僾尼人的传统文化中，男性是家谱延续、家产传承的核心元素。然而，没有经过婚姻生活的男性被认为是不合格的继承人，因而也就不具备相应权利。而婚姻生活中的女性，一方面成就了男性延续家谱，继承财产的权利的获得，另一方面也促成了自己获得同样的地位与权利。从这个意义上说，婚姻使得男女两性共同获得了财产继承权。

（三）离婚——"双合"的解体

僾尼人有这样一个习俗：任何一个男子，在他娶妻三四年，并且生育一子或一女后，他要请来自己的舅舅，同舅舅一起杀一头猪敬献给妻子，并为妻子拴线。给妻子杀猪这一天，当事人还必须叫来嘴玛、族老和其他亲友，由舅舅当众宣布：从现在开始，我外甥已做了父亲，某女已成为我外甥的妻子，成为我外甥家的当家人。据说在过去，在尚未举行过这一仪式之前，某女虽已嫁到夫家，但不能算是正式妻子，也不能当家做主。从举行仪

---

① 史军超：《哈尼族文学史》，云南民族出版社，1998，第467页。

式这一天开始，某女就成为夫家的真正当家人。从这一天开始，妻子绝对不能和其他男子调情私通，丈夫也不得与其他女子打情骂俏，更不得抛弃妻子。

僾尼男女在婚前都拥有充分的社交自由，"自由恋爱"也是年轻人谈情说爱的基本原则，所以绝大部分婚姻是非常美满的。在笔者走访的上百户僾尼人家中，离婚的情况很少，尤其在老年夫妻中，离婚被看作离经叛道的事情。20 世纪 80 年代以前，离婚一直被认为是非常不吉利的事情，离婚不仅影响当事人，还影响到其家庭成员。曾经有离婚成员的家庭被认为是有污点的家庭，在村社头人、宗教领袖的推选方面，在小辈儿女的婚姻方面都受到了负面的影响。寨主的儿子或女儿是不能离婚的，儿女离婚，被认为是一种"不清白"行为，寨主要辞职。据说，僾尼人有这样的风俗：如果已婚夫/妇与别人发生性关系，他（她）便会遭到众人的唾骂，寨内村民可结伙到当事人家里捕杀家禽，用毁坏其家产的方法对其进行惩罚。被当场抓住的通奸男女会被脱光衣裤，背靠背用绳子拴在一起，中间背一串芭蕉，走遍全寨子。寨子里有几户人家，就必须讨回几根竹签，待嘴玛验清后，方能得到宽恕。"通奸"是非常耻辱的行为，因此而遭受的惩罚也非常人所能忍受，所以没有人敢轻易越轨。

由于夫妻感情不和、一方有外遇、女方不能生育等原因不得不离婚时，男女双方都拥有平等的婚姻自主权，有权提出离婚，但须征得寨主嘴玛同意。其间，嘴玛、寨老、父母、双方亲戚多次进行调解，判明离婚的缘由。20 世纪六七十年代以前，如决定离婚，离婚双方在家吃一顿散伙饭，夫妻同桌用饭，席间以一根木棍横在二人当中，表示二人从此隔断夫妻关系，餐后即算离异。此外，离婚双方要根据具体情况，付给对方一定的"补偿费"。如果由男方提出离婚，他要付给女方生活费。若是女方提出离婚，除退还礼银外，还要给男子遮羞钱。离婚的女子一般不会大吵大闹，更不会随便提出赔偿，只是将平时换洗的衣物收拾好，装入出嫁时从娘家背来的篾背箩里悄悄离去。女方回到娘家即脱离了婚姻的"双合"状态，可与异性自由交往，找到心上人后可以再嫁。

在笔者走访的南糯山僾尼村寨中，离婚现象较以前有所增加，且由女方提出离婚的数量较由男方提出离婚的数量更多。在笔者调查的 5 起离婚案中，当事人均为三四十岁的中年夫妻。其中前两起是"合同制"婚姻所产生的后遗症。①丈夫是哑巴，妻子是在"串姑娘"怀孕后嫁过来的，嫁过来才 10 天就生下了一个男婴。夫妻俩的日子过得很紧巴，是寨子里的穷人。后来妻子不能忍受这种既没有物质保障又没有感情的生活，但又不能违背结婚时签下的"合同"，于是丢下孩子，悄悄离开寨子，至今也没有和丈夫办理离婚手续。②女方婚前与同寨的有妇之夫相好，后怀有身孕，无奈嫁给外村男子，不久生下了情人的孩子。离婚后，带孩子回到寨子，重新嫁给了情人（情人已经和妻子离婚）。几年前，丈夫在下河捕鱼时癫痫发作死亡。据说为了养育孩子，她卖掉了家里的大部分土地。后来，认识了外寨的一个男子，男子吸毒，她也染上了毒瘾。2007 年村里补发了卖土地的 2000 元钱后，她拿去勐海买毒品，被公安当场抓获。留下 3 个儿子相依为命。③女方因丈夫酗酒、酒后打骂老婆和孩子而提出离婚，但丈夫不同意，寨里老人、亲戚调解也不起作用。后来女方在情急之下，与他人发生性关系，丈夫不得不同意上法院离婚。寨子里的老人说，妻子与他人通奸是逼迫丈夫离婚的唯一办法，因为已婚女性与别人发生性关系是不可容忍的。按照嘴玛的话说："女人干了这种事情，丢了父母的脸，对孩子的影响也不好，我们只好把她撵出寨子，什么都不准带走，只除了一身衣服。"④女方30出头，丈夫刚被选上担任村组长，有2个儿子。女方说，丈夫当了村组长，全家人脸上都有光，本该是一件好事。但丈夫自从当了官，接触的人多了，应酬也多了，还经常传出一些"花边新闻"。女方和丈夫吵架后常带着小儿子回娘家居住。父亲劝女儿不要感情用事，要为孩子着想，不要轻易提出离婚。但夫妻俩最后还是分手了。⑤2006年以来，南糯山一带的普洱茶炒得火热，很多农户都赚了钱。在僾尼寨子也流行起了一句话"男人有钱就变坏"。一男子卖茶叶赚了钱后，买回了一辆近十万元的轿车，并和当地小学的一位女老师（僾尼人）来往甚密。家里人劝了多次也不听。男方提出离婚，但女方不同意，说是可怜自己的女儿和儿子。后来，那个小学老师怀孕了，女方不得不同意离婚。

以上5起离婚案是僾尼人婚姻生活中"磨盘双合"解体的实例。在这些案例中，导致离婚的原因之一是婚前"自由恋爱"理想的破灭妨碍了后续婚姻生活的和谐与美满；原因之二是婚姻中"夫妻双合一条心"理想在实现过程中出现了问题。此外，在这5起离婚案中，4起由女方提出，这和妇女在婚姻家庭中的角色身份有很大的关系。据笔者调查，这4起离婚案的当事女方均嫁自外寨，对夫家的土地或房产的认同仅从婚姻的缔结开始。女方对男方财产的继承权是建立在婚姻的基础之上的，一旦婚姻解体，女方就不再享有继承权。这种"无产者"的意识和身份使得女性有更大的勇气或动力脱离婚姻生活。此外，妇女和男人一样在丧偶或离婚后允许再婚而不被耻笑，他们所生的子女也并不因为父或母的不同而生分。

第三节　夫妻携手，共育儿女

> 哦，孩子，你是父母勤劳的种子，你是善良家族的后代；你阿妈为了怀你，受尽人间苦；你阿爸为了你能顺利出世，求了天又求地。
>
> ——"接子歌"

在哈尼族（僾尼人）创世神话的诸多版本中，始终贯穿着这样一种观念：世间万物由天地交配而生，而人类繁衍也由男女交配而成为可能。自然界的发生和发展，离不开天地，而人类的出生和繁衍离不开夫妻。"喜结连理"的婚礼仪式不仅完成了男女生物性别的整合，赋予了新婚夫妻双方以"双合"为核心的社会性别角色，也为实践婚姻生活的期望奠定了必要前提。"婚姻是社会关系对自然关系的覆盖，不论婚姻的实质是怎样的，有助于自己后代成长的目标仍然是其核心内容之一。"① 因此"生儿育女"成为此阶段"磨盘双合"实践过程中的头等大事。本节以"怀孕、分娩、养育"等三个内容集中讨论僾尼人的"磨盘双合"社会性别关系在生产与抚育孩子过程中的体现和实践。

一　怀胎十月，夫妻共担辛苦

男女两性的生物性差异与生俱来，女性在怀孕和分娩的过程中担任的角色是男性不可替代的。此外，漫长的哺乳期也使得母

---

① 熊丽芬、李劼：《西南少数民族两性角色差异的支点》，《中央民族大学学报》2010年第1期。

亲要花更多的时间陪伴在孩子身边。这种由生理性别决定的女性角色任务在某些文化模式中被贬低，并与自然相连，继而被纳入"自然/文化、私人/社会"等二元对立结构中。而这种"二元对立"中的社会性别角色也因此成为不少女权主义者在谋求"性别平等"时攻击的对象。他们认为，生育使女性"囚禁"于家庭之中，从而被剥夺了利用和分享公共资源的权利。无独有偶，一些哈尼族研究学者也认为，家庭工作（包括生育、家务等）使该民族的女性从属于男性，从而导致了其社会地位的低下。

然而，僾尼地区的田野实证却为我们展现了另外一番景象。自妻子怀孕之日起，丈夫就和妻子一道"担当"起孕育孩子的、"自然所赋予"的责任。共同养育孩子是僾尼人实践社会性别"双合"的一个重要步骤。其间，妻子没有因为承担生育的责任而处于"从属"地位；丈夫也没有因为摆脱了养育责任而摆脱了与自然的联系，从而变得高贵。下面这首怀孕歌是南糯山姑娘寨的一对儿孙满堂的老年夫妇唱给笔者听的，唱歌的是丈夫纠才，妻子朗然笑眯眯地坐在一旁，不时地纠正丈夫。

在正式唱歌前，纠才说："才康他妈（朗然）第一次怀孕的时候是17岁。当时我们年纪都小，也不知道孩子是什么时候怀上的。后来她特别喜欢吃酸东西，我阿妈说她可能怀孕了。等怀孕的事情确证以后，我阿妈就领着她去挖'观音土'①。不过，

---

① 僾尼妇女有吃"观音土"的习俗，僾尼语为"阿南"。观音土是一种湿润、洁净的红土，每个僾尼村寨都有几个甚至十几个固定的红土洞。僾尼妇女把红土挖回家后，倒在竹筛子等器物上扬尽，再拿到通风处晾干，也可以用火烘干，将其装入竹筒随时取食。观音土色泽晶莹，鲜亮，味麻而辣。就观音土的功用，散见于为数不多的哈尼族研究文献中，有人认为观音土中含有丰富的微量元素，是孕妇补充营养的民间疗法；也有人认为食用观音土不仅没有好处，而且对孕妇和胎儿都有危害，是一种民间陋习。

男人吃不得观音土，吃了会变成女人，上山打不着麂子。"纠才的"怀孕歌"是这样唱的：

> 妻子的肚里有小娃啦/赶快去挖观音土/赶快去摘酸果子/吃下这些东西/好好的小娃就怀上了/小娃怀了 1 个月/他还不会动/小娃怀了 2 个月/头发还没有长出来/小娃怀了 3 个月/他还很弱小/小娃怀了 4 个月/他成形了/小娃怀了 5 个月/他的体重增加了/小娃怀了 6 个月/他会动了/小娃怀了 7 个月/他长成了/小娃怀了 8 个月/他长胖了/小娃怀了 9 个月/他快要生出来了/小娃怀了 10 个月/小孩生出来了/

为了保证孕妇及胎儿的安全与健康，传统文化对孕妇有很多限制。有些是出于生理健康的考虑，有些则是出于社会行为规范的限制。如夫妻不再行房事，即使有次数也很少；孕妇不得爬树，不跨越木棒或别人伸出的脚；不踩田、不插秧、不挑水、不推磨；不得到别人家串门、作客、借东西；不得参加村子里的祭祀活动；不参加别人的新婚迎送之礼；不参加丧葬仪式；等等。

在傈尼人看来，婚姻关系是一种叠加在情感与性关系之上的社会关系，而新生命具有连接两个家族的象征意义。女子怀孕以后，孕妇及其丈夫就变成一个真正意义上的牢不可分的整体，同时肩负着孕育胎儿的责任。夫妻俩共荣共耻，坚信自身的言行与腹中胎儿的命运休戚相关。例如，怀孕期间，夫妇不能吃加拉鸟和当朗鸟（当地的野生鸟类），吃了会使胎儿夭折；家有孕妇的男子不能参与狩猎活动；夫妇俩不得参加葬礼；孕妇不得参加家庭内部的祭祀活动，丈夫也不得参与家庭外部村落和跨村落的大型公共祭祀活动①。此外，孕妇怀孕期间的一些禁忌也扩大到其家庭成员。例如，家里人不能谈论畸形婴儿的事情。他们坚信，如果谈论非正常婴儿的事，就会生下非正常婴儿。在家中，不能谈论生六指、双胞胎、缺嘴的事。在村落中，平时说话也最忌讳这些话，村中一旦生出此种婴儿也不能直说，只能用"多增了一步路"来代替。在家谈论受家长斥骂，在村中讲要被罚款，罚金作祭祀公用。②孕妇的亲属不能与人结怨，不能与人发生摩擦和争吵，不能口出恶语。因此，孕妇及其家庭成员，比一般人更加注重自身的行为举止并严格约束自己。这些禁忌说明了怀孕不仅是孕妇个人的事，家里人的言行举止都会影响到孕妇腹中胎儿的发育和健康。从某种意义上说，全体家庭成员，尤其是丈夫，对新生命的安康负有不可推卸的责任和义务。

"生育行为与生育意愿密切相关，生育行为是私人行为，受生育意愿支配，而生育意愿则受各种社会存在的影响，最终决定生育行为。"③ 在僾尼社会中，"多子多福，有儿有女才是美满家庭"的观念深入人心。夫妻婚后2～3年如果没有孩子，就要请贝摩或尼帕来举行相关的祭祀活动，祈求神灵为这家人快快送来孩

---

① 哈尼族地区的宗教祭祀活动，从祭祀规模地点看，大体可以分为两类，即家庭内部和家庭外部祭祀。家庭内部的祭祀活动，由家庭女主人主持，男主人不得随意插手；家庭外部村落和跨村落的大型公共祭祀，则由男主人代表家户去参与。

② 《民族问题五种丛书》云南省编辑委员会编《哈尼族社会历史调查》，云南民族出版社，1982，第143页。

③ 熊丽芬、李劼：《西南少数民族两性角色差异的支点》，《中央民族大学学报》2010年第1期。

子。在这个问题上，僾尼人认为，"不育"是夫妻两人的责任，祈求得子，两人必须同心协力，不仅要心诚，还要付诸实际行动。

"求子歌"里这样唱道：

> 哦……哎/人大了就要结婚/结了婚就要生儿育女/结婚多年不生育/就要择一个吉日良辰/请上一个祭师/叫上一群乡亲/到寨外吉祥的小河边求子/
>
> 哦……哎/河上的桥烂了/要重搭一座/河水枯竭了/要寻找一个水源/祭师的小刀/能找到水源/泉水汩汩响/祭师用野芭蕉树壳搭起水槽/用野芭蕉叶做成小碗/双手捧给不会生育的妻子喝/祭师解下身上的挎包/双手挎上不会生育的丈夫的肩/挎包里有婴儿用的尿布和衣裤/夫妻一齐取出尿布和衣裤/恭恭敬敬来到河边磕头/①

僾尼传统文化始终强调：孕育生命不是妻子的个人行为，夫妻两人必须携手完成。自妻子怀孕之日起，夫妻两人就结成一个牢不可分的共同体。妻子从生理上担当怀孕、分娩的任务，而丈夫从心理上、从社会责任和义务上始终与妻子一道共同担负孕育新生命的任务。在孕育孩子的过程中，夫妻"磨盘双合"的社会性别角色尽显无疑：他们尽管性别角色不同，但目标一致并共同实践。

二　妻子一朝分娩，夫妻共同抚育

（一）共同迎接新生命

僾尼妇女婚后都采用"从夫居"的居住模式，最理想的分娩地

---

① 门图、高和：《爱尼风俗歌》，香港创意出版公司，1992，第90~93页。

点是婆家的火塘边，助产士一般由婆婆或长嫂担任。如果孕妇难产，会临时请寨子里有经验的妇女来帮忙。与此同时，丈夫在妻子难产时，一定要以胎儿父亲的身份进行象征性的助产仪式，促使孩子顺利来到人间。南糯山大巴拉寨的秋三（男，44岁）曾告诉笔者："1990年，我老婆生老大时难产，把我急坏了。我阿妈请来了寨子里的杨医生，弄了半天，娃娃还是没有下来。我阿妈又叫人去请来寨子里的尼帕。尼帕叫我到家里的柴堆前，抽出一根柴火，用力挥动，发出'呼呼'声。尼帕说，这种声音就是父亲召唤孩子的声音。后来她（尼帕）又叫我把我的一件衣服拿到我老婆的产道附近晃了晃。还真灵，孩子闻着我的气味，不久就生出来了。"

从生物学意义上说，男女两性的生理性别差异与生俱来，丈夫不可能替代妻子生产和哺育孩子。而就僾尼人所崇尚的"磨盘双合"的社会性别关系而言，男女在生育孩子的过程中承担着共同的责任。前面曾经提到过，妻子怀孕之后，丈夫甚至整个家庭都进入了一种"特殊"状态，家人的一言一行都会对即将出生的婴儿产生重大的影响。换句话说，丈夫也和妻子一道进入社会意义上的怀孕状态，要严于律己，小心谨慎。在新生命的诞生之日，丈夫又和妻子一道热切地盼望孩子的到来。一首流传于当地僾尼地区的"接子歌"里这样唱道：

哦……哎/今天你终于生下来/我们夜思日盼的孩子/可怜你呀，孩子/一路千辛万苦/欢迎你啊，孩子/欢迎你来到美好的人间/你是阿奶阿爷的心肝/你是阿妈阿爸宝贝/你是阿姐阿哥的花朵/你是咱们山寨的希望/……

哦，孩子/你是父母勤劳的种子/你是善良家族的后代/你该知道/你阿妈为了怀你，受尽人间苦/你阿爸为了你能顺利出世，求了天又求地/你在阿妈的怀里/尝遍了世上的野

味/听尽了天下所有的悲欢/①

在僾尼人的传统中，一个生命自诞生之日起，不仅延续了家族的血脉，也是家族兴旺发达的重要标志。当家人熬过婴儿初生时的忐忑不安后，就要为新生儿在这个群体中安排他的位置，而名字是孩子取得社会承认的象征。僾尼人在新生儿落地之日有"杀只大公鸡，'号'下我家的小娃；杀只大母鸡，为我家的小娃取个名"的俗话。

在为新生命命名的过程中，"男女有别"的社会性别观念尽显无遗。"一般情况下，通常依据婴儿的性别，男女两性成年人的社会性别、以及男女两性在社会中承担的劳动种类等因素来命名婴儿的第一个名字。"② 在僾尼社会中，挖田、犁田和打猎等劳动由男性承担，而拿鱼、捉泥鳅、打柴等劳动主要由女性承担。③所以，婴儿若为男性，就说生了个挖田或打猎的；婴儿若为女性，就说生了个拿鱼或打柴的。

除了具有象征意义的取名之外，在孩子的幼年时期，"男女有别"的社会性别观念和期望就由父母和家人通过家庭教育的方式予以灌输。例如，每一个僾尼父亲在孩子出生的第一天，必须送一份奇特且富有纪念意义的礼物给孩子。如果孩子是男孩，父亲的礼物是一件小巧又好看的弓弩和几支弩箭。制弩的原料可以是木头，也可以是竹子，但要求是笔直又没有虫蛀的；给女孩的则是一个小巧玲珑的纺梭，其原料大多为木质，但尽量选择那

---

① 门图、高和：《爱尼风俗歌》，香港创意出版公司，1992，第 93～97 页。
② 白玉宝、王学慧：《哈尼族天道人生与文化源流》，云南民族出版社，1998，第 52 页。
③ 此类性别分工广泛存在于世界范围内的多种文化中，参见拉德克利夫-布朗《安达曼岛人》，梁粤译，广西师范大学出版社，2005，第 31 页。

些分枝多、篷子大的木料或竹子，以此希望女儿长大以后做个勤劳的人，用线梭织出像树枝那么多的布匹，像篷子那么大的衣裤。①

（二）共担抚养责任

自新生命的诞生之日起，夫妻俩就共同承担起养育孩子的责任。照顾幼儿的责任很少会单独落在夫妻一方的身上。在西双版纳的僾尼地区流行着多种版本的"育儿歌"和"教子歌"，从这些生动体现着僾尼人传统道德观和价值观的民间歌谣中，父母在孩子长大的过程中所担当的角色和应尽的义务被描写得惟妙惟肖。

> 像小鸡出壳你一生下地/呱呱哭着乱滚乱动/亲亲的阿爸阿妈/时时把你放在心窝里/阿爸怕你冷了/吃着的烟筒丢一边/赶忙拿柴火烧旺火塘/阿妈怕你冷了/软软的棉花包了一层又一层/紧紧抱在怀里让你暖和/

> 阿爸抱着你喝酒/香香的酒甜到心窝/你要撒尿了/阿爸赶忙放下筷子/轻轻撑开你的脚/黄黄的尿撒在地上/臭气冲进阿爸的喉咙/亲亲的阿爸不发火/等你撒完尿照样把酒喝/

> 阿妈抱着你吃饭/香香的米饭甜在心窝/你要撒屎了/阿妈赶忙搁下饭碗/轻轻撑开你的小腿脚/黄稀稀的屎沾衣襟/亲亲的阿妈不动气/等把你料理干净/才顾得上把饭碗端起/

> 你见着天上的星星/嚷着要一颗/阿爸没法摘给你/你的眼泪淌成一条小河/为了不使你失望/阿爸捉萤火虫逗你快乐/你见着天上的月亮/嚷着要一个/阿妈没法拿给你/你差点把阿妈的脸撕破/为了不使你伤心/阿妈伤透了脑筋/踩一块

---

① 门图:《西双版纳爱尼村寨文化》，中国文学出版社，2002，第166页。

白糯米粑粑／给你抱着尽情玩乐／①

在南糯山，身背婴儿做家务的男子随处可见（见图1－6）。外面的人把它看作一幅奇特的风景，而在僾尼人看来，这是再平常不过的事情。哈尼族诗人哥布在回忆他的文学启蒙时这样描写父亲给自己带来的影响："应该说我童年时就开始接触文学了。父亲的肚子里除了犁田耙田的经验、打铁凿石的技巧，还装着很多故事。……渐渐地我在那些故事中长大。那里有光怪陆离的鬼神妖魔的故事，也有很贴近生活的，不管什么样儿的，都明显地带着他自己和祖先的道德观和人生经验，……显然那些故事本身和评语反映了父亲对世界和儿子的朴素的愿望。

图1－6　怀抱幼儿的父亲

① 张牛郎、赵官禄：《十二奴局——"汪咀达玛"》，云南人民出版社，1989，第143～153页。

这样，童年时代我不仅接受了文学的熏陶，也接受了道德的教育。"①

在孕育孩子、迎接新生命的诞生和抚育孩子的过程中，僾尼夫妻双方是一个牢不可破的整体，他们分工不同，但相随相伴；他们角色有异，但携手共进；他们共负责任、共享欢乐并共担风险。

第四节　完成今生夙愿，走进来世乐园

> 女祖喀玛阿耶迎接你来了，男祖汤哦阿胖迎接你来了；喀玛阿耶带着一群美丽的仙女，汤哦阿胖领着一群活泼的仙童；你赶快按照你的家谱，呼喊祖宗的名字；祖先听到你的声音，就会开门把你欢迎。
>
> ——"送葬歌"

葬礼作为生命终极阶段最重要的礼仪形式，承载着众多的文化事项和文化象征符号，僾尼人的葬礼也不例外。僾尼人的葬礼以其繁杂的仪式、多元的文化象征符号及特殊的社会文化功能在其传统文化的传承中起着举足轻重的作用，其中也包括对"磨盘双合"社会性别关系的表达。前三节讨论了僾尼传统文化中的"磨盘双合"社会性别关系在成年、婚姻、育儿等生命周期中的表达和实践。本节以僾尼人的最后一个生命周期——葬礼为例，探讨"磨盘双合"的深化。

---

① 史军超：《哈尼族文学史》，云南民族出版社，1998，第863页。

一　截然不同的葬礼仪式

按照僾尼人的传统，遇上 60 岁以上的老人去世是一件很幸运的事情，参加死者的葬礼更是一件意义重大的活动。笔者在西双版纳南糯山大巴拉寨做田野调查的先后四年间，寨子里一共有两位老人过世，而笔者当时都在现场，寨子里的老人见笔者总是笑眯眯地、悄悄地议论："这个昆明来的阿布（姑娘）好福气。"初次听到这样的话，笔者摸不着头脑，因为在笔者的文化中，老人去世（高龄老人）虽然在旁人看来是生老病死的自然规律，但对死者的家属来说，仍然是一件非常悲痛的事情，是不应该和福气沾边的。笔者问过僾尼大哥大姐克索和黑娥，他们告诉笔者："这是我们僾尼人的礼。"其中原委，笔者还是不得而知。第一次参加老人克四（男）的葬礼时，异文化葬礼中的热闹氛围给了笔者太大的震撼：老人们围坐在屋里距离尸体不到 5 米的火塘边，抽烟、喝酒、拉家常；男人女人各司其职，有忙干活的，有三五成群地或坐或蹲或站打牌、聊天的；孩子们楼上楼下追逐嬉戏……不知情的人，一定以为寨子里在办喜事呢！笔者走访了几位老人，问及葬礼为何竟是这般欢乐，仍然没有得到确切答案。然而，在一次随意的聊天中，笔者恍然大悟。

那是一次饭后的闲聊，几个老人在悄声议论：两个月前，门高（男，45 岁）家的小儿子高江（21 岁）和朋友到景洪玩耍，醉酒后骑摩托车回家，途中将摩托车驶入对面车道逆行，发生车祸，高江在送往医院途中死亡，女朋友边露（南糯山新路寨，18 岁）肋骨骨折。高江的父母悲痛欲绝，但还得负担边露的医药费。本来儿子高江的死已让夫妻俩在寨里人面前抬不起头来，再加上边露的住院费近 2 万元钱，夫妻俩快愁死了。笔者插了几句话："为什么高江父母会因为儿子的事情在寨子里抬不起头呢?"一个老人告诉笔者："这种意外死亡的人是很不吉利的,以后他的父母和兄弟姐妹都要因为这次意外受到牵连。另外,高江本打算今年8月结婚,婚还没结,就死了,就更不吉利了。"另一位老人补充说,按照僾尼传统,暴死且未婚者禁止葬在寨子的公共坟山(竜山),一般是随地掩埋。现在情况有所不同,高江在医院死亡后,随即火化。门高夫妇向村组长求情,请求将儿子的骨灰埋葬在公共坟地的一个小角落。村里的老人们听到这个情况,议论纷纷,都认为不妥。村组长本不想答应,但考虑到自己刚刚上任半年,群众基础十分重要,勉强应允,但嘱咐一定要悄无声息地办理,不得做任何悼念活动。

这两种截然不同的丧葬方式,为笔者的疑惑提供了合理的解答,满寿老人在其人生中一步一步实践着"磨盘双合"的要求:他们及其配偶共同经历了成年、恋爱、结婚、育儿的人生过程,完成了社会对他们的期望,他们的灵魂理应得到最高的待遇。这种理想的生活模式不仅可供后代子孙效仿,还能让后人看到来世的荣誉和地位。

南糯山的僾尼人把死者分为两大类,一类为"非正常死亡者",一类为"正常死亡者"。非正常死亡者指那些非病非老而死的人,诸如被火烧死、被水淹死、被枪打死、被野生动物咬死、被车撞死或在异乡不明不白突然死去的人,这些人被不可知的外力强行终止了生命。僾尼人认为非正常死亡者不能到祖先村享受来世的欢乐,因为他的肉体与灵魂都已消失,离理想的生活模式相去距远。正常死亡者指儿孙满堂、寿终正寝的老人,他们只是肉体消失,而灵魂却会回到祖先居住的大寨子里,过着和现世一模一样的生活。正常死亡者的葬礼一定要办得周到、热闹,合乎僾尼人的"礼",这样,逝者的灵魂才会得到安慰,才能高高兴兴地上路，转而保佑凡间的儿孙。①

在僾尼人"磨盘双合"的社会性别关系中，婚姻幸福、有儿有女、儿孙满堂、善始善终的老人被认为实现了社会给予他（她）的期望，完成了人的社会责任：结婚、生子、养幼赡老、衰老、死亡。这样的老人经历了人生所有的酸甜苦辣，完成了一切凡间的任务，了无遗憾，身后必定会为子孙后代带来吉祥如意。子孙为其举行隆重的葬礼，一是表达对逝去老人的崇敬之情，二是将他（她）顺利地送入祖先村（达挞），让他（她）的魂灵（约拉）变成守护子孙的祖先神灵。而暴死未婚者则刚刚开始人生的旅程，他们未履行，更谈不上完成既定的社会任务和实现"磨盘双合"的理想，既未为人夫（妻），又未为人父（母）。他（她）在今生现世的生命是残缺的，在来生的冥界也将是痛苦孤独的。他们的魂灵没有资格进入祖先村，相反，这样的人生结局被认为是有害的，不吉利的。

对于满寿老人而言，进入祖先村并享受来世的荣华是他们毕生追求的目标，也是孝顺的子孙为长辈老人应尽的孝道和承担的义务。为了使满寿老人顺利地进入祖先村，为了传承文化的宗教和社会功能，僾尼人在丧葬过程中要多次叙家谱。从最古老的祖先往下直到死者，再从死者往上直到最古老的一代祖先。这样做的目的在于追怀历代祖先，使后辈牢记自己家族的

---

① 参见何作庆："从丧葬类别来看，哈尼人丧葬因死亡年龄、地点、方式、原因以及家庭经济状况的不同分为'乃然（小鬼）'、'日得（薄命）'、'日呸（短命）'、'日把（半命）'、'伤尸（非命）'、'搓莫（老人）'、'日苯搓默（满寿老人）'等七类。小孩、未婚未育的中青年男女、无子女的老人以及非正常死亡的人葬礼极其简单；而儿孙满堂、福寿双全的老人去世，其葬礼极其隆重。"（何作庆《哈尼族丧葬习俗中的人际关系》，《云南民族大学学报》2007 年第 4 期）

谱系，并把死者的灵魂和历代祖先联系起来，请求祖先打开鬼门，迎接死者的灵魂加入祖先的行列。"送葬歌"里这样唱道：

去吧，高高兴兴地去吧／儿女给你送来了金梯／儿女给你送来了银绳／让你拉住银绳登上金梯／进入祖先居住的圣地／第一道鬼门到了／赶快挥动金锤猛敲／第二道鬼门到了／赶快挥动银锤猛敲／第一道鬼门打开了／第二道鬼门打开了／所有的鬼门都打开了／你就要到祖先居住的圣地／

你留下了子女／你留下了田地／你留下了家产／你留下了你该留下的一切／有你和祖先的保佑／儿女会更幸福／田地会更丰收／禽畜会更肥胖／家族会更兴旺／天鼓响了／地铃响了／最后一道大门开了／祖先迎接你来了／①

这首丧歌洋溢着一种快乐的气氛，歌里的来世被描绘成一个仙境般的美妙圣地。逝者的儿女们赶忙送来"金梯、银绳"，让逝者拉住"银绳"、登上"金梯"，进入祖先村。前来迎接的有女祖"喀玛阿耶"和男祖"汤哦阿胖"，他们分别带着一群美丽的仙女和一群活泼的仙童等候在"圣地"的门口。来世的乐园中，也彰显着"磨盘双合"的社会性别理念：有男祖，必定有女祖陪伴；有仙女，必定有仙童随其左右。丧歌最后一节中的"你留下了你该留下的一切"蕴意最为深远：只有完成了社会既定期望的逝者，才有资格进入冥界中的祖先村并享受来世的荣

---

① 西双版纳勐海县民族事务委员会编《西双版纳哈尼族歌谣》，云南少年儿童出版社，1989，第55~62页。

耀。在这个意义上，僾尼人"磨盘双合"的社会性别关系得到了进一步深化。

二　圆满的今世，欢乐的来生

笔者在南糯山的大巴拉寨进行田野调查时，亲历了两次葬礼：第一次是 2006 年 2 月，死者克四（男，78 岁）；第二次在 2007 年 7 月，死者车姑（女，59 岁）。现以第二次葬礼为例，探讨僾尼人的"磨盘双合"在葬礼中的彰显。

车姑去世那天的下午 3 点左右，笔者和僾尼大姐黑娥在她家的晒台上聊天，黑娥正在绣一个彩色的小挎包。突然大哥克索神色匆匆地跑上楼来，说车姑去世了。笔者本能地站起身来，问要不要过去看一看（这次是笔者在大巴拉寨第二次遇到老人过世，第一次由于自己参与观察的准备不充分，漏掉了许多重要环节，所以希望能第一时间赶往死者家里）。克索悄声制止了笔者，说死者车姑不是本家亲戚，不便马上过去，笔者只好耐心地等着夜幕的降临。

大巴拉寨有 80 来户人家，算不上大寨子，用于居住的土地面积也不大，户与户之间相距多则 20 米，少则仅一墙之隔，多数村民之间有亲戚关系，大家对彼此的情况非常了解，寨子里发生的大小事情瞬间就家喻户晓。关于死者车姑的死因就有种种说法。车姑膝下有二男一女，都已成家。车姑和丈夫与大儿子儿媳同住，有一个孙子，一个孙女。按照传统，僾尼老人多半会和小儿子同住，但二儿子几年前出去打工，找了个外面的媳妇。车姑去世前瘫痪在床一年有余，前段时间吃了些草药，病情明显好转，而且可以下地走动，没想到仅几天的时间便撒手人寰。听说平日里儿子、儿媳对她不够孝顺，怪她不能帮忙照顾年幼的孩子，每天忙完田里的活计还要赶回来给她做饭，着实拖累了他们。还有人说，车姑去世的那天有人在她的卧室里发现了"狗闹花"①，一定是那毒药要了她的命。②

夜幕降临了，笔者恳求克索大哥带笔者过去看看。上楼进入屋内，发现屋里已经挤满了人，净身、换衣、接气等环节已经完成，死者的尸体停放在里间卧室的地板上。按照传统，老人去世，小辈为老人唱哀歌；丈夫去世，妻子为丈夫唱哀歌；妻子去世，丈夫为妻子唱哀歌。如果当事人不会唱，可以请专人来唱。寨子里的几个老年妇女③团团围坐在死者周围，微微偏着头，手托着腮帮哭唱，歌声伴着哭声，泪涕交加，颇为悲切。这些哀歌的主要内容是缅怀死者的功德和表达生者的哀痛。此时，两个老年妇女端着酒杯蹲在死者的跟前，微微掀开盖住死者头部的红丝布，向她喃喃地诉说着安慰的话、道别的话，用指尖蘸了些许白酒，洒在死者的头部附近。这时右眼角上长着一颗大黑痣的老年妇女高声地唱起了丧歌，周围的几个老年妇女立刻加入了歌唱的行列，哭声、歌声混在一起，此起彼伏，在安静的夜色中传得很远。歌里唱道：

　　　　一滴酒滴在心上／你的心痛就会好些／二滴酒滴在眼睛

---

① 一种剧毒的野生植物，殉情者往往吃狗闹花双双身亡。

② 直到笔者离开大巴拉寨，对车姑的死因也没有肯定的说法。按照僾尼人的习俗，60 岁以上的老人自然死亡才可以举行正式而隆重的葬礼。死者车姑也算是儿孙满堂之人，且她的自杀只是寨里人的猜测，因此她的葬礼也是正规而隆重的。

③ 大巴拉寨里的"合唱队"通常由五六个上了年纪的妇女组成，她们熟知诸如结婚、下新房、丧葬等重要场合的歌曲，每逢有重要的节日或场合，她们是不可或缺的主角。

上/你绣花时就不会眼花/三滴酒滴在脚上/你走路时会飞快/四滴酒滴在手上/你样样事情都会做/五滴酒滴在头上/你头脑就会清楚/六滴酒滴在耳朵上/你耳朵就不会聋/……/你活着的时候吃了很多苦/也有很多欢乐/你婚姻幸福/你养育了儿女/你伺候了父母/你留下的家产/你留下了猪牛……/今天你要离开亲人/要到一个新的地方去了/你安心地去吧/朋友们会时常给你祭酒/你也要时常把朋友保佑/①

　　这首"祭友歌"里强调了逝者生前的功绩：婚姻幸福、养育儿女、孝敬父母、勤劳治家，这些都是传统社会性别关系的要求及核心内容。在歌声的伴奏下，死者的大儿子和几个男人把死者抬出了她的卧室，放在堂屋的正中（这里原本是男室和女室的隔断处，但近年来，许多僾尼家庭都把隔板拆除了）。死者身下垫着本家儿媳缝制的2米见方的白色裹尸布。死者的大儿子轻轻揭去了盖在死者身上的红色丝布，用一块巴掌大小的红色丝布盖住死者的脸。按照僾尼人的传统，老人死后，儿女们要送来白布：儿子送的布用来盖脸，女儿送的布用来垫背。接下来，死者家的男性亲属，不论大小，一一将一小块长方形的红色丝布盖在死者的脸上，红布盖得越多，就表明死者的亲属越多，人丁越兴旺。

　　死者的丈夫一直静静地坐在远处，像个旁观者。从他布满皱纹的黝黑的脸上看不出实际表情，但他的身躯已经十分佝偻了。他不时和旁边的几个老年妇女交谈几句，目光十分呆滞。等妻子

---

①　笔者收集自田野点，内容相似的《祭友歌》可参见《西双版纳哈尼族歌谣》，云南少年儿童出版社，1989。

的尸体从卧室抬出来安放在堂屋的角落后，随着一个老年妇女的哀歌声，他走进了老婆的卧室（按照僾尼人的习俗，夫妻是分室而眠的），躺在的老婆曾睡过的地方，和老婆作最后的道别。这是守灵的第一夜，守灵人是死者家的亲戚，外人一律不参加。这一夜是悲伤而漫长的，人们在失去亲人的悲痛中等待着黎明的到来……

车姑自杀身亡的传言最终也没有得到证实，虽然寨子里仍然还有这样那样的议论，但这一切似乎并没有妨碍车姑享受正规而隆重的葬礼。即使车姑确实是自杀身亡，该谴责的人是她的儿子儿媳，因为他们没有尽到赡养老人的义务（寨子里的多数老人持这样的观点）。车姑的去世虽然算不上僾尼人心目中最完美的结局，但她有儿有女，儿孙满堂，干干净净①，最重要的是她年逾八十的婆婆仍然健在。从这些方面上讲，车姑的人生过程是圆满的，了无遗憾的，这样的人理应享受来世进入"祖先村"的最高待遇。

美国人类学家墨菲曾说："葬礼是为活人开的。它是一个表达悲哀和愧疚的机会，又是人们在压力和困难中相互安慰、鼓励的机会。悼念的人们聚在一起可以重新建立新的相互关系。将逝者置于'死者'身份之中，保证生活得以继续。有些民族在葬礼后又吃又喝，这种行为似乎与这种场合不大协调，但人们在一起分享食物具有圣餐的神圣性质。愉快的聚会可以重新连接社会关系。"②

---

① 在僾尼人传统中，没有离过婚、没有生过双胞胎、没有偷盗等"不耻"行为的人，就是"干干净净"的人。

② 罗伯特·F. 墨菲：《文化与社会人类学》，吴玫译，中国文联出版公司，1988，第 147 页。

三　寓情于物的磨盘双合

第二天上午 10 点左右，当笔者再次来到死者家，屋里屋外的气氛已和前一天大不相同，昨日的愁云惨雾已经消失得无影无踪。按照僾尼传统，办丧事时，寨中各户都要出人帮忙。丧家将前来帮忙的女人编为几组，指派给她们背水、烧火、淘米、煮饭等杂活，女人们一边做活，一边随意地唠着家常；来帮忙的男人也被分派了诸如切菜、剁肉等活计；寨子里巧手的木匠正围在一起商量拼接棺材的事；等着去砍"色如"（意为"抬棺棍"）的男人们则围在桌子边打牌。

僾尼人平日不备棺，一旦寨子里有老人去世，全寨已婚男子（每户派一人做代表）临时上山伐木辟棺。僾尼老人生前一般都会为自己"号"定棺木，但现在适合做棺木的大树已不多见，很多人家不得不临时到县城买棺木。车姑的棺材板就是从勐海县城买回来的。上午 11 时左右，由 20 来个已婚男性组成的砍"色如"的队伍备好烟、酒、茶，还有祭祀用的鸡仔，带上砍刀上山了。死者的大儿子头戴篾帽，身背母亲生前用过的挎包，里面装有死者用过的烟斗、汗巾等物，装扮成死者生前的模样走在最前头。僾尼老人说，砍棺木时，"逝者"自己一定要亲自参加，这样砍回的木头才放心。"抬棺棍"一般在棺材制作的当天寻找，而且寻找的方法有具体要求和严格的规定。挑选树木时要观察它们是否笔直少枝杈且长势良好，分头找来的两棵"色如"要摆放在一起进行比对。两棵"色如"被村民们形象地称为"夫妻棍"。"夫妻棍"看上去要粗细均匀，色泽、形状等也要很"相配"，但一定要一长一短。寨里人说，"夫妻棍"象征着夫妻二人相随相伴的一生。他们的姻缘到了"祖先村"还会继续。所以如果找来的两棵"色如"碰巧一样长短，这就意味着夫妻二人将相继离世，这是不祥的征兆。

"砍棺歌"里唱道：

哦……哎/清晨公鸡啼了三下/阿妈啊/今天是给你砍棺材的日子/你说说要一棵什么样的树/你儿女多/你朋友多/砍给你的色如/理应标直美观/

哦……哎/清晨公鸡又啼了三声/你的大儿子/磨好了刀和斧/你的大姑娘/煮好了饭和菜/家里杀了亚鸡当哈（黑白相间的鸡）/让你吃饱最后一餐饭/

哦……哎/砍色如的人们出发了/你在世时受人尊重/你死后应得到名贵的树/愿祖宗保佑你/也请你保佑砍棺人/

哦……哎/砍来的色如呀/一长一短正合适/这样才是最吉利/只有这样/神才会满意/只有这样/祖宗才会喜欢/①

经过几个小时的"艰苦跋涉"，两棵"色如"于傍晚时分被扛回了寨子（见图1-7）。接下来要进行"迎棺仪式"。砍树队伍中的一位长者从屋里抬出一张竹桌子，上面摆放三个碗，里面分别装着酒、茶水和盐巴。一位年轻"阿舅"在这位长者的指点下用筷子分别从3个碗中蘸少许物品，向外洒去，表示祭祀天、地和死者。随后，几个年轻人合力把两棵"色如"竖立起来，斜靠在死者家的屋檐旁。短的一棵树梢向地，表示不能再继

---

① 笔者收集自田野点；参见门图、高和《爱尼风俗歌》，香港创意出版公司，1992，第130~133页。

续生长，象征夫妻中早逝的一方；长的一棵树梢朝天，表达生活下去的希望，象征夫妻中健在的一方。

把"色如"扛回家　　　　一长一短的夫妻"色如"

图 1-7　抬棺棍——"色如"

在上山寻找"色如"的同时，寨子里手巧的木匠也开始紧锣密鼓地拼接棺材。僾尼人的棺材不用钉子，全靠榫卯衔接，所以五六个木匠要花上一整天的时间才能完成。过去，僾尼人选用一种叫"旁朗"的大树作为棺木。如今，由于棺木树种和尺寸大小的限制，僾尼人已经不再伐木为棺，而是改用现成的板材制作棺材。但棺材的整个制作过程仍遵从僾尼人的传统。棺材一般由 5 块木板拼接而成，为木槽状，公棺（阿培）为盖，母棺（阿玛）为底。

晚上 7 时许，入殓仪式随着老年妇女合唱团高亢的哀歌开始了。死者的大儿子和儿媳先往棺材里底部垫上红色的丝布、红色的毛毯，然后是白色的布条，死者的尸体随即被移进了棺材。僾尼人的随葬品非常简单，多为死者的日常生活用品。死者身上所穿的衣物可多可少，多者象征生活富裕、儿女孝顺。但无论所穿的衣物多寡，一定要为单数。随葬的衣物多为死者的日常服装，可多可少，但也一定是单数。覆盖在死者脸上的红色布条象征儿孙满堂，人丁兴旺，也不论数量多寡，要为单数。寨里人说，车姑的丈夫仍然健在，如果有人不慎将以上物品的单数错混为双数，那么活着的配偶一方也会随逝者而去，而且全家人也要因此遭灾受难。如果死者的配偶一方已经逝去，那么以上物品就要为双数，这样才能使人间的夫妻在"祖先村"尽快相会，再续来世的姻缘。

在丧葬仪式中无处不在的"单"与"双"的象征符号一次又一次地深化了僾尼人性别关系中的"磨盘双合"。"抬棺棍"（色如、夫妻棍）外观的相配展示了夫妻在凡间相扶相伴、携手合作的婚姻模式，而它们的长短不一及其树梢摆放的朝向则预示了人间夫妻姻缘的断裂及对来世再续姻缘的期盼，公棺和母棺的契合，则预示了来生性别模式的"磨盘双合"，陪葬物品的"单"与"双"也具有相同的象征意义。

四　再续姻缘

前文讲到，南糯山僾尼人将人的死亡分为"正常死亡"和"非正常死亡"两大类。正常死亡者的丧礼是隆重和热闹的，棺材下葬前在家停放的时间多则 7 日，少则 3~4 天；而非正常死亡者则就地掩埋。在正常死亡者这一类中，寿终正寝、儿孙满堂的老人享有最高的待遇。而那些中年身故、青年谢世的人则不属于以上两类，这些人包括丧妻、丧夫的中年人，也包括刚刚成人而尚未婚配的青年人，这类人多属于病死。在僾尼人的传统中，这些人刚刚开始人生的旅程，还有很多应尽的责任和义务没有尽到。西双版纳僾尼地区普遍流传着这几首丧歌：

> 哦……喂哟／丈夫啊，你走了／从此你不再回还／可怜的我哟，今后谁来帮我磨刀斧头／谁来帮我砍木料盖房屋／谁来帮我犁

田耙地哟／谁来疼爱年幼的孩子／谁来温存我孤独寂寞的心／①

——妻子哭丈夫

你为什么要离开人世／把丈夫和儿女丢下／女室的火塘冷了／脚碓也没有了声音／背箩空了／水筒空了／一个家空了半个家／脚碓靠谁来踩呀／孩子靠谁来喂奶／丈夫的衣服谁来补／家里的饭菜谁来煮／②

——丈夫哭妻子

（一）夫妻分魂仪式

中年丧妻或丧夫的人的命运是悲惨的，为死者举行葬礼的时候是不能跟"欢乐"沾边的。葬礼的过程也十分简单，一般在去世当天实施掩埋，掩埋的位置也只能是坟地的低处，是绝对不能和高寿老人的墓地并列的，只能埋在老人的左侧，并保持一定距离。因此，在僾尼传统中，鳏夫再娶和寡妇再嫁是受到推崇和保护的，因为活着的一方不能因为早逝的一方被剥夺了"走完"人生旅程的权利。但此类人再婚前，要举行一定的仪式——"分魂仪式"。僾尼人认为，夫妻中的一方先逝世，生者和死者虽然肉体已分开，但在感情上仍不能完全分开。只有举行了分魂仪式，在凡间和冥界的人才能各得其所，完成人生未完成的任务。

这种仪式有两种情况。妻子死后，丈夫要过三个月方能续弦。再婚之前，要举行与亡妻的情感分离仪式，僾尼语称为"玉我托"。丈夫死后，女人要过三年方能再嫁。再婚之前，也

---

① 门图：《西双版纳爱尼村寨文化》，中国文学出版社，2002，第94页；西双版纳勐海县民族事务委员会编《西双版纳哈尼族歌谣》，云南少年儿童出版社，1989，第63页。

② 门图：《西双版纳爱尼村寨文化》，中国文学出版社，2002，第94页；西双版纳勐海县民族事务委员会编《西双版纳哈尼族歌谣》，云南少年儿童出版社，1989，第63页。

要举行与亡夫的分离感情仪式，彻底抛弃对前夫的思念之情，称为"玉我甲"。两种仪式的名称和对象虽然不同，但仪式的内容和过程是一样的。首先请来贝摩，并准备两只鸡，公鸡、母鸡都可以，但不能是白鸡。这两只鸡中，有一只是杀给当事人即鳏夫或寡妇，另一只杀给贝摩。鸡杀好后，当事人家抬出簸箕，放在贝摩旁边，簸箕里面放上事先预备好的米、姜、盐巴、茶叶、纸烟等物品。贝摩念"分魂经"时，一定要念到当事人夫妇俩的名字。如：

> 今天是江飘（亡妻）死去一个年头的日子/她留下的三个儿女还年幼无知/今天给罗二（鳏夫）念分魂经/希望他明天续一个好心女子为妻/这样才能养大江飘留下的儿女/江飘你既然已到了阴间/就不要缠住罗二不放/江飘你要是感到孤独寂寞/你也可在阴间找个好男人/你不用担心你留在人间的儿女/罗二和他的后妻一定好好照顾/①

（二）来世的姻缘

死者如果膝下有儿无女或有女无儿，在选择祭祀牺牲的时候也有讲究。"正常死亡者，行葬礼，生有男孩无女孩者，祭献时要杀母牛母猪，让其到祖先村继续繁殖；无男孩有女孩者，祭献时杀公猪公牛。"② 结婚生子并没有完成婚姻的社会性别角色要求，"有儿有女"才是最完美的境界。在这种理念的强有力支撑下，不少僾尼地区过去有过继儿子或女儿的习俗。

---

① 门图：《西双版纳爱尼村寨文化》，中国文学出版社，2002，第30页。
② 《西双版纳傣族自治州志·下册》（内部资料），2002，第516页。

对于成年未婚死者的丧葬礼仪则更为简单，因为比起结婚成家和育有孩子的中年死者，他们距离人生理想则更为遥远。由此，在某些地区，有为未婚死者陪葬模拟男女生殖器的习俗。"当离异但未再婚，或从未婚嫁过的成年男子或女子去世时，须举行陪葬模拟生殖器的仪式。此类男性死者，须陪葬一个模拟的女性生殖器——截取一段竹筒，一头去节一头留节。此类女性死者，则须陪葬一个模拟的男性生殖器——一节成圆柱状的石头或木头。"① 让这些在人间没有完美婚姻的人，再续来世的姻缘。

本章小结

"任何社会结构都必须嵌入于本土文化之中。由于每一群体、每一人都生活在特定的文化当中。特定的文化氛围，造成了他看待外在世界的方式。最终这种不同的看待世界方式在群体中以文化的形式传承下去，构建起整个趋于稳定与整合的社会整体结构。在这其中，建构中的社会文化成为主流观点。"② 在僾尼人成年、结婚、育儿、死亡等重要的生命周期中，传统文化以不同的方式，从仪式层面和实际社会生活等方面，体现、彰显和深化着"磨盘双合"两性对等与对等、互补与和谐的社会性别关系。"对偶"一方面体现为意识形态领域中"男/女、夫/妻、公/母"等对偶概念的仪式性表达，另一方面体现为男女两性在家庭生活中担当的不同但不分优劣和贵贱的性别角色。"双合"

① 转引自杨忠明《西双版纳哈尼族简史》（内部资料），西双版纳州政协提案法制委员会，2004，第198页。
② 刘伟：《"社会性别"——社会学"他者"的研究视角》，《南方论刊》2009年第3期。

则强调了传统文化通过恋爱、婚姻、育儿、死亡等仪式环节和实践过程，将男女两性纳入一个责任共负、欢乐共享、风险共担的共同体内。在这个共同体内，男女双方目标一致、同心协力，为了实现社会性别关系模式的要求和期望一起努力。此外，作为一种制度文化，社会性别关系对身处其中的行为个体有强大的制约、干预和惩罚作用。这些作用一方面从宏观的层面维护着社会结构的稳定，规范着个人的行为；另一方面在具体实施过程中也会使得某些行为个体的"离经叛道"行为走向极端化，成为该制度的牺牲品。

当然，随着现代化进程的不断推进，僾尼人的传统社会性别关系也不可避免地发生着变化。关于此问题，笔者将另辟章节予以论述。

第二章　磨盘双合的文化补偿机制

　　本书在第一章提到，僾尼人传统文化在其人生重要阶段的仪式过程中始终以"磨盘双合"为社会性别关系的核心要求，这折射出传统文化对社会性别角色的诉求、对社会性别责任的期望和对社会性别理想的表达。我们看到，在僾尼人传统文化中，男性和女性扮演着不同的社会性别角色。这种"对偶"而非"冲突"的性别角色通过"双合"而非"同化"达成社会性别关系中"不同但和谐"的典型范式。那么，在崇尚"磨盘双合"的同时，是否暗示着这样一种假设，即在僾尼人传统社会中，事事均由男女共同或互补性地参与、操纵和决策？而这种假设所隐含的命题是否反证了某些哈尼族研究者所提出的"在哈尼族社会中，大事小情无一不被男性所操控"的观点？这两种互为悖论的观点的真实性如何？如果它们都是僾尼人传统文化中客观存在的社会事实，那么传统文化又是如何在两种观点之间做出调整和平衡的呢？

　　本章以僾尼人传统文化中的"舅权"和"尼帕"为例，探讨哈尼族（僾尼人）社会性别在制度领域的一个重要机制——补偿机制，是如何以其特有的方式发挥作用，即在强调男性权利的同时，动态地平衡、维护甚至凸显女性的作用与权利，使之满足"磨盘双合"社会性别关系的要求和期望的。

第一节 舅权——代言女性的声音

傻尼人有句俗话"人生有三次新"，指一个人经历了出生、婚礼和葬礼三个重要的人生关口后，他从有形的身体和无形的精神两方面都进入了一个新的领域，由此也引发了社会角色的转换，社会责任和义务的更新。这三个重要的人生礼仪不仅帮助作为个体的人实现了人生阶段的重要更迭，也使作为整体的文化在价值取向和行为规范等方面得到了强化和传承。在这三个重要的人生阶段中，"舅权"作为社会性别关系的一种特殊体现方式，贯穿始终。固然，"舅权"的由来及其发挥的社会功能到目前为止仍处在见仁见智的争论阶段，但笔者基于长期细致的田野调查，同时参考有关文献，得出这样一个结论：行使"舅权"的虽为男性，但其代言的是女性亲属群体的声音，表达的是女性亲属群体的权利。在傻尼社会中，"舅权"的行使既遵行了父系制社会的行为规范，又以一种适当且有效的方式彰显了女性的权利。笔者认为，在傻尼人"磨盘双合"两性互补和谐的传统文化中，"舅权"作为一种有效的社会性别补偿机制，为那些生活在该文化中的男女实现社会性别关系的既定期望提供着有效的帮助，并发挥着积极的作用。

一 舅权的解释与功能

傻尼人有"天上摩咪大，地上舅舅尊"、"天上算太阳最高，地上数舅舅最大"、"汉人尊龙，傻尼尊舅"的民间俗话。"舅

128

权"在僾尼人的重要人生礼仪中扮演着举足轻重的角色。例如，婴儿出生后，婴儿的父亲要在第一时间带上糯米饭、鸡大腿等到舅舅家报喜；婴儿出生后7~10天，要由母亲带去"认舅舅"。到了舅舅家，婴儿及母亲会受到热情的接待，舅舅要送给外甥或外甥女一套小衣裤、一床被单，送给孩子母亲一个酸菜罐、一架自制的纺车、一把伞等，表示婴儿母亲的娘家人已经"认下"了这个承继家庭血脉的小生命，并祝福他/她平安健康、快快长大。

除此之外，舅舅的权威还延展到社会和家庭生活中，其中最有代表性的是舅舅在其姐妹家产分配中的"权威性"。僾尼人的家庭财产继承原则是：长子继承全家最大的一丘田，老房子由小儿子继承并由其赡养父母，出嫁女儿没有继承权，除了嫁妆以外，不能享受娘家任何财物（参见本书第一章的相关论述：出嫁女儿没有继承权并不表明其社会地位低下）。如果在分家析产的过程中，小辈兄弟间发生纠纷，便由舅舅出面主持公道。舅舅提出分家析产的方案、建议，并亲自解决纠纷和争议，一般做法是：公平分配，但必须给健在的父母留下应得的份额，这些财产待父母过世后作为遗产，在舅舅的主持下进行第二次分割。

（一）"舅权"的认知

"舅权"作为人类社会发展史上的一个重要文化事项，广泛存在于世界范围内的多个民族的历史记忆和社会活动中。它在人类社会的发展进程中扮演过十分重要的角色，它不仅是一种社会历史产物，同时也是一种制度文化。马克思、恩格斯、柯斯文、马林诺夫斯基、列维－斯特劳斯、拉德克利夫－布朗等都在其著作中对"舅权"进行过描述和分析；国内学者包括林惠祥[①]、彭

---

① 林惠祥：《文化人类学》，商务印书馆，1962，第170~174页。

兆荣①等也对"舅权"做过较为详尽的研究。

英国社会学家米切尔认为,"舅权"是"在某些社会中存留的一种男子与其母亲兄弟之间的特殊关系","它有时用于描述母系社会中母亲的兄弟对他姐妹的孩子的权威,有时用于描述在许多社会中母舅与外甥之间存在的溺爱关系"。②"舅",在古汉语中的解释有六,其中之一即指母亲的兄长或兄弟,《尔雅·释亲》曰:"母之昆弟为舅。"③《说文解字》载:"母之兄弟为舅,妻之父为外舅。从男,臼声。"④彭兆荣认为,"舅舅,简称舅,是亲属关系中的一个称谓概念。舅舅的称谓除了完成单独语言符号的物质形态以外,还传达了从形到声的概念即舅舅构成了远古母系氏族的某种社会关系"。⑤仅就我国西南地区而言,在近20个民族的历史上均盛行"舅权"。⑥不少学者的田野调查表明,舅权是舅舅对外甥的一种特殊权力,尤其是在外甥(女)人生三大礼仪,即出生、嫁娶、死亡中表现出来的权威。然而随着时代的变迁,"舅权"呈现逐渐淡化的趋势,它如今表现在外甥(女)身上的权威大多只是一种风俗事项,或曰文化的仪式表现。⑦

虽然舅权在现今社会关系中的地位逐渐弱化,典型的舅权现象日益消亡,但在相关民族的很多文学形式、象征符号、人生礼

---

① 彭兆荣:《西南舅权论》,云南教育出版社,1997,第1~328页。

② G. 邓肯·米切尔主编《新社会学词典》,蔡振扬等译,上海译文出版社,1987,第25页。

③ 郭璞注《尔雅·释亲》,北京图书馆出版社,2002,第164页。

④ 许慎:《说文解字》,中华书局,1963,第291页。

⑤ 彭兆荣:《西南舅权论》,云南教育出版社,1997,第18页。

⑥ 彭兆荣:《论"舅权"在西南少数民族婚姻中的制约作用》,《贵州民族研究》1989年第2期。

⑦ 杨才让塔:《论舅权在天祝藏族婚俗中的遗存》,《西藏民族学院学报》2009年第5期。

仪中仍然可以寻觅到它的踪迹并目睹它活跃的身影。其中最为典型的要数那些流传在民间的古训和民间俗话谚语，它们对舅舅的地位和权威均给予了极高的赞誉。如纳西族的"不能向火塘吐痰，不能在舅舅面前说脏话"；怒族的"天下最长的是道路，人间最长者是舅父"；拉祜族的"天上最大的是厄莎，人间最大的是舅舅"等。这些言简意赅的古训、谚语、传说足以使人相信，在漫长的历史变迁中所形成的"舅权"观念早已根深蒂固地反映在人们的心目中和生活习俗里。

（二）"舅权"的社会功能

从以上丰富的文献资料可以看出，"舅舅"的权威彰显于无形和有形之间，它既是意识形态领域中的一股力量，也在实际生活中发挥着重要的作用。那么，舅权的本质到底是什么？它源于何时？它在维持特定社会的运转中究竟发挥着何种功能？我们应该以怎样的角度去看待和分析它？

马克思认为，舅权是指男子在母系氏族制度下的权力和地位，特别是男子对姐妹、外甥和外甥女的权力。"世系按女系计算；继承权属于女系，由舅及甥，一般说来，除了主要酋长以外，舅父是家庭中最有权力的人。"① 柯斯文认为，"舅父权"是舅父与外甥间若干关系的总称，这些特殊关系是：舅父是外甥最亲近的保护人，外甥是舅父在工作中的助手，外甥有权享用并继承舅父的财产，舅父有权过问外甥及外甥女的婚事，以及其他事务。② 马林诺夫斯基以特罗布里恩德社会的舅权制为例，阐释了舅权制的社会功能。在特罗布里恩德社会中，人们通过母亲的家

---

① 《马克思恩格斯全集》（第45卷），人民出版社，1985，第471页。
② 柯斯文：《原始文化史纲》，张锡彤译，人民出版社，1972，第141页。

系来确立某些重要的权利和责任。因此，母亲的兄弟——舅父便成为亲属群体中最具权威的人士之一。在特罗布里恩德岛，男孩大约长到 12 岁时，就离开老家加入舅舅的家户中去生活。等他结婚时，把妻子也带到舅舅家居住。① 马林诺夫斯基在《两性社会学》中也谈道："母权社会里实行了强迫势力的，不是母亲，乃是母亲的兄弟。""部落的法律和权威制度，尤其是禁止某种喜欢做的事务的那些，已经影响到女孩或男孩的生活。然而代表这类法律和约束的不是父亲，而是另一男人，那就是母舅。"② 列维－斯特劳斯在《结构人类学》中把"舅权"中的"权威关系"和"亲昵关系"作为典型家庭结构中的两个支撑关系（父子关系和舅甥关系）之一。"一方面，舅舅代表了家庭的权威，外甥惧怕他、服从他，他对外甥具有一定的权利。另一方面，外甥对舅舅拥有亲昵关系的一些特权并且能或多或少把舅舅当作他的受害者来对待。其次，孩子对舅舅的态度和对他父亲的态度之间有一种相互关系。"③

马林诺夫斯基在《野蛮人的性生活》中，试图挖掘"舅权"来源，他认为"舅权"来源于知母不知父的原始血亲婚配。"根据土著人的传说，人类起源于地下，从地下各不相同的地方出现了一对男女，一个哥哥，一个妹妹。据说，最早出现的是女人。……不论原始社会的妇女有没有兄弟陪伴，她们总想在没有丈夫或别的男合作者下生出孩子来。在特罗布里恩德神话里，新生命是在灵魂世界与

---

① 马林诺夫斯基：《野蛮人的性生活》，高鹏等译，团结出版社，2005，第114 页。

② 马林诺夫斯基：《两性社会学》，李安宅译，上海人民出版社，2003，第246 页。

③ 列维－斯特劳斯：《结构人类学》，转引自特伦斯·霍克斯《结构主义和符号学》，瞿铁鹏译，上海译文出版社，1987，第 28 页。

女性身体之间形成的。而生身父亲在这里却找不到位置。"① 哈尼族（僾尼人）的洪水神话中，也流传着兄妹传人种的故事。

僾尼人的洪水神话中虽然也讲述了兄妹血亲婚配传人种的故事，但和马林诺夫斯基所描写的"不论原始社会的妇女有没有兄弟陪伴，她们总想在没有丈夫或别的男合作者下生出孩子来"有很大不同。在本书的开篇里提到，僾尼人的神话中，人类的祖先也是有血缘关系的两兄妹，但强调的是"兄妹成亲"繁衍了人类。换句话说，男女婚配乃是人类繁衍的前提和必要条件。从这一点来看，"舅权"是"缺席父权"的替代品的观点，显然不适用于僾尼社会中的"舅权"。

二　天上摩咪大，地上舅舅尊

（一）生命周期礼仪中的舅权

"人的一生就像一根竹子，有着诞生、成人、结婚、死亡等几个节。人出生后，要通过一个个人生的节。并要满足每个节应该具备的条件，从而获得新的生命和身份而不断成长。为此，在一些社会中，在通过人生关口的时候，以保障其平安为目的，需要进行一连串的仪式。"② "舅权"作为僾尼人传统文化中的特殊事项，贯穿于人生礼仪的各个主要环节，并作为"磨盘双合"社会性别关系的文化补偿机制，宣扬并实践着传统文化所崇尚的社会性别观念。

1. 舅甥连名

新生儿的呱呱坠地，为父母、家庭、家族甚至整个村寨带来

---

①　马林诺夫斯基：《野蛮人的性生活》，高鹏等译，团结出版社，2005，第 112 页。

②　石川荣吉等：《文化人类学词典》，转引自尹绍亭《文化生态与物质文化》（杂文篇），云南大学出版社，2007，第 1 页。

无尽的喜悦。在僾尼社会中，新生命被视为家庭兴旺的前提和民族繁衍的保证，被寄予传承民族文化的厚望。"呱呱坠地的新生儿与其说是个活人，还不如说是个进入社会集体的生活的候补者。这里也没有任何确定的东西。"① 僾尼人认为，要使新生命被社会认可和接纳，就必须尽快消除新生儿从"不确定"转入"确定"过程中的诸多不利因素，给予他/她一个确定的身份和位置。"命名仪式"作为确定新生儿身份的最直接和最有效的方法和手段，在僾尼人的诞辰礼仪中占有至关重要的地位。

父子连名制作为一种父系制度下父名子名世代相连的命名制度，是僾尼社会历史传承中的重要组成部分。在僾尼人的命名制度中，用父亲名字的尾字作为子女名字的首字，使父亲的名字和子女的名字首尾相连。在僾尼社会中，认宗族、亲戚就靠叙家谱，谱系的同一性足以证明血缘的同根性和同源性。事实上，僾尼人"连名制"不仅仅是父子连名，还包含着神的谱系、鬼的谱系、动植物谱系和血缘家族谱系，通过这些谱系的相互连接，确立了人在无形空间和有形世界中的位置。这一独特的命名制度"通过血缘关系连接父系血统内的人员，在现实中形成血亲集团，在历史上形成血亲集团链"②。在僾尼人的连名谱系中，人与神、自然物、民族英雄、祖先紧密联系在一起，这样不仅可以得到神和祖先的保佑，还可以从他们那里获得力量、价值以及人生的智慧、意义和归宿。③

在僾尼人连名谱系中，往往有父子不连名的情况，这主要是

---

① 列维－布留尔：《原始思维》，丁由译，商务印书馆，1986，第334页。
② 杨忠明：《西双版纳哈尼族》（内部资料），2007，第106页。本资料由西双版纳州政府主办，《人民政协》承办而成。
③ 李少军：《哈尼族连名谱系的哲学解读》，《中央民族大学学报》2006年第1期。

由取名的一些规则和习俗造成的。诸如：遗腹子不能与父亲连名；父亲年满 30 岁时，第三个儿子出生，第三子不能与父亲连名；长子不幸去世，此后所生之子不与父亲连名；养子一般不与父亲连名；等等。因此，这些不能与父亲连名的新生儿就不能通过"父—子"名字符号的传承方式与家族保持血缘上的一致。那么，他们的身份如何确定呢？

　　"舅甥连名"作为一种有效的补偿方式为这些不能与父亲连名的"不幸"婴儿在母系血亲一方找到了归宿。现以勐海县南糯山仁说家的家谱为例来加以说明："送咪窝—窝腿雷—腿雷总—总摸院—摸院驾—驾提锡—提锡利—利跑奔—跑奔吾—吾牛然—牛然错—错膜威—膜威尊—尊唐盘—唐盘漫—漫合贪—合贪姐—姐利鸟—鸟起腊—腊贪奔—奔孙连—连龙播—播摸波—蟆波威—威音—音当—当且（27）—毛给（28）—给曾—曾当—当参—参优—优片—片游—游归—归兰—兰然—然格—毛梭（39）—威若（40）—若灯—灯洋—洋土—盲散（44）—威空（45）—空彪—彪且—且岗—岗笔—笔朱—朱康—康润—润捌—捌仁—仁说"①。在仁说的家庭谱系中出现了父子连名断代的情况，如第 27 代"当且"和第 28 代"毛给"、第 39 代"毛梭"和第 40 代"威若"以及第 44 代"盲散"和第 45 代"威空"之间没有父子连名。父子连名断代的情况在各支②中均存在，

---

①　转引自杨忠明《我们同根，我们同源——论西双版纳哈尼族与东南亚阿卡人谱系的同一性》，载西双版纳州政协主办《人民政协》（内部资料），2007 年第 2 期。

②　"送咪窝"被认为是哈尼族第一任部落酋长，到了公元 9 世纪，哈尼族出现了第一次分支。一部分先向元江流域后向红河流域迁徙，另一部分则向哀牢山、无量山地区迁徙。仁说家谱中的第 14 代"尊唐盘"支就是进入勐泐王国的哈尼族。"尊唐盘"之后的家庭谱系共有 4 支："唐盘仲"、"唐盘吹"、"唐盘沙"、"唐盘漫"。

僾尼语称作"子错"或"子拥"。"子错"即跳代，系父辈非正常死亡，不宜父子连名时，采用爷孙连名的方式而产生的特殊现象；"子拥"则没有跳代，系父辈非正常死亡，不宜父子连名时，采用舅甥连名的方式而产生的特殊现象；有的则是本人体弱多病，以改名的方式改变承宗方向以求平安。如仁说家的谱系中"威空"这个人，"威"不是父名而是舅舅的统称，僾尼人称舅舅为"阿威"。舅舅给外甥取名时，不是直接用自己的名字冠于外甥的名字之前，一般是用"阿威"的第二个音节开头取名，如"威亨"、"威妹"等。"舅甥连名"改变了承宗方向，以求得舅父与娘家的赐福。改变承宗方向是重大事情，因此僾尼人要举行较为隆重的命名仪式，以表示传宗接代的严肃性和神圣性。① 这样一来，某些不能与父亲连名的婴儿，通过舅甥连名，在家族中确立了自己的位置。

　2. 婚礼仪式中的舅舅为尊

　　西双版纳的僾尼人实行一夫一妻制，但严禁姑舅表婚、姨表婚②，同宗族内部7代以内禁止结婚，违反者被视为"猪狗不如"。于是"舅权"也就由强制性的"姑舅表婚制"转而体现在

① 杨忠明：《西双版纳哈尼族简史》（内部资料），西双版纳州政协提案法制委员会，2004，第71页。

② 在哈尼族的婚姻关系中，有"姑舅表婚制"，列维－斯特劳斯称之为"机能性内婚制"。云南墨江地区的哈尼族大多盛行这种制度，认为实行"姑舅表婚"是"亲上加亲、雪上加凌、锦上添花"。在"姑舅表婚"中，舅舅享有监督"血"流向的特权，舅舅的儿子娶姑家女为妻，标志着"血"是"顺流"，反之则是"倒流"。哈尼族把舅家说成是"祖根"或"骨种"，就是受"血"的影响。所以姑母一定要把自己的女儿嫁给舅舅家的儿子，若舅舅家没有同龄或近龄的儿子，方可将女儿嫁与他人，不过必须付给舅舅一种特殊的"舅父钱"。舅舅满意后，姑家的女儿才能出嫁，若不给舅家"舅父钱"，则姑家的女儿终身不能嫁。如果姑家女儿与他人私奔，则会被舅家的族人追捕，被捉后施用酷刑或处死。

嫁娶仪式中"舅舅为尊"的习俗中。在僾尼人的婚礼习俗中，舅舅是一个不可或缺的人物。僾尼青年男女举办婚礼前，最先通知的是舅舅家。新郎新娘要准备两甑糯米饭和一只杀好的鸡，然后装在用竹片编织的背箩里，选定吉日前往舅家恭请舅舅及其全家人参加婚礼。在婚宴上舅舅是最尊贵的客人，坐在正中的上席，有专人伺候。有的地方是舅舅独享一席，而且只有舅舅用筷子翻动朝向他的鸡头时，其他人方可用餐。要是主人招待不周，舅舅会大发雷霆甚至拂袖而去，一旦出现这种情况，婚礼就很难进行下去了，而且主人家声誉会受到损害。另外，新人敬酒也是先敬舅舅，然后才敬父母亲。舅舅在婚礼上的每一句言辞都代表着未来生活的前景，舅舅在外甥（女）的婚礼上成为赐予幸福和美好生活的"神"，而且这是尊贵的舅舅独有的、不可代替的权利。①

此外，在僾尼人的婚宴中，新郎家要专门准备一头猪敬献给三代舅舅、嘴玛、质耶（第七代家族中最亲近的老人）、明玛（父亲的姐妹）、明洁（爷爷的姐妹）、米则（新郎的妹夫）、米玛（新郎的姐夫）。在饭桌上，有三个装有猪肋骨条的碗，一碗给舅舅、一碗给嘴玛、一碗给耶毛。第二天，新郎带上一瓶酒，领着新娘到自己的舅舅家"认舅舅"，舅舅要杀鸡设宴招待新娘吃一顿饭，正式接受新娘成为自家人。舅舅作为新婚夫妇的娘家权利代言人，有力地支撑、庇护着刚刚步入婚姻生活的年轻人，从一个层面彰显着娘家人的权利和权威。

3. 丧葬礼仪中的舅舅为大

僾尼人有句俗话："庄稼靠天，雅尼靠舅。"舅舅在僾尼人

---

① 施建光：《哈尼族舅权初探》，《蒙自师范高等专科学校学报》2003 年第 1 期。

的社会生活中占有极其重要的地位。在某些场合，可以没有贝摩、巫师甚至父母，但是没有舅舅是绝对不行的。除了出生礼仪和结婚礼仪外，"舅舅"的威信及影响力也渗透到葬礼仪式的诸多环节。

2007 年 6 月，南糯山大巴拉寨 60 岁的老人车姑去世。在备棺过程中，砍"色如"是非常重要的环节（详见第一章第四节），而在砍伐"色如"的队伍中必须有"阿舅"。死者车姑娶自外寨，寨里没有娘家人；她的大儿媳妇也娶自外寨，寨里自然也没有娘家人。赶巧，大儿媳的亲弟弟在葬礼期间跟随包工队在寨里整修排水沟，这样，砍"色如"的队伍中就有了亲亲的"阿舅"，人人都夸大儿媳妇福气好。

以下是该次葬礼的部分实录。砍伐"色如"的队伍于当日上午 10 时左右出发。死者车姑的大儿子走在最前面，紧随其后的是死者大儿媳妇的亲"阿舅"，他手里提着一根竹竿，竹子中段绑着一只倒挂的小鸡仔，后面跟着死者的另外几个同姓①（同族）"阿舅"，腰间佩挂着以竹篾为壳的砍刀。这支由死者的"阿舅"领头的队伍经由日常出入林地的"寨门"② 上山砍树。砍树前要进行"祭树"活动。男人们在离"寨门"不远处一棵繁茂的大青树前停了下来，他们就地取来柴火，把带来的鸡仔去毛煮熟，

---

① 僾尼人的姓氏中只有名而无姓。但在与汉族的长期交往中，僾尼人选用了诸如王、李、杨、张、黄等汉族的姓氏，如"当参阿谷"用"杨"姓，"参先阿谷"用"李"姓，"当且阿谷"用"龙"姓等。僾尼人在日常生活中不使用汉族姓氏，只有在孩子上学、大人外出工作或婚礼或葬礼等仪式中认本家亲戚时才使用。

② 僾尼人的寨子一般有三个"寨门"。其一是正门，即外界进入该寨子的必经之处，一般位于寨头路口，每年要举行隆重的龙巴门祭祀仪式；其二为日常进出山林的通道，一般位于寨子西侧；其三为进入"竜山"，即进入坟地的通道，一般位于寨脚方向。

随即把酒、茶、盐、烟等摆放在鸡仔四周。队伍里的最年长的阿舅点燃一支香烟，掐去尾部的一小截后将它靠在大树根旁，然后用指尖蘸酒、盐、茶向空中洒去，死者的大儿子取下挎包也紧挨着树根放好。随后，死者的儿子①和几个"阿舅"分食鸡肉，点烟喝酒。一切做毕，队伍便分为两组向不同的方向出发去找树。寻找的树种以桂花树、长白树居多，从不用水冬瓜树和红毛树。找树的过程大概要持续 2～3 个小时，并不是因为树难找，而是要表现出"很辛苦，很尽心"的感觉。树木选中后由死者的一位"阿舅"砍下第一刀，然后其他人便象征性地砍下自己的那"一刀"。

　　傍晚时分，两棵"色如"被四个男人扛到了丧家门外。拼接好的棺材停放在底楼。接下来要进行的是祭棺仪式，参加这次仪式的有四人，他们是死者大儿媳的同姓阿舅②。祭祀用品包括肉类、酒和糯米粑粑。一个阿舅搬来几块砖头，搭成了一个简易的炉灶，用拼制棺材剩下的碎木头、木屑、刨花作燃料，用猪油把鸡肉、猪肉炒熟。然后，四人围坐在炉灶四周，分食锅里的食物，饮少量的酒。这些食物要尽量吃完，吃不完的要倒掉，剩下的碎木头、木屑、刨花也必须一律烧掉。祭棺仪式完成后，棺材被抬上二楼，死者即将入殓。

　　葬礼中的"阿舅角色"很好地阐释了僾尼人心目中"阿舅为大"的观念③，这里暂且不讨论"阿舅"是不是母权制的遗俗

---

①　在山上寻找棺木的过程中，死者的儿子是死者的化身。

②　死者的大儿媳姓王，这四位男子也姓王。大儿媳是从外寨子嫁进来的，之前和这四位男性并无直接的亲属关系，但按僾尼人的说法，姓王的僾尼人都是一家。于是他们就成了王姓大儿媳的本家亲属，是她的娘家"阿舅"。

③　关于葬礼中的"舅权"，还可参见李云霞《哈尼族丧葬礼仪中的舅权——以元阳县水沟脚村哈尼族多尼人为例》，《中南民族大学学报》2003 年第 2 期。

或担当母系向父系制过渡的黏合剂等问题。仅从笔者参与观察的两次葬礼来看，"阿舅"的指代是宽泛的，可以指当事人不同辈分①血缘男性亲属。在血缘男性亲属缺席的情况下，同姓家族中男性血亲，甚至姻亲男性都可以是"阿舅"。僾尼人有句俗话，"水渠不大，田地不宽；舅舅不远，家族不旺"。在僾尼人的葬礼中，女性是不允许直接主持祭祀活动的，而"阿舅"作为女性的代言人，却被推至极高的地位。在葬礼仪式中，女性角色在某些层面上的缺失，通过"阿舅"角色得到了补偿。

（二）宗教祭祀活动中的舅权

1. 舅舅见证立贝摩②

在僾尼山寨，贝摩③是很多祭祀活动的组织者和仪式的具体主持人。贝摩不是天生的，而是通过后天的学习形成的。而一个普通人要成为真正具有"法力"的贝摩，则必须经过舅舅的见证。

一个人如果生性好学，经过长年累月的"看"和"学"，就基本掌握贝摩应具备的知识和经验。之后，本着自愿的原则，经过专门的仪式（贝摩坐），就能成为贝摩。在举行正式的命名仪式之前，贝摩坐的人要备好酒、蛋等物品到自己的舅舅家，告诉舅舅自己要立贝摩了。舅舅得知外甥的来意后，用自家的黑棉布

---

① 不同辈分的舅舅：皮威（奶奶辈的娘舅）、炯威（妈妈辈的娘舅）、玛威（同辈的娘舅）。

② 门图：《西双版纳爱尼村寨文化》，中国文学出版社，2002，第19页。

③ 贝摩有大小之分，大贝摩叫批玛，小贝摩叫批然。大小贝摩的区别主要在于学识、经验和地位之间的差别。除了举行宗教祭祀活动外，贝摩还在结婚、贺新房、办丧事等活动中扮演主角，开展沙依依（唱古歌）、尼亚加（讲历史传说、民间故事）等活动。所以，贝摩同时又是僾尼人历史文化的传播者。此外，多数贝摩都具有丰富的医学知识，能行医治病。

缝一个大挎包（斐贪）送给外甥，外加一块铁。舅舅家再穷也要送出这两样东西，因为它们代表着舅舅给予外甥的福气。正式命名的当天早上，贝摩坐的人备好鸡和酒，带上舅舅给的铁，找到本村手艺好的铁匠。把鸡杀了献给铁匠，请铁匠用这块铁为自己打一把小尖刀、一把剁铲和一个双头铁钩。如果舅舅家太穷，给的铁不足以用来打制上述物品，贝摩坐的人就可以用自家的铁去打制，舅舅给的铁则打制成一个铁套圈，安在小尖刀的柄上。当这些东西打制好以后，贝摩坐的人亲自去把舅舅、寨主、族老、铁匠、大贝摩（自己的师傅）请到自己家中。届时，贝摩坐的人要杀一只鸡，先敬献给自己的舅舅吃。舅舅尝过鸡肉后，众人开始用餐。饭后，大贝摩亲手将刚打制好的双头钩挂到新贝摩床头的房墙上，把小尖刀和剁铲装入舅舅送的大挎包内，将挎包挂到铁钩上。这只挎包及里边所放的东西就是该贝摩今后主持祭祀仪式的必需品。至此，立贝摩的仪式全部结束，一个新的贝摩宣告诞生了。

2. **舅舅主持祭新谷子地神**

僾尼人如果想在原来的旧谷子地旁开辟一块新谷子地，就要举行祭新地仪式。当新地开垦出来后，主人家要去请来自家的舅舅，带上鸡和炊具来到这两块地的连接处。先烧起一堆火，支上锅，锅里盛上地里的水，杀鸡煮肉。与此同时，舅舅分别从旧谷子地和新谷子地里抓起一撮土揉碎，把新谷子地里的土撒到旧谷子地里，把旧谷子地里的土撒到新谷子地里。意思是，两块地从今以后就是两兄弟，彼此要团结和睦，多产粮食。待鸡肉煮熟以后，分别从鸡的头、脚、肝、翅膀、胸脯上各撕下一小片肉，由舅舅向两块地连接的地方抛撒。据说，这些肉是献给谷子地神吃的，以此求得地神的保佑，使今后播下的种子苗壮成长、喜获丰收。

祭谷子地神的第二天，主人家就可以开始播种谷物。当新谷子地里的谷子泛黄，即将开镰收割之际，主人家要再一次提上一只鸡，带上炊具，请舅舅一起来到新谷子地。舅舅要从地里掐几株成熟的谷穗，连同煮熟的少许鸡肉一起撒向地心，感谢保佑谷子丰收的地神，并请地神先尝。

3. 舅舅主持祭地神

僾尼人如果因在地里干活患了风湿病，久治不愈，病人家属便要捉上一对白公鸡或白母鸡，带上炊具，请上舅舅，到致病的那块地里杀吃。祭祀开始之前，舅舅要在地里仔细查看，并和病人家属仔细商量，判明致病东西的种类，可能是一块石头、一个树桩、一丛杂草，甚至是一群蚂蚁……确定致病因后，病人家属就在其附近烧起一堆火，用三截木头搭成一个三脚架，支上锅，锅内装入地里的水，将鸡肉煮熟。然后，分别从鸡的头、脚、翅膀、胸脯、肝等部位撕下一小块肉，放在致病物品上或附近，口中念着患者的名字，请神灵原谅患者无意间犯下的错误，网开一面，使其尽快恢复健康。按风俗，献给地神的鸡肉要当场吃完，煮肉用的柴火也不得带回家或另作他用，否则，不但不会得到神灵的原谅和保佑，反而得罪了神灵。

4. 舅舅主持祭地基神

僾尼人每年举行一次祭地基神的活动。僾尼人认为，每个家屋的地基都有一个神，地基神主管这个地基范围内所饲养的猪、牛、狗、鸡、鸭等家畜和家禽。倘若地基神和主人家的关系亲密融洽，这家的家畜和家禽就会兴旺发达，反之，家畜和家禽要么走失、要么病死，一辈子也发达不起来。而祭地基神就是改善主人和地基神关系的一种有效方法。与祭地神一样，祭地基神一定要请来舅舅。届时，主人家准备一甑糯米饭、两个鸡蛋。一个鸡蛋埋在楼下中柱根部，敬献给地基神吃，另一个敬献给舅舅。此外，主人还要准备两只白鸡（公母各一只）、姜、米等物。在楼下的中柱旁边，搭起三脚架，烧起柴火，把鸡宰杀，把鸡毛撒在中柱四周。待鸡肉煮熟后，找来一只大簸箕，把熟鸡、鸡蛋、糯米饭、姜等物放到簸箕上面，先由舅舅从鸡的头、脚、翅膀、胸脯和肝上各撕下少许肉，撒到中柱周围的地基上，请地基神先尝。然后，主人再与舅舅分食剩下的食物。

5. 舅舅招魂

灵魂，僾尼语为"约拉"，僾尼人笃信有"约拉"的存在，灵魂附于每个活着的人身上。自父母为婴儿杀鸡取名之日起，每个人就拥有了自己的灵魂，而且灵魂跟本人一样，知道自己的姓名，只是自己看不见而已。僾尼人认为，灵魂可以离开人体而独立存在，人死魂不灭，所以魂随时都有走失或迷途的可能性。

由舅舅主持的招魂仪式叫"拉库库"，意为叫回或召回被鬼魂吓跑的灵魂或胆子。它与贝摩或尼帕主持的招魂仪式相比，不仅起因不同、内容不同，叫法也不同。一般而言，某人在出远门途中，身处异乡突患疾病，且多方医治不见效果，在这种情况下，患者就会到贝摩或尼帕那里去问明病因。这时，贝摩或尼帕往往会惊讶地叫道："哎呀，你在外面受到鬼魂的惊吓，魂被吓跑了，胆子丢在外乡了。"僾尼人认为，在这种情况下，举行拉库库仪式就可以把病人的魂魄找回来。举行拉库库仪式之前，病人的家属要到舅舅家说明情况，并恳请舅舅前来主持招魂活动。当舅舅来到，主人家要准备一甑子糯米饭、一个鸡蛋、一只白鸡和一碗水。当糯米饭、鸡蛋等煮熟以后，先要喂给病人吃，并由舅舅送一件礼物给病人。病人如是女性，就送挂在脖子上的饰品，病人如为男性，就送银腰带，只有这样，外甥（女）才能得到舅舅的福气和庇佑。然后舅舅带领病人的亲属一直走到龙巴门外的交叉路口，舅舅拔出鸡毛、捏碎鸡蛋，连同米一起撒在路上。然后折身返回寨内，走一段，撒一回，边走边唱招魂歌，大意为：

　　　尊敬的鬼神啊／你们为何要吃我侄儿（女）的魂／是不是你们今年收成不好／还是我侄儿（女）得罪了你／若是你们没有吃的／我现在就送食物给你们／要是我侄儿（女）得罪了你／请你们宽宽心原谅他们／……善良的鬼神啊／求你们把我侄儿（女）的魂还给他（她）／保佑他们尽早恢复健康／①

　　傈尼人举行招魂活动时，也常常将姑妈等嫁出去的娘家女性亲属都请回来。这些亲戚来的时候，每个人要带一块白布和一个鸡蛋来。主人家至少要招待她们吃两顿饭。傈尼人常说："姑妈不来魂不会来，姐妹不来家境不会好"；"姑妈来了家底厚，姐妹来了家境旺。"② 叫魂曲里唱道：

　　　……来吧／快回来／慈爱的姑妈在叫你／亲爱的姐妹在叫你／敬爱的舅舅在叫你／同族的门宗在叫你／同龄的伙伴在叫你／邻居的好友在叫你／寨中的老人在叫你／叫你你要答应／喊你你要跟来／③

---

① 门图：《西双版纳爱尼村寨文化》，中国文学出版社，2002，第38～42页。
② 云南省民族事务委员会编《哈尼族文化大观》，云南民族出版社，1999，第132页。
③ 杨忠明：《西双版纳哈尼族简史》（内部资料），西双版纳州政协提案法制委员会，2004，第146页。

僾尼人有句俗话，"河坝不高瀑布不会长，舅舅不大外甥不会高"，这鲜明地体现了舅甥之间庇护与被庇护的关系。然而，在实际生活中，舅甥之间偶尔也会产生冲突。在舅甥之间的灵魂发生冲突的时候，年幼体弱的外甥通常是受害者，而这种冲突会直接影响外甥的成长。于是，僾尼人就有了一个叫作"委然陪"的招魂活动，意为"理顺舅舅和外甥之间的灵魂关系"。这种招魂活动主要针对10岁以下的孩子进行。届时，舅舅拿出两只鸡、两根带叶的金竹枝、一段白线。先将竹枝插于堂屋门两边，然后再把白线的两头拴在竹枝上。祭祀的时候，贝摩在堂屋念诵祭词，舅舅抱着孩子在门外静坐。待贝摩诵完祭词之后，舅舅背着外甥掐断拦在门口的白线进到堂屋，以此理顺舅甥之间的关系，以后就不会有隔阂。①

三　舅舅对外甥（女）的护佑

传统上，僾尼妇女婚后均采用"从夫居"模式，嫁出去的姑娘一般不再回到娘家，其名下的土地留在娘家，由父母实行再分配。21世纪初，茶叶生产和贸易所带来的丰厚利润不仅吸引着外乡姑娘嫁进南糯山，也召唤着一些早年嫁到外乡的妇女举家回迁。这些于20世纪八九十年代外嫁的妇女回来后无房无地，年迈的父母或已成家的兄弟姐妹也不便收留，她们只好租住寨子里的旧房子或租用闲置的山地，进行茶叶生产。此时，舅舅作为这些外嫁妇女娘家的权利代表，往往会担任返乡的外甥（女）的暂时庇护人，舅舅家也成为外甥（女）的庇护所。

---

① 参见云南省民族事务委员会编《哈尼族文化大观》，云南民族出版社，1999，第135页。

南糯山大巴拉寨的妇女克侬（44 岁）于 1985 年经舅舅介绍认识了参加修建 213 国道的云南保山籍青年。男方许诺家里有像样的房屋，生活条件好。从没有走出过大山的克侬欣然同意，带着少女对美好生活的梦想嫁到了保山一个偏僻的乡村。到保山后却发现男方家的情况和描述中有很大的出入，住房残破且土地短缺，田地里种植苞谷、烤烟、大麦等农作物，基本温饱都不能保证。婚后 2 年，克侬生下了 1 个女儿，但终日劳作也无法摆脱生活贫困。

女儿阿莱 10 岁那年（20 世纪 90 年代后期）得了一场重病，绝望中的克侬托人捎信回大巴拉寨寻求娘家人的帮助。当时克侬的大哥和二弟都已结婚，小妹也刚刚出嫁，分家后父母和二弟克索同住。克索是个聪明能干、心地善良的青年，妻子爬娥是村小组长的女儿。克索和妻子合计后，决定把外甥女阿莱（见图 2 - 1）接到家里来居住。爬娥通过父亲的帮忙，也为克侬夫妻俩在寨子不远处的团结桥附近找到了一个卖烧烤的摊位，一家人就此安定下来。小姑娘阿莱尽管只有 10 岁，但在僾尼人的眼里，10 岁的女孩不仅能帮助家里烧火做饭、照看弟妹，还能外出找猪草、喂猪放牛。舅舅家对阿莱来说，俨然成了自己的家。等阿莱长到 16 岁，便一心想和同龄的小伙伴一起到景洪城里打工，克侬夫妇不放心如花似玉的女儿到景洪那个现代化的花花世界里闯生活。阿莱便请头脑活络的舅舅和舅妈去说服父母，后来终于成行。

2007 年勐海南糯山的茶叶生产进入了全盛时期，克侬关闭了经营好几年的小烧烤摊，携夫回到大巴拉寨，租别人的房子住（50 元/月），采摘二弟克索家的茶叶。克索家的茶叶种植面积不断扩大，并开办了小型茶叶加工厂，自家茶叶供过于求，夫妻俩商议后决定让姐姐克侬采摘自己家的茶叶。爬娥说自家的茶叶太多，让克侬夫妇去摘，再扶持他们两三年也算有个交代。

图 2 - 1　随父母回到舅舅家的阿莱

　　2007 年，笔者在大巴拉寨做调查的时候，阿莱刚刚辞掉景洪城里的临时工作，回寨帮舅舅家采摘茶叶。阿莱在景洪的一家餐厅跳舞（当下时兴的歌舞伴餐），一个月包吃包住能挣 500 元钱，在前一段时间算是不错的工作，阿莱从心底里十分感谢舅舅和舅妈。从 2006 年年底开始，南糯山的茶叶价格猛涨，阿莱毅然辞去工作，回寨采摘茶叶。这时克索家的经济情况已经大为好转，阿莱也有了自己单独的一间小屋，吃穿住行和舅舅家浑然一体。初到大巴拉寨时，笔者还以为阿莱就是克索的女儿。

　　和其他同龄的女孩一样，阿莱是不情愿一辈子靠黄土地过活的，外面的世界对她有着巨大的诱惑。看到同村同龄的姐妹到浙江打工，为自己的母亲带回金银首饰和漂亮的衣服，自己也穿着光鲜，阿莱十分羡慕，向父母提出也要到浙江打工。在一次饭后闲聊中，阿莱告诉笔者在浙江工作一天就可以赚几千元，甚至上万元，笔者吓了一跳！老实巴交的克侬夫妇听了女儿对浙江的富裕生活的描述后，一时拿不定主意，便把心里的想法告诉了克索夫妇。克索做茶叶生意时曾同村里的几个男人去过北京考察，又随笔者来过昆明，算是见过大世面的人。身为舅舅，他为外甥女拿了主意：暂时不去浙江，可以到自家的茶叶加工厂工作。阿莱聪明美丽，初中毕业，可以跑外销，也可以介绍茶叶商来加工厂买茶叶。阿莱到浙江打工一事就此告一段落。

"舅权"作为僾尼人传统文化中一个重要的文化事项，是许多文化因子的集结体，它的影响力和威慑力贯穿了僾尼人宗教礼仪和生产生活的很多层面。"舅权"不仅是僾尼人人生礼仪——出生、嫁娶、死亡等周期中的重要角色，也是僾尼人五谷丰登、家庭兴旺、灵魂平安的保护神。在笔者看来，行使"舅权"的虽为男子，但它体现的是女性或女性家族的权利，也可以说，它是女性权利在父系社会中的一种符合规范的、迂回但坚强的表达。这种表达方式既符合父系制社会结构和社会权利的要求，又达成了传统文化中"磨盘双合"社会性别关系的既定期望。社会性别作为一种制度文化，应用其特有的文化调适和补偿机制，使男女两性在所生所长的文化背景中达成一种动态和多样的平衡。

第二节　尼帕——女性性别角色的凸显

关于僾尼宗教神职人员"尼帕"的论述和研究在文献资料中不多见，可能是由于对"尼帕"这一现象的地域性、功能性和政策性限制。就地域限制而言，"尼帕"仅存在于西双版纳哈尼族的僾尼支系中，有人认为对它的研究可能会缺乏普遍意义，价值不大；就功能性限制而言，前期数量有限的研究表明，和僾尼人其他宗教神职人员，如贝摩、嘴玛相比，尼帕的地位和作用相对低下，在传统文化中处于边缘地位，对它的研究也就不是十分必要；就政策性限制而言，自20世纪50年代起，尼帕"跳神"被当地政府作为封建迷信禁止了近30年，直到80年代初"解禁"后才逐步恢复，这也是相关研究资料匮乏的原因之一。然而，笔者在西双版纳南糯山僾尼地区的田野调查却表明，"尼帕"活动完全不是某些学者所定义的"边缘"和"次要"，而是僾尼人精神生活中不可或缺的重要部分，"尼帕"本人在社会中也受到普遍尊重。在科学技术高速发展，物质生活日渐丰富的今天，"尼帕"作为一种民间宗教和精神生活的代言人，在僾尼社会中仍然扮演着十分重要的角色。"尼帕"这一神职身份多为妇女担当，这对认识僾尼文化中女性角色的地位与取向是至关重要的。更为重要的是，在崇尚"磨盘双合"社会性别关系的僾尼文化中，"尼帕"的女性身份对其他领域中多以男性作为神职人员的现象而言，具有重要的文化补偿作用。

一 贝摩与尼帕的分工合作

僾尼人的宗教神职人员包括嘴玛、贝摩、尼帕三种。嘴玛既是民间管理村寨事务的寨主，也负责主持村社祭祀；贝摩专事打鬼驱魂，主持丧葬，引导亡灵归返祖先居地；尼帕专为凡人撵鬼治病。[①] 嘴玛和贝摩一般由男性担任，尼帕则通常由女性担任。

美国人类学家格朗菲尔德认为：贝摩是教师式的头人，是哈

---

① 杨万智：《巫师的魔障——哈尼族尼帕行巫心理分析》，《云南师范大学学报》1991年第2期。

尼族社会生活中类似基督教的"牧师"、伊斯兰教的"阿訇"、佛教的"佛爷"等神职人员。贝摩的主要职责是给村民精神方面的治疗和帮助，以召唤走上邪路的灵魂走回正道，以此来祈求神灵和祖先帮助病人恢复健康（见图2－2）。然而，贝摩的解救仪式必须有一个前提，即要先弄清起因，如病人的灵魂走上了邪道，到哪里去了？是被祖先收走了还是被鬼摄走了？不清楚灵魂的去处，他就无法进行"招魂"。于是应运而生了神职人员"尼帕"。

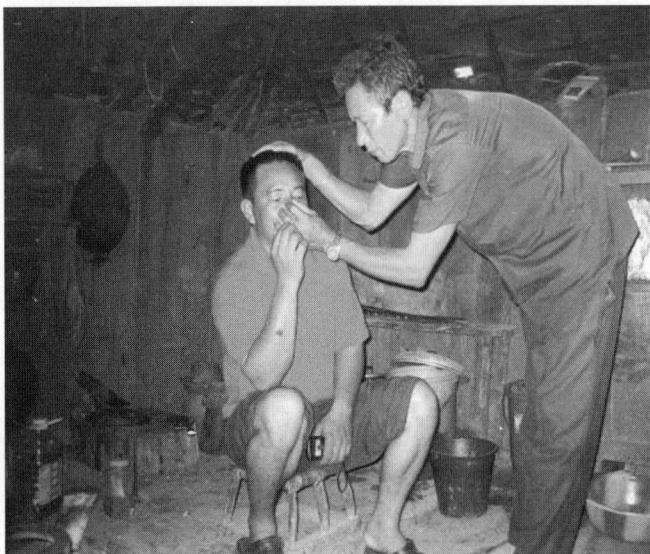

图2－2　贝摩行医

尼帕首先要详细听取病人的病症或所遭受的灾难，然后通过"跳神"，即又唱又跳的神游方式，向祖先（尤指女性祖先阿匹梅烟①）汇报凡人的痛苦与灾难，向她询问病因或灾难的根源。得到神的明示后，再告知病人，并让病人请贝摩为其作法，驱赶

――――――――――――

① 有关傣尼女性始祖"阿匹梅烟"的论述，详见"导论"的第五部分。

鬼怪，求得健康与平安。由于贝摩和尼帕各自所掌控的领域和行使法力的形式不同，从理论上讲有严格的分工，但现实生活中，他们之间的区别仍只是大致的划分，各自操行的巫事范围也不甚分明。尼帕也行驱魂之事，贝摩也负撵鬼之责。因此，常可看到贝摩、尼帕同持一事的情况。①

在西双版纳南糯山的田野工作期间，笔者走访过好几位尼帕，她们通神的"法力"远近闻名。据僾尼人介绍，尼帕与贝摩的最大区别在于，她们能够通过"顿悟"和"神游"的方式进入另一个精神世界，并与祖先和神灵进行面对面地交流。她们在人与神之间搭建了一座桥梁，她们向神报告人间的灾难，又把神的意旨传达给人类，这种作为与僾尼人的万物有灵和祖先崇拜的世界观和宗教观不谋而合。

在为病人探求病痛的根源，提供医治心灵良方的过程中，贝摩和尼帕这两类神职人员在传统分工中处于对偶与合作的位置上。尼帕的职责是通过与祖先的直接交流，让祖先指点病人的病因，从而为病人找到灵魂的去处。而贝摩则是在尼帕道明病人灵魂去处的基础上，举行祭祀活动，召唤魂灵快快回家。而就他们所司的宗教活动的功能和作用而言，尼帕和贝摩的社会地位相当，他们在僾尼人社会生活中普遍受到尊重。"因为他们非凡的记忆力和准确无误的背诵使得祖先崇拜的教义、教规代代相传，并在实践中得到不断的补充和更新，形成了具有深刻哲理内容的法典。"② 贝摩和尼帕分工不同，发挥的作用不同，呈现出"对

---

① 杨万智：《巫师的魔障——哈尼族尼帕行巫心理分析》，《云南师范大学学报》1991 年第 2 期。
② 杨忠明：《西双版纳哈尼族简史》（内部资料），西双版纳州政协提案法制委员会，2004，第 157 页。

偶"的态势，他们的角色却互为补充，相关的宗教祭祀、招魂跳神的活动须得他们的通力合作才能成功，此时又呈现出"双合"的态势。

二　只有女人才能当尼帕

（一）只有女人才能当尼帕

西双版纳僾尼支系的尼帕共分为吴安、吴烟、吴山三支。按照父子连名方式，再加上自己所属的支派与神祖相连，取有安有、烟山、山拥等尼帕专用神名。不同的尼帕支派又都认一位叫作"娘依阿玛"的女性神灵为统领。尼帕中还传说，今天尼帕的肉身皆为天界神灵所变。每个尼帕在天界另有一方居所和丈夫，在那里也具有与凡人相同的饮食生活。尼帕如果不遵循天神娘依阿玛的旨意行巫，她在天界的居室将随即消失。尼帕们认为，她们巫技的优劣主要在于各自领受神意的程度和代神行事的个人能力方面。她们说，每个尼帕使用的巫技都是独到的。同样的咒语、巫舞和药方，换一个尼帕使用即不奏效。[①]

尼帕通常由妇女担任，偶有男性尼帕，但数量极少。半坡老寨的尼帕叫皮作，男，81岁。年轻的时候是南糯山最有名的尼帕。获得真身前，是一个堂堂男儿，一次久病之后得到神示，成为尼帕。成为尼帕后，举手投足"却像个十足女人。女人织的布不如他的均匀，绣的花不如他的美丽"。每年远近的僾尼寨子都有很多人家请他去"跳神"，收到的白布（回报）有几十米长。皮作先后收了好几名男孩做徒弟，但终未练成。

---

① 杨万智：《巫师的魔障——哈尼族尼帕行巫心理分析》，《云南师范大学学报》1991年第2期。

这是一个极富文化蕴意的案例。在僾尼文化中，贝摩由男性担任，而尼帕由女性担任，这是特定社会性别关系所期望的男女角色。如果性别角色发生倒错，作为一种制度文化的社会性别关系必定要进行干预。这种干预行为可以分为外部强制性行为，如对带孕结婚的"麻瑶"女子的惩罚（详见第一章第一节）和内部教育行为。笔者认为，皮作由男人变为具有女性特征的"尼帕"就属于后者。"尼帕由女性担任"作为一种性别角色取向具有文化教育功能，它用潜移默化的方式提醒着、教育着、告诫着置身于这种文化模式中的人们，什么才是规范的、什么才是文化所认可的、什么才是僾尼人的"礼"。因此，为了满足文化对"尼帕"性别的要求，皮作才"变成"了女人。

（二）尼帕获得"真身"

在本章的第一节中讨论过，一个凡人要成为"贝摩"需要通过潜心的学习与长期的实践，而且必须有舅舅的见证。那么，"尼帕"是如何形成的呢？她的"法力"是以怎样的方式呈现出来的呢？

自 20 世纪 50 年代起，西双版纳尼帕的"跳神"活动被政府禁止了近 30 年。80 年代初逐步恢复，其活动日趋活跃。南糯山现有 28 个寨子，约 4800 人，共有尼帕 8 人。赶达寨 1 人，水河寨 1 人，大巴拉寨 1 人，姑娘寨 1 人，半坡老寨 1 人，向阳寨 1 人，苏湖寨 1 人，石头新寨 1 人。其中，7 人为女性，1 人为男性（半坡老寨的皮作）。每名尼帕在获得真身之前，都有一番传奇的故事。①

---

① 有关尼帕如何获得真身的田野案例，还可参见张宁《一个僾尼"尼帕"的传奇》，《今日民族》2002 年第 3 期。

赶达寨的尼帕米酒，女，63 岁。在成为尼帕之前，身体一直不好，常有头疼脑热的毛病。33 岁那年，到医院做胆囊切除手术后，健康状况每况愈下。后来，在一次梦寐中偶得神示，成为尼帕，获得了用刀驱鬼的"神力"。为了使自己的技艺得到进一步提高，曾到很远的地方拜过一位师傅。师傅为她进行过三次"修身"，每次持续一天一夜。其间，尼帕只能以少量芝麻汤圆为食。虽然拜师学艺的过程很辛苦，但米酒的技艺提高很大，后来成为远近闻名的尼帕。米酒告诉笔者，不少外面的人（人类学者）都去采访过她，希望亲眼看见她"跳神"的过程。米酒也抱怨说："他们要我表演'跳神'，这个事很辛苦。再说，真的事情怎么能演呢！"

大巴拉寨的尼帕俗名米妮，法号耶巴。米妮回忆她成为尼帕的经过：1983 年，公公帕都去世的第二天早上，丈夫和寨子里的其他男人去山上砍棺材树，她背着小女儿和家族里的女人们去村头接树。不知怎么的，自己突然昏死在田里，寨子里的人连忙把她抬回来（目击证人证实了这一说法）。她昏睡了一天一夜之后，突然醒来，从此看得见鬼神，可以传达鬼神的旨意，可以为人看病、消灾。为了获得尼帕的法器之一"小尖刀"，她专程回到娘家布嘎寨请寨子里有名的铁匠为其制作。刀制好带回大巴拉寨后，尼帕把它留在一户干净的人家（儿女双全，无偷盗等罪行），管这家的男主人叫"爹"。随后，她把全寨子的亲戚叫拢来。大家送来鸡、蛋、米，去林子里打来各式鸟儿，杀了两头猪，据说是庆祝尼帕和地下的神灵丈夫结为夫妻，她神灵丈夫的法号叫尼彪。该男子虽然在凡人的眼里无影无形，却能够陪伴在尼帕左右，扶持她、协助她，和她一同架起神与人之间沟通和交流的桥梁。从此，尼帕正式具有了"通神"的巫力（见图 2 - 3）。

图 2 - 3 尼帕

三 跳神"通灵"

以下是笔者于 2008 年 8 月在大巴拉寨观察到的一次尼帕"跳神"的情况。

事情的起因：黄姓老人学爬和二儿子黑二同住。二儿子膝下一儿一女，儿子三优（14 岁）非常顽皮，常常惹是生非。一个月前因和邻家的孩子斗嘴打架，被父母严厉训斥并体罚。随后一段时间出现了睡眠不好、吃饭不香等症状，夜间常常从噩梦中惊醒。大家都说孩子的魂被吓跑了。学爬便和妻子飘沙商量请尼帕来"跳神"，占卜吉凶，消灾除难。请尼帕的过程分为"三请"，"一请"说明求助原因；"二请"确定跳神时间，备齐用品；"三请"引领尼帕来到家里，进行相关准备。

"一请"。"跳神"头一天的晚饭后，飘沙带上一瓶自酿白酒，到尼帕家说明缘由，恳请尼帕第二天到家里"跳神"。请尼

155

帕的过程是轻松随意的，就如同邻居串门一样。飘沙和尼帕围着火塘坐着，时不时从小酒杯里啜一小口酒，唠着家常（见图2-4）。飘沙详细说明了三优近期的症状及家人的种种猜测，尼帕也不经意地问上几个问题，如孩子在什么情况下会显得坐立不安，夜里的噩梦大多是什么内容，等等。请尼帕的过程持续了近两个小时。如果受助人或病人与尼帕是同寨，受助人会先从侧面打听尼帕近来有无特殊安排，这样一来，"跳神"的时间就能安排得比较紧凑。如果受助人来自较远的寨子，又碰巧遇上尼帕另有安排，"跳神"的周期可能就会长一些。

"二请"。第二天早饭后，飘沙再次来到尼帕家，用背篓背来"跳神"所需物品：一瓶酒、一包草烟、一包盐巴、一包茶叶、一包姜块。一只母鸡和一双军用胶靴是给尼帕的酬劳。飘沙为尼帕斟满酒杯，在火塘边静静地等候着，不急不躁。尼帕在女室里忙碌着，细心地整理着自己的全套傻尼服装。约半个小时后，尼帕打扮完毕。接着，尼帕从一个木箱里小心翼翼而又郑重地拿出专用的跳神法器：一块1米见方的大红丝绒毯子，两把黑纸扇，手柄上缀着绒线编的花束和两个小铃铛，还有一把50厘米左右长的小尖刀。尼帕仔细整理着这些用品，轻轻掸去上面的灰尘，一一放进一个专用的黑色挎包中。见尼帕收拾停当，飘沙又往小酒杯里加了些酒，恭谨地递上，并约定了晚上来请的时间。

"三请"。下午5时许，飘沙携同二儿媳（三优的母亲）和三儿媳第三次来到尼帕家。尼帕把备好的"跳神"用品装在背篓里，交给飘沙。从尼帕家出来的一行4人中，飘沙走在最前面，背挎着那个背篓，尼帕走在第二个，后面跟着飘沙的两个儿媳。尼帕家和飘沙家也就相隔几十米，早已等候在门口的黄家人热情地把尼帕迎进屋子，递茶递酒，招呼她坐下。等尼帕坐定，

三优的父亲抱来一只母鸡，让尼帕过目，确定是否合适用于
"跳神"。尼帕仔细查看，摸摸鸡头，默念几句，表示同意。此
次活动除祭祀用的母鸡外，三优家另备了两只鸡，分别用于当日
晚餐和仪式完成后给尼帕带回家。

图2-4　请尼帕

在接下来的"跳神"过程中，尼帕逐渐从凡人变得"通
灵"，从清醒进入神游，由理智转为迷狂。"跳神"过程可分为
"找神"、"求神"、"通神"、"找魂"、"撵鬼"和"叫魂"等几
个阶段。

"找神"。晚上9时20分，"跳神"仪式正式开始。飘沙在
客厅的一角铺开了一方红色的地毯，角落上整齐地摆放着一套铺
盖。尼帕携带法器正式入座，飘沙递过去一碗清水，尼帕净脸，
所有人静静地围坐在红地毯周围。尼帕手持一只活母鸡，轻轻抚
摸着它的头，嘴里念念有词，说道："三优病了，他的魂魄走失
了。神鸡啊，你有最亮的眼睛，你有最灵的耳朵，你可以看得

见，你可以听得见。你带我去看看，你带我去找找，找到能帮助我们的神，问问有什么灾，看看有什么难……让孩子的魂魄回家来，从此黄家大小平平安安。"尼帕挪到铺盖上坐定，周围摆放着"跳神"用品：一只用芭蕉叶包裹的熟鸡、9 粒用芭蕉叶包裹的汤圆、一个鸡蛋、一小堆米粒。尼帕手持一个斟满白酒的小碗，一边用中指蘸酒弹向空中，一边哼唱道："最乖的孩子三优被爹妈打骂，魂魄也被打跑了。一打雷，孩子就会被吓到，常常做噩梦，一定是魂魄不在身上了。神啊，今天我牵着神鸡来见你，请你命令鬼魂快快放开孩子的魂魄，我宁愿用神鸡来交换……"

"求神"。唱罢一个段落，尼帕坐直身子，左右手各持一把黑扇。手中的扇子有节奏地抖动着，扇坠上的小铃铛发出悦耳的声响，尼帕跟着节奏唱道："伟大的女神阿匹梅烟，请你赶快现身，帮帮我们可怜的孩子，帮他找回丢失的魂魄……"这个环节的活动为整个仪式活动中最有特色的一部分，歌唱的主要内容为颂扬女神阿匹梅烟的功德，虔诚地恳请她指点找寻孩子魂魄的道路。尼帕的舞蹈形式随着所哼唱内容有较大变化：从坐着慢慢叙述开始，转为手持黑扇热切恳求，再到起身持扇，边舞边唱。脚步由轻微移动到疾速跳跃，手脚配合极为灵巧，速度由缓而急，直至大汗淋漓。哼唱的音调高低起伏，连绵不绝，由娓娓道来直至撕心裂肺，浑身战栗……飘沙见状，忙不迭地带着感激之情递上雪白的毛巾。此时的尼帕已是汗水直流，声音嘶哑，筋疲力尽。在尼帕休息的间隙，黄家男性子嗣由长到幼依次上前向尼帕的小酒碗内添酒并递上茶水，神情极为虔诚。接着，黄姓女性子嗣和姻亲也一一上前添酒。

"通神"。唱罢一个段落，尼帕从随身的挎包里拿出一种叫

"百香"（汉语俗名"打不死"）的淡黄色花朵戴在耳边的发髻上，在地毯中央坐定，腿上覆盖着法器——大红色丝绒毯。这种淡黄色的花朵在"跳神"的第二天要分发给黄姓家的女孩戴在头上，作为辟邪之用。尼帕经过第二个环节的苦苦哀求、虔诚祈祷，终于见到了"神"。这个人并不是傻尼女神阿匹梅烟，而是学爬过世多年的母亲，即三优的老祖母。在一个神秘世界里，"老祖母"向尼帕诉说着养育孩子的不易和操持家庭的辛苦。"老祖母"和尼帕一问一答，讲到伤心处，尼帕失声痛哭，雪白的毛巾揩不干她的泪水，在场的人无不为之动容，抽泣声、叹息声弥漫在整个屋子里。……"老祖母"告诉尼帕，"恶鬼"在儿子学爬家躲藏已经有些时日了。前年学爬起新房的时候请了不干净的人来做客，带来了不好的鬼神，但没有及时清除。后来学爬生病就是个例证，因为有个恶鬼缠住了他，让他的魂魄迷失了方向。后来三优的爹又请了一些不干净人来家里，恶果就报应在三优身上。现在三优的魂魄分住在两个地方——地下和天上。现在要做的事是用一只神鸡把三优的魂魄叫回来，撵去鬼神，全家人才得平安。至此，尼帕从"神"那里领悟了玄机，她长舒了一口气。

　　"找魂"。尼帕按照"老祖母"的指点，带着神鸡上路去找魂魄。路途上见到了各式各样的鬼，鬼告诉她，孩子的魂魄不可能被轻易放回来，必须找另外一个男孩去交换。尼帕非常着急，满头大汗。就在这时，"老祖母"又现身了，告诉尼帕说，再往前走，会遇到一个聋哑的男孩，他会帮忙换回三优的魂魄。尼帕按照"老祖母"的指点，继续往前走，果真遇见了一个聋哑男孩。尼帕向"男孩"叙述了事情的经过，请求他帮忙。作为答谢，尼帕从身旁的背箩里依次拿出了黄家事先准备的礼品：一块约 1 米长的白布、一只熟鸡、一瓶酒、一包草烟、一包盐巴、一包茶叶、一包姜块（这些礼品实际上为一式两份的，一份"招魂"用，另一份由尼帕带回家）。这些物品中，除了白布之外，均为僾尼人日常节日或祭祀用品。白布是病人家的妇女亲手制成的，宽约 50 厘米，长度则根据不同的场合裁剪。据尼帕说，这个男孩不仅聋哑，还全身赤裸，非常饥饿。白布就是送给男孩的裤子。尼帕手持白布，面对"男孩"不停地比画，一会儿往长处拉拉，一会儿往宽处拽拽，最后满意地点点头，表示裤子的大小正好合适。接着，尼帕向"男孩"一一点明病人家准备的物品，祝愿他吃饱喝好，恳请他带自己去见三优的魂魄。……聋哑男孩告诉尼帕，三优的魂魄已经被分为两半，一半在天上，一半在地下。尼帕听罢，又喜又忧，喜的是得知了三优魂魄的下落，忧的是不知怎样才能营救孩子。"男孩"唤来了一头老牛，叫尼帕骑上牛背，带上小尖刀，上天入地去找孩子的魂魄。至此，尼帕一直处于神游状态，脸上的表情和身体的动作随着故事的曲折发展不停地变化着。这时，尼帕向空中挥舞着她的法器"小尖刀"，好像在劈开挡道的荆棘，撵走挡道的恶鬼……，双腿不停地抖动，腰部也随着腿部的节奏上下扭动，好像骑在老牛的背上一样……，嘴里哼唱着，声音忽高忽低、忽快忽慢，大意是说："天好高呀，路好长呀，……路走了一半，三优的魂魄找到了；地好黑呀，路好长呀，……下到第二层，没有闻到人味，下到第六层，闻到人味了，哦……三优的魂魄就在第九层……"

"撵鬼"。在接下来的一个小时里，尼帕用她的法器"黑扇"和"小尖刀"为病人家撵鬼。她的脚步踏遍了病人家的每一个角落，她的咒词吓跑了躲藏在病人家的恶鬼……等一切做毕，天已经微微亮了。尼帕已经声嘶力竭、筋疲力尽。病人的家属对她感激涕零，为她献上洁白的毛巾、热腾腾的食物。尼帕向飘沙详细说明了天亮后"叫魂"的步骤和需要注意的事项。

"叫魂"。天亮以后，三优的奶奶飘沙带着一家老少来到村尾，按照尼帕的指点，把酒和茶水泼在地上，把其他食物撒在四周，嘴里热切地低声呼叫三优的魂魄快快回家。最后，飘沙把剩下的食物分发给在场的黄家妇女，让她们带回去与家人分食，并请各家中的老人为小辈拴线（用自制的蓝色、白色棉线拴在手腕上。"拴线"仪式在每次祭祀活动或节日之末都会举行，以求平安）。

尼帕的"跳神"从"请"至"跳"到最后的"叫魂"，整个仪式持续了两天，尼帕的"跳神"更是长达 10 个小时。[①] 后来，三优的症状果然有所好转。见笔者半信半疑，飘沙告诉笔者尼帕的"跳神"真的很灵。她的名气很大，十里八乡的僾尼人都会来找她看，有的是老人病了，有的是牛丢了，有的是魂魄走失了，有的是魔鬼附身了……

随着现代化进程的加快和商品经济意识的深入，南糯山僾尼村寨内部的公共祭祀活动的规模和数量日益变小和变少。但是，人们对精神慰藉方面的需求有增无减。由女性担当的尼帕在现实生活中有逐渐压倒甚至取代贝摩的趋势。在笔者走访的多个僾尼寨子中，每个月都会有两三起请尼帕跳神的案例，尼帕在很多村寨中已经基本取代了贝摩的位置，频繁地出现在诸如出生、结婚、下新房、丧葬等仪式中。

---

① 尼帕跳神的田野案例还可参见 F. V. 格朗菲尔德《泰国密林中的游迁者——阿卡人》，刘彭陶译，载云南省民族研究所编《民族研究译丛》第 5 辑，1987，第 1~108 页。

本章小结

在传统的僾尼社会中，社会结构和社会分层规范了处于社会性别关系网中的男女两性不同的性别角色。作为父系制社会，出现"在哈尼族社会中，大事小情无一不被男性所操控"的现象不足为怪。这种所谓的"男性主导"现象在某种程度上与僾尼人思想意识形态中所崇尚的"磨盘双合"出现了分离。然而，这种现象既没有与该民族的"磨盘双合"社会性别关系相悖，也不能说明父系制社会的既定行为规范和"磨盘双合"的社会性别关系发生根本性抵触。实际上，社会性别关系通过灵活、多元的调节和补偿机制，凸显了该关系结构中的女性身份、角色与功能，继而对"磨盘双合"性别模式进行多层次的维护与传承。

第三章　传统农耕文化中的磨盘双合

　　前面两个章节从僾尼人的神话古歌、人生礼仪、舅权与尼帕等文化事项探讨了"磨盘双合"社会性别关系在其原始思维结构和意识形态领域的体现和表达。研究发现，"磨盘双合"的社会性别理念不仅弥漫于僾尼人意识形态领域的诸多层面，也作为一种精神引领和价值导向，指导、规范、制约着置身于该文化系统中的人们的行为。这种性别关系模式一方面在礼仪习俗等方面得以体现、强化与传承，另一方面也充分发挥其在维护社会稳定、传扬文化传统方面的制度性功能。然而，这种精神领域的核心价值观不会是空穴来风，更不会是凌驾于物质基础之上的一种虚无主义。它的产生、发展、变化与其所处的自然和文化环境息息相关。换句话说，"磨盘双合"的社会性别关系是一种深深扎根于当地特有的自然生态环境和物质生产条件之中的，具有鲜明地域特征和文化特征的性别关系模式。

　　僾尼人历史上是一个以土地为生存根本的民族，他们伴山而居、依山而作。他们把土地视为生命，将生活的全部希望寄予土地之上，对生于斯长于斯的土地怀有虔诚与敬畏之心。他们从土地中汲取了赖以生存的资源和养分，并在长期的劳动过程中，创造、实践并发展了独具特色的土地资源利用的本土知识。稻作文化作为僾尼文化的精髓部分，既是其文化的坚实物质基础，也生动地体现着并有效地传扬着僾尼人世代所奉行和遵从的、由土地利用方式而衍生的价值观念和行为准则。其中，人与自然和谐相处的思想观念恰切地反映了僾尼人对自然的认识，而两性社会角色的对偶与合作则是僾尼人在与自然博弈与合作的过程中，对自身能力和潜力进行阐释与挖掘的典型范例。

据此，本章以僾尼人传统农耕文化中的稻作农耕礼仪和传统农业生计活动为切入点，探讨该民族"磨盘双合"社会性别关系的物质基础以及它在物质层面上的体现和表达。

第一节　稻作农耕祭祀礼仪中的"相辅相成"

> 吉祥的"龙卡然咀"（女寨门神），威严的"龙卡然优"（男寨门神）；你们是寨子的卫士，你们是寨子的眼睛；你们有无比的神力，你们有非凡的智慧；你们替嘴玛守寨门，你们保山寨驱鬼神；因为有你们人畜才会兴旺，因为有你们五谷才会丰登。
>
> ——"立寨门祭词"

稻作农耕礼仪是僾尼人传统农耕文化得以延续和传承的重要载体之一。在传统的农耕礼仪中，农耕礼仪和农耕活动紧密相连，仪式举行的当日既是世俗的欢乐节日，又是农耕活动进入不同阶段的标志。也可以说，农耕礼仪活动既是节日活动的主要内容，又是传承农耕文化的主要手段。人们将对土地的热爱、对村泰民安的祈福、对五谷丰登的期望融入古老而神圣的礼仪中，使得这些祭祀活动成为农耕文化传统的重要表征。在这些活动中，男人和女人作为活动的主持者与参与者，积极实践着僾尼传统文化所宣扬的"磨盘双合"性别关系。

一 物候历及相关祭祀活动

作为传统的山地民族，僾尼人的生存和发展与大山紧密相连。在长期的生产实践中，他们逐渐熟悉并"摸透"了大山的脾气，懂得了在现有的条件下，如何更合理有效地利用独特的自然资源，并由此而研发了一系列顺应自然的生产和生活方式。为了适应早期"刀耕火种"的游耕和后来"水田稻作"固定农业的需要，僾尼祖先总结并完善了一整套以物候特征为标志的"物候历法"①。这一套以十二属相为特征的"记年法"和"记日法"，为僾尼人掌握节令并安排农事活动提供了科学依据。僾尼人以当地的自然条件、季节更迭、作物四季生长特征（生根、开花、结籽）以及候鸟的迁徙为参照物，将一年分为三季：残岗（冷季）、弓南（暖季）和烟岗（雨季）。一年 12 个月，每 4 个月为一个季度，每月为 30 天，年终加 5 天。阳历 11 月至次年 2 月为"残岗"，3 月至 6 月为"弓南"，7 月至 10 月为"烟岗"。每个季节和每个月都有各自对应的气候、物候特征、农事生产的重点和主要的节日及祭祀。而农耕祭祀礼仪活动作为具体农事活动始终的标志，又与节日庆典活动紧密地糅合在一起。

---

① 哈尼族的"物候历"可参见白宇《哈尼族历法概论》，载红河哈尼族彝族自治州民族语文古籍研究所编《红河民族语文古籍研究》，1987 年第 1~2 期。

"残岗"对应的现行农历为"十月"、"冬月"、"腊月"和"正月"。每个月的气候、物候特征如下:"十月"气温下降、雨水稀少、树木落叶、花草枯萎,牛羊须从放牧地赶回家中过夜,大部分的农作物已经收割完毕;"冬月"冷空气逼向河谷,日照短,高山峡谷夜间降霜,麻栗树叶、野樱桃树叶落尽,山箐里的雪末(一种植物)开始抽苞开花;"腊月"山谷云雾弥漫,高山峡谷的背阴地积霜积雪,迎春花打苞、野樱花开放,鸟不叫、虫不鸣,万山空寂;"正月"气温开始回升,雾气日渐散开,橄榄掉地,攀枝花开放,杨柳吐芽,燕子翻飞。

"弓南"对应的现行农历为"二月"、"三月"、"四月"和"五月"。每个月的气候、物候特征如下:"二月"西南季风渐起,气温日渐转暖,雨水稀少,河水日渐减少,树木发芽,桃花、梨花开放,布谷催春,家畜进入繁殖期;"三月"零星降雨,西南季风渐强,桃花飘落,福奴阿叶(染饭花)花开,红腹锦鸡鸣唤山谷,农忙季节开始;"四月"气温渐高,雨水明显增加,黄泡(一种野果)熟了,杜鹃花开;"五月"雨水增多,河水暴涨,竹笋开始冒土,山花烂漫,蜂飞蝶忙。

"烟岗"对应的现行农历为"六月"、"七月"、"八月"和"九月"。每个月气候、物候特征如下:"六月"雨季到来,电闪雷鸣,稻谷抽节、打苞,蝉声不绝于耳;"七月"气温升高,降雨频繁,漫山遍野长出吃不完的蘑菇;"八月"棉花炸果吐蕊,高粱弯腰,向日葵不望着太阳转了,河水暴涨击石轰鸣;"九月"西南季风渐弱,雨水减少,气温渐低,候鸟南飞。

表3-1以西双版纳優尼人"刀耕火种"的传统农业生产方式为例,具体说明相应的物候历法、传统农事活动、农耕礼仪及人员参与情况。

表 3 – 1 "刀耕火种"物候历法、传统农事活动、农耕礼仪及人员参与情况

物候历法	含义	农事活动 农耕礼仪	对农事及礼仪的本土阐释	人员参与情况
十月红秀	辞旧迎新	一年农事的结束,新一年的开始。嘎汤帕节	嘎汤帕节是僾尼人的新年,是辞旧迎新的日子。过节的时候,也是清算年终账的时候,过去一年的恩恩怨怨就此勾销。过节的时候还是走亲访友的好日子。源自父亲血统的人是自己的兄弟姐妹,源自母亲血统的人也是自己的兄弟姐妹。在走亲访友的日子里,父亲这边的亲戚不能忘,母亲这边的亲戚也不能忘	每家每户由男女家长带领,走亲访友。男女家长要亲自上门邀请双方的长辈老人到家里做客,届时以丰盛的食物款待
冬月贝惹	万物枯死	农闲。结婚,下新房	万物枯死,了无生机,连箐沟边的苦凉菜也枯死了。昆虫也不见了,它们都休眠了。砍柴的妇女如果不用刀砍就不知道这棵树是生还是死。天上冷冰冰,地上凉飕飕,贝惹天是农闲天。阿爸想着盖新房,阿妈想着嫁女儿	家中男性家长备料盖新房;女性家长张罗儿女婚事
腊月才沃	新春万物苏醒	号地,一年农事的开始。竖龙巴门	男人背着刀出去号地:"我不知道这片林子大不大、密不密、水源好不好。听见麂和野鸡的叫声,我就选下了这块地。能够用锄和刀开发的地就是我们可以种庄稼的地。"修埂铲埂,织布纺线	男性家长带领15岁以上的儿子去选地、号地;女性家长带领成年女儿在家纺线织布
正月趁拉	橄榄掉地,攀枝花开	砍地	山清水秀风光美,农户开始忙备耕,歇田歇地干活欢。修理农具,备耕备种	家庭中所有男女劳力参加砍地;举行祭祀"土地神"活动
二月南拉	万物生根,樱花开放	烧地,清地备耕。活舍阿培节	打破碗花开时,天空最蔚蓝,阳光最灿烂。我们祖先定下的烧火的时间到了	烧地时,男女参加;盖工棚,男女参加;清地时,男女参加。活舍阿培节:女人到祖宗泉汲取圣水,男人主持祭祀;女人春响脚碓,男人敲响竹筒

物候历法	含义	农事活动农耕礼仪	对农事及礼仪的本土阐释	人员参与情况
三月搓拉	播种	开播。欠开节,布迭扎朗节	拿着刀、扛着锄下地干活的时间到了,拎着小锄头、带着点播棒到地里点播的时间到了	祭祖先、祭谷神,全寨男女老少都参加;播种当天,要举行祭火神和祭谷神活动,成年男女均参加。 欠开节:由嘴玛带领全寨人举行祭祀"祖宗泉"的活动。男子出寨撵山,寨主播下第一把谷种,各家女主人随后播下自家的第一把谷种。 布迭扎朗节:为那些生活在土里,在人们栽插谷种的过程中被锄头或犁头挖断或碰伤的各种益虫疗伤。祭地母,祈求风调雨顺、五谷丰登。全寨人停止一切生产劳动,滞留家中休息
四月尤拉	暴雨	薅草,谷子长旺。白德年节	竹笋出土之时正是我们青黄不接的时节,竹笋出土后我们就不再挨饿了。谷子长到人的膝盖高了,地里杂草蔓延,我们不能让它长得比谷子还高	薅完草后,由成年男性在自家地里的"谷神屋"旁,分别祭祀谷神和土地神,以求神灵保佑,五谷丰登。 白德年节,傻尼人认为土蚕是害虫,它专吃庄稼的根须,使之逐渐枯萎直至死亡。捉土蚕的当天,每户派出至少一人,多数人家是夫妻同行,到各家田里捉土蚕。捉土蚕的第二天,全寨停止一切生产活动,滞留家中。女人不织白布,男人不编竹箩
五月习耶	休闲	耶苦扎节	祭祀英雄"耶苦",感谢他用自己的生命换来了傻尼人的幸福安康	在耶苦扎节里,全寨男女老少争荡秋千,驱邪赶鬼,祈求六畜平安、五谷丰登
六月南耶	谷穗扬花	谷子扬花。优拉节,尼添节	谷子扬花了,有的先开花,有的后开花	优拉节:谷子开花抽穗的季节,也是谷物容易染病的季节。优拉节便是为了给五谷消灾而举行的祭祀活动。以户为单位,杀鸡祭祖,祈求神灵保佑庄稼不受病虫害的危害,五谷丰登。男子撵山打猎,女子下河摸鱼

续表

物候历法	含义	农事活动农耕礼仪	对农事及礼仪的本土阐释	人员参与情况
六月南耶	谷穗扬花	谷子扬花。优拉节，尼添节	谷子扬花了，有的先开花，有的后开花	尼添节：赶鬼节。全家动手制作赶鬼用的器物：木刀、木枪、风转轮。由嘴玛鸣响赶鬼的第一枪，接着全寨男女老少手持赶鬼器物，从各自家中，从里到外，驱赶鬼怪
七月塔拉布	青黄不接	谷子成熟。念崩年节	先出来的谷穗已经黄了，后出来的谷穗才开始成熟。镰刀放在拎包里，戴着雨帽，天还没亮就到地里采谷穗。路边的虫啊不要醒过来，路边的蛇啊也不要醒过来。到了地里，要先采谷神房上方的三丛谷穗	念崩年节：捉蚂蚱节。谷子快要成熟时，各家派人（男女均可）到自家地里捉蚂蚱。捉到的蚂蚱分为两份用树叶包裹，一份拴在龙巴门附近的小树枝上，另一份带回家。各家派出一名男子合力在寨子附近的最高处立起一个笔直高大的木质蚂蚱像，向寨外人昭示本寨的谷物获丰收，开割季节已经到来。女人将带回家的另一包蚂蚱与煮熟的糯米饭一并倒进脚碓春碎，全家共享蚂蚱糯米粑粑
八月嘎拉	秋收	收谷归仓。新米节	地里的谷堆就像一群休憩的水牛；脱粒时人们踩谷子的摇摆动作就像蝴蝶在飞。妇女前面抱着孩子，后面背着谷袋，肩上显出背带的压印。	妇女家长带领家中成年女性背谷归仓。 新米节：吉日的一大早，家庭成年男性赶到地里，到谷神房的九丛谷穗中选三丛谷穗。在回家的路上，随手将成熟谷穗上的谷子抹下放入背来的拎包里，带回去晒干或烘干后去皮，与上年的陈米拌拢做成新米饭。饭熟后，男性家长将谷穗放在祖先的祭坛上与祖先一道加以祭拜，感谢祖先神灵保佑庄稼有了好收成，并请神灵品尝新米饭。祭祖时，全家老少一同参加，祭后全家一同品尝新米饭
九月红伟	农闲	农闲。男女青年唱歌求偶	红伟天最清净，风儿也轻，河水也清；家禽不出门，牲畜不上山	男子打铁；女子织布

资料来源：云南省生物多样性和传统知识研究会、西双版纳州大勐龙镇勐宋村联合制作：《勐宋物候》，2005。

从表 3-1 中可以看出，在僾尼人传统物候历的制定和阐释中，有着丰富的本土知识，它一方面紧紧依托于四季的更替规律，另一方面与本民族的宗教信仰密切相连。在每个物候月中，都有与之相随相应的农事活动或农耕礼仪。在僾尼人最重要的仪式性节日"嘎汤帕"节中，传统文化特别强调了"源自父亲血统的人是自己的兄弟姐妹，源自母亲血统的人也是自己的兄弟姐妹。在走亲访友的日子里，父亲这边的亲戚不能忘，母亲这边的亲戚也不能忘"。在参加活动的人员方面，除了"号地"环节由男性家长独立担当之外，其余活动均由男女家长共同完成。男女双方在农耕仪式的具体活动中虽然担任不同角色，完成不同任务，但一定是相随相伴、如影随形。

二 祭祀礼仪中的"相辅相成"

僾尼人认为天地间存在威力非凡的神灵，世间万物的生长和兴旺由它们控制。此外，世间万物也有灵魂，它们通过精神交流，与游走于天地间的神灵达到和谐与共通。据此，"巫术观"和"万物有灵"的自然宗教观成了僾尼人精神世界的主导，反映并左右着人们对世界的看法。它们不仅是该民族传统文化最具特色的文化特征之一，也是规范僾尼人道德和行为的标尺。谚语"僾尼人打卦不止、汉人写书不停"生动地反映了巫术占卜在僾尼社会中的重要性和实用性。一切重要的活动，如栽秧犁田、撵山打猎、村寨纠纷、建屋盖房、婚丧嫁娶等，都要请贝摩打卦占卜；一切灾祸疾病及不祥，都要请尼帕念咒驱除，同时人们自己也进行这些活动。[①] 而对"万物有灵"的笃信则演化为名目繁多

---

① 史军超：《哈尼族文学史》，云南民族出版社，1998，第 17 页。

的崇拜和祭祀礼仪活动，在这些仪式活动中不乏对"磨盘双合"社会性别关系的宣扬和实践。

（一）"龙卡阿培"——立龙巴门

古歌"天地人鬼"中讲到，远古的时候，在达戈达岗的地方，人鬼共居一室，他们都是唐盘阿妈的儿孙。"她（唐盘阿妈）前面的乳房养育人，后面的乳房哺育鬼，人鬼都是她奶大，人鬼都孝顺她。"后来，由于生产分工的不同，人鬼发生了争执，人告鬼偷瓜果，鬼告人偷家产，一奶同胞反目成仇。人和鬼终于分了家，人的世界阳光明媚，鬼的世界阴暗潮湿。"从此以后，鬼看得见人，人看不见鬼，人鬼各在一处，人鬼不再相助，鬼的难处人不知晓，人的灾难鬼闹腾。人在的地方，鬼一次也不要来，鬼在的地方，人要去十次，人是勇敢的人。"①"人鬼各居其界"的观念渗透到僾尼人的众多宗教祭祀活动中，人们为了保证五谷丰登、六畜兴旺、家庭幸福、生活美满，必须采取各种手段把鬼怪挡在人的生活圈子之外。于是，在标志着万物苏醒、新春到来、一年农事活动开始的"腊月"里，僾尼人要举行庄严的"立龙巴门"活动，以保证一年农事活动的顺利进行。

僾尼人在立新寨的过程中，首先考查的是寨址周边的自然环境，例如寨子周围是否有山包、寨头的山包上是否有茂密的森林、附近是否有充足的水源。新寨建立以后，并非万事大吉，在寨外游荡的鬼怪时时刻刻都有可能进寨来干扰人们平静美好的生活。于是，每年的"立龙巴门"就是适时更新人鬼分界线，把"鬼挡在门外"最有效的办法。僾尼人认为龙巴门神圣不可侵

---

① 西双版纳勐海县民族事务委员会编《西双版纳哈尼族歌谣》，云南少年儿童出版社，1989，第1～29页。

犯，住在门内的人，就可以得到村社神的保护和同寨人的帮助，离开了龙巴门，也就离开了神和集体。①

以下是笔者 2006 年在西双版纳南糯山大巴拉寨的调查实录。

当地人把"立龙巴门"称为"龙卡阿培"，"龙卡"即寨门，于每年春耕前进行。僾尼村寨一般有三道寨门，一为前寨门，僾尼语为"卡玛"，竖在寨头的路口，是日常人员出入的寨门，为寨内和寨外的分界线；二为侧寨门，僾尼语为"卡丈"，位于寨西路口，是连接寨内生活和寨外生产劳动的出入口；三为后寨门，僾尼语为"卡止"，位于寨脚方向，是公共墓地的入口。僾尼人每年都要举行一次立龙巴门仪式，每次立新寨门时，不能把以前的旧寨门拆除，而是从原寨门往外移动一小步。因此，有几道寨门就标志着有几年的建寨历史。"新门建成后，并不废弃旧门，而是每年在旧门外加建新门，以至老寨外出现了一长列门的甬道。"② 立龙巴门的时间在农历二三月的野樱桃成熟之际，具体的日子由嘴玛选定，但一般在属牛日或属猴日。

当年大巴拉寨的立龙巴门仪式选在农历三月的第一个属牛日。仪式当日，全寨的各家各户杀一只鸡，舂糯米粑粑，先在自家举行祭祖活动。全寨的道路临时封闭，寨门上插上一块六角形的竹制风转轮，表明寨外人不得擅入，寨内人不得擅出。妇女们或集中在寨子中央的平地上，或在某家的阳台上三五结群地缝衣、绣花、拉家常，孩子们则在一起嬉闹玩耍。任何人不得出寨门寻野菜、找猪草、拾柴火，更不得下地做农活。

---

① 《哈尼族简史》编写组编《哈尼族简史》，云南人民出版社，1984，第108 页。

② 《哈尼族简史》编写组编《哈尼族简史》，云南人民出版社，1984，第108 页。

上午 10 时左右，各户派出一位成年男子，自带刀、斧、挎包到寨外指定地点集合，接受嘴玛分派任务。男人们被分为三组，一组到山林里砍树桩（三棵：两棵做立柱，一棵做横梁），另一组去砍松枝草叶，剩下的一组协助嘴玛在老寨门立柱的旁边各挖一个约 30 厘米的坑。上午 11 时左右，嘴玛把三撮米分别放入两个坑内，用鸡蛋献三下，用刀削半开银币三下，表示压住邪气，随后在众人的帮助下竖起一道高约 2 米、宽约 1.5 米的龙巴门（见图 3－1）。嘴玛口中念道："门外是山，门内是寨，请龙卡（寨门）把灾难挡在门外，把疾病挡在门外。保佑我们的村寨无病无痛，四季平安。"

此时，寨里巧手的木匠将砍来的两棵长约 1.5 米的立柱削去树皮，刻出两个人物模型。在象征女性的立柱上刻出两个乳房，下方从中央刻出一个槽象征女性生殖器，并刻上 9 层刻度（见图 3－2）。在象征男性的另一个立柱上刻出男人像，在立柱下方雕出一个生殖器。之后，众人将刻有男女人像的立柱、木刀、梭镖等插在龙巴门的两边，期望男女门神借助刀枪、梭矛等武器守护寨门，拒鬼怪、灾难于寨门之外，求得寨内人畜安宁。随后，众人七手八脚在横梁上挂上木刀木枪、松枝树叶或风转轮，再用熟透了的野樱桃汁涂抹于男女门神身上。随后，嘴玛在男女门神附近撒上米、酒、蛋，口中吟道：

呃——/吉祥的"龙卡然咀"（女寨门神）/威严的"龙卡然优"（男寨门神）/你们是寨子的卫士/你们是寨子的眼睛/你们有无比的神力/你们有非凡的智慧/你们有超人的胆量/你们替嘴玛守寨门/你们保山寨驱鬼神/因为有你们山寨才会安宁/因为有你们人畜才会兴旺/因为有你们五谷才会丰登/

　　呃——/寨门柱上有九层台级/台台有猫狗虎豹站着/门柱边挂着刀枪和梭矛/神男神女立于两旁/把不幸和灾难挡在门外/将吉祥如意送进村寨/①

图3-1　龙巴门　　　　　　　图3-2　女寨门神

　　守护寨门的是一对男女门神。笔者问过当地老人，这一对男女门神是否为一对夫妻。老人的答案中有"是"，也有"否"。答案为"否"的老人说，"男女门神是一对兄妹"。其实，根据本书第一章中的论述可知，"一对兄妹"和"一对夫妻"在僾尼人的原始思维中是对等的。僾尼人认为，龙巴门是山寨的神圣之物，吉祥的象征。而守护全寨人员和牲畜的安康、兴旺与发达的，正是一对男女寨门神！

　　2008年，当笔者再次来到大巴拉寨时，眼前的景象让笔者既吃惊又心痛。承载着村寨历史、昭示着僾尼人"人鬼"观和"磨盘双合"社会性别理念的龙巴门由两年前古拙的、朴素的、高不足2米的木头门变成了气势轩昂、挺拔高大的，近10米高的钢筋

---

　　① 笔者收集自田野点；参见门图、高和《爱尼风俗歌》，香港创意出版公司，1992，第100~104页；李克忠：《寨神——哈尼族文化实证研究》，云南民族出版社，1998，第165~169页。

门。村民们说，这几年家家户户种茶、卖茶，和外界的交往多了，钱也赚了不少，原来的"龙巴门"就显得很寒酸，而立在门柱旁的裸体男女像也显得不合时宜。于是，家家户户凑了钱，竖立了这道起到一劳永逸作用的铁门。不过，寨里的很多老人仍然怀念龙巴门原来的样子，于是在寨子的西侧门"抗丈"处竖立了老式的寨门。笔者跟随几个老人来到"抗丈"，此地寨门的规模和气势都远不如笔者两年前所见的"龙巴门"，立柱和横梁歪歪斜斜，只有立于门柱旁的裸体男女像仍是笔者熟悉的模样，笔者的心稍许得到些安慰。

如前所述，"立龙巴门"标志着一年农事活动的开始，而"龙巴门"作为人鬼的分界线从意识形态的层面确保一年农事活动的顺利进行。僾尼人认为，住在寨门里的人，可以得到寨神的保护，还可以得到同寨人的帮助。离开了寨门划定的范围，也就离开了寨神的保护，将成为一个孤立无援的人。我们看到，在僾尼人的心目中，寨神是可见可感知的一对男女门神。他们一左一右守卫在寨门两旁，用自己非凡的神力和宽厚的爱心，通力合作，协调着人鬼关系，护佑僾尼人举寨平安、六畜兴旺、五谷丰登。僾尼人把守护村寨平安与兴旺的任务寄托在男女守护神身上，这也从一个侧面体现了其传统文化所崇尚的"磨盘双合"社会性别关系。

（二）"阿培波老"——祭祖

"阿培"的原意是先民、祖先、祖辈的意思，后在僾尼人众多的宗教祭祀活动中被赋予了"先祖神灵"的含义。第一章曾经提到，在僾尼人"今生来世"的观念中，圆满的今生注定会有欢乐的来世，而那些走完圆满今生的逝者，来世一定会进入欢乐的"祖先村"，享受着和人间一样的幸福与快乐。而获得"圆满今生"的必要条件之一就是得到祖先的护佑，因为在很多情况下，人世间的旦夕祸福不是人自身的能力能掌控的。他们认为，人之所以能存活于天地之间，除了大自然的厚爱与恩宠外，还离不开祖先们的护佑与赐福。由此，在众多的农耕礼仪中，"祖先崇拜"是不可或缺的内容和环节。"祖先崇拜是维护氏族家支血缘纽带的宗教观念，有效地保持了各支各系的稳定，成为民族内聚、团结、共同发展的精神支柱。"①

僾尼人认为，已故祖先的灵魂游走于天地之间，时刻留意着儿女子孙的一言一行。"谁说过一句坏话，干过一件坏事，祖先都看得清清楚楚。谁要是不敬重祖先，不孝顺老人，谁就厄运缠身。要么天天生病，要么年年受穷。"② 而对那些敬重祖先的人，祖先一定会保佑他家庭幸福、子孙满堂、六畜兴旺。据此，祖先崇拜成为僾尼人社会生活中的重要内容，也在僾尼人的宗教仪式中占有十分重要的位置。祭祖仪式也作为"联系祖先和凡人的桥梁广泛地应用于几乎所有的重大节日和社会活动中"③。在僾尼人几乎所有的农耕祭祀礼仪中，"祭祖"均为不可或缺的环节。

僾尼人的祭祖活动每年至少要举行七次：农历十月的"嘎汤阿培"（收割完成后的大年）、农历一月的"活舍阿培"（新春"烧山"前）、农历三月的"欠开阿培"（开播节）、农历五月的"耶苦阿培"（驱鬼送灾）、农历六月的"优拉阿培"（谷花节）、农历七月的"念崩阿培"（谷子成熟）以及农历九月的"聂帮阿培"（灭灾节）。除了每年固定的祭祖节日外，各家各户会根据自己当年的情况增加祭祖活动的次数，如生子、结婚、丧葬、下新房等仪式。

---

① 史军超：《哈尼族文学史》，云南民族出版社，1998，第21页。
② 门图：《西双版纳爱尼村寨文化》，中国文学出版社，2002，第15页。
③ 杨忠明：《西双版纳哈尼族简史》（内部资料），西双版纳州政协提案法制委员会，2004，第148页。

　　僾尼人的庄严、肃穆和虔诚的祭祖活动一般在家庭内部举行，由家户家长亲自主持。为此，每一个僾尼家庭都会设立一个小型的"神龛"或"祭坛"，僾尼人称为"阿培波老"。哪家没有"阿培波老"，哪家就没有独立进行宗教祭祀活动的资格。

　　在每户僾尼人家中女室的女主人的床头上方，有一只由两根绳子吊挂于椽子上的竹篾小箱，小箱有四只脚，它就是祖宗神位"阿培波老"（见图3－3）。"阿培波老"里边装有九片僾尼人称为"阿培"的叶子，在"阿培波老"的前壁上插有三支专用的小树枝"奔孙阿能"。在"阿培波老"上方的房墙上，悬挂着一个长条形竹篾小平台，僾尼人称为"阿培中拉"。这个小平台专门用于放置祭祀活动的必需品。在"阿培中拉"的上方还悬挂着一个直径约三厘米的小竹筒，竹筒里存放着上年开割祭祖时带回来的三把谷穗，作为象征性的谷种。在"阿培中拉"与"阿培波老"之间的房墙上，用竹钩挂着一把小扫帚和杀鸡用的棍子——"敲鸡棍"。在"阿培波老"的对面，即女主人床尾靠房墙的角落处，支有一个土罐。罐内盛满"机八机拜"，即甜酒，它是专供前来参加祭祀活动的亲友品尝的。平时，家庭成员不得乱吃。在支有土罐的正上方即房屋的偏散处，是挂鸡蛋壳和鸟毛、兽毛的地方，每次祭祀活动中煮熟的鸡蛋壳都要挂上，男子每次猎获的鸟毛、兽毛也要取一根插在上面。①

　　以下是笔者2008年在南糯山的水合寨对祭祖活动的采访纪实。

　　"切卡阿培老"通常于下种前举行。祭祀一般在祖宗泉旁进行。先以鸡、酒祭水神、种神，用清泉洗种，祷告，青年用水互

---

① 参见门图《西双版纳爱尼村寨文化》，中国文学出版社，2002，第18页；杨忠明：《西双版纳哈尼族简史》（内部资料），西双版纳州政协提案法制委员会，2004，第148页。

图 3-3　悬挂于女室墙上的"阿培波老"

泼祝福。祭期内禁房事，忌串姑娘（找男女朋友）。祭后即抢时下种。笔者参与了接科家的祭祖活动，参加仪式的人员如下：接科（夫）69岁、飘尔（妻）72岁；科究（大儿子）、皮歌（大儿媳）；科则（二儿子）、黑都（二儿媳）；究罗（科究之子）、究然（科究之女）；则江（科则之子）、则二（科则之子）。接科、飘尔夫妇的大女儿科良外嫁四川，小女儿科侬嫁在本寨，随丈夫在夫家祭祖。

　　僾尼人的祭祖活动是庄严和神圣的，祭祖过程不允许有任何干扰。祭祖活动于节日第一天早上的9点进行，两位媳妇皮歌和黑都一大早就用竹筒和葫芦从寨子东南侧的梅烟老枯（祖宗泉）处背来清洁的泉水。男主人接科用取来的泉水净手、脸、脚，然后从女室内的墙上取下小扫帚，小心翼翼地掸去覆盖在"阿培波老"上的灰尘。接科随后从墙上取下"阿培中拉"和敲鸡棍，连同"机八机拜"一起端到女室火塘边的中隔处。"中隔"为高约1米的木板或竹板，紧挨着女室的火塘把室内分为两部分，平时家中的男性不得随意触碰"中隔"，更不能靠在上面。一切准备妥当，接科把敲鸡棍递给两个儿子，吩咐他们杀一只母鸡备用。接科轻轻拨开覆盖在"机八机拜"上的火塘灰，用两根空心的小竹棍吸出内存的甜白酒，反复三次，同时加入清水三次（见图 3–4），口中念念有词：

> 下种的日子来到了/今天是农家的好日子/子女儿孙都聚集在一起/万能的神灵/我们慈爱的祖先啊/请您保佑我们全家平安健康/五谷丰登/从今天起/我吃一口糯米粑粑/美好的光景又到了/没有娶老婆的人赶快找个老婆/娶了老婆的人/好好养育娃娃/万能的神灵/我们慈爱的祖先啊/保佑我们万事顺利/我们会辛勤地劳动/砍地/烧地/挖地/薅草/样样都不马虎/请您保佑我们粮食丰收/①

图 3–4 祭祖用的"机八机拜"

---

① 笔者收集自田野点。

接科唱完，用火塘灰将"机八机拜"的罐口封严实。科究兄弟俩已将母鸡杀好，煮熟。女主人飘尔将熟鸡的头、大腿和鸡肝装碗后摆放在男主人接科的身旁。接科在"阿培中拉"摆放了五个小瓷杯：第一个瓷杯盛上一点饭和鸡肉，第二个瓷杯盛上一点茶叶和几片生姜，第三个瓷杯盛上酒，第四个瓷杯盛上泉水，第五个瓷杯盛上几个汤圆。接科在心中默念着祷告词，缓缓地做完了这一切，然后将五个瓷杯中的祭品分给每个家庭成员尝一点。剩下的鸡肉由女主人飘尔分给子孙们食用。至此，祭祖活动结束。

在祭祀祖宗的过程中，仪式由男人主持，女人不可以随意触摸祭坛。但我们也看到，祖宗的祭坛保存于女室内，平日间男人不得随意触摸和挪动。据僾尼老人讲，这样的做法是有原因的，"女人在家里，女人是干净的，她们能好好保护祖先的魂；男人在外面，男人不干净，祖先的魂会受污染"。究其深层原因，僾尼人认为，祭祖的过程是凡人与祖先交流，向祖先祈福的过程，而凡间的污秽会在不经意之间污染祖先的灵魂；女人较男人而言，更多地守在家中，她们沾染污秽的概率会大大降低。由"洁净"的女人保护祖先的祭坛，使其免受凡间污秽的侵袭是再合适不过的。于是，僾尼人在祭祀祖先的过程中，男人操持祭祖活动，女人守护祖先魂灵，"磨盘双合"的性别关系模式显露无遗。

（三）"嘎汤帕"——辞旧迎新

"嘎汤帕"意为"万物更新"或"纪念祖先汤帕"，是僾尼人十二个节日中的最后一个节日，也是来年的第一个节日。过去，西双版纳僾尼人的"嘎汤帕"节期各地不一，1987年西双版纳州人民代表大会将节期统一定在每年元月 2～4 日。节日期间春粑粑、杀猪、宰鸡；祭祀祖先，宴请亲朋；举行打陀螺、唱歌跳舞等活动，以举寨欢乐的形式送走旧年，迎接新年。

以下是笔者 2007 年在南糯山向阳寨参与的"嘎汤帕"节的田野所得。

节日当天的早晨，僾尼山寨笼罩在薄薄的晨曦里，四处一片安谧寂静。当报晓的雄鸡发出第一声响亮的啼鸣时，嘴玛家的女人大声喊道："媳妇们、姑娘们，快去接新水喽！"顿时，山寨里亮起了点点的手电筒的亮光，各家各户的女人们身穿节日的盛装，用背箩背起竹筒和葫芦，飞奔至祖宗泉边，女人们的喊声、笑声、歌声、脚步声响成一片。据说，第一个到达祖宗泉边的女人，是这一年中最有福气的人，而第一个享受新水洗礼的家庭也将是这一年中最兴旺发达的家庭。背回新水的女人，把木楼上上下下、里里外外打扫得干干净净。女室的火塘上，盛装着白、紫糯米掺杂的糯米饭刚刚上汽，轻轻薄薄的白色水蒸气带出了甜甜的米香。年轻的母亲叫醒了睡熟的孩子，顿时，换上了新衣服的孩子的嬉闹声使得整个山寨活了起来。

屋外，春粑粑的家什已经准备妥当。春米的臼高约一米，是用粗树根镂空树心而成的槽状物体，春米棒则是一个半人多高的结实的木棒。当家的女人从蒸锅里捧出热乎乎、香喷喷的糯米饭，撒上炒熟的芝麻、苏子和少许盐巴，熟练地把糯米饭搓揉成一个大饭团，用力掷进米臼中。通常，家里的儿媳和未成家的姑娘、小伙是春米的主力军，随着春米棒"咚咚咚"的敲击声，整个寨子弥漫着糯米的清香，欢乐和幸福也在僾尼人的心中荡漾开来（见图 3－5）。如果你是一个串门的客人，主人家一定会送上两个软糯的小粑粑，你不可以推辞，因为它是"嘎汤帕"节最朴素但最重要的祝福。之后，当家的女人会把舂好的糯米用手揉捏成巴掌大小的圆形小粑粑，摊放在圆形的大簸箕里晾干。等娃娃们肚子饿的时候，拿几个放在火塘边，加热后即可食用。

图 3－5　嘎汤帕节中的舂粑粑

　　节日的第二天，每户当家的男人聚集到寨头的神树下杀猪分肉。节前，全寨 84 户人家各凑 20 元钱买了一头猪。猪可以在本村买，也可以到村外买，只要猪的价钱和斤两合适就行。至于那些分家单过不足一年或分家后没有生养孩子的年轻夫妇，不被认为具有"户"的资格。他们在类似的节日活动中或祭祖活动中不用凑钱，相关活动仍然挂靠父母。

当日吃罢早饭，村里的七八个腰间斜挎长刀、整装待发的男人等候在嘴玛阿支家楼下。这几个男人中，有德高望重的老人阿黑、阿三和阿克，还有寨里常参加议事论事的几个中年人。杀猪的地方位于寨子东边、村口附近的"玩场"。这是一块 50 平方米左右、人工平整过的土地。自 1996 年寨子修建了中心文化室和广场（实际上是一块 100 平方米左右的水泥地），这块往日里见证过僾尼青年男女轻盈的舞步和聆听过他们婉转歌声的地方就极少有人问津了。只有在一年一度传统的"嘎汤帕"和"耶苦扎"等活动中，村里的老老少少才会记起这个地方。

几个男人拔出腰间的长刀，砍掉杂草，快速地清理杀猪的场地；另外几个男人从近处砍来几段粗大的烧柴，一些用于燃烧篝火，一些从中间劈开，作为切肉的砧板；一个男人从近处砍来了一片巨大的野芭蕉叶，面朝上铺在地上；一个小伙从旁边的小山坡上砍来了一枝粗壮的、长满绿叶的樱桃树枝，用锋利的长刀削下枝叶并把枝叶在地上摊开。男人们轻轻地谈论着，井然有序地做着这一切。10 多分钟后，一切准备工作就绪。

掌刀的当然是嘴玛阿支。阿支 60 岁上下，1.6 米左右的个头，人很精瘦，但目光炯炯，不苟言笑。他是前任村小组长，在任约 32 年。据寨里的老人讲，嘴玛的推举和产生是一个很严格和慎重的过程。候选人必须年过 30，儿女双全，诚实稳重，身家干净，没有犯过诸如偷盗、娶怀有身孕的女子为妻、生过双胞胎等大错。对于寨民们而言，嘴玛候选人的传统知识水平在考查时不被列为首位，因为不懂的可以学，不会的可以问，但如果这个候选人身上有"污点"的话，他将会给寨子带来不可避免的厄运。现在的嘴玛阿支在寨民中享有极高的声誉，虽然寨里的耕种、收获、创收等方面的日常事宜早已交付给现任村小组长阿

183

仁,但每逢寨子举行诸如祭祀、建房、娶妻嫁女等传统活动时,他仍然起着举足轻重的作用。

阿支熟练地握紧长刀,几个年轻男子抓住猪的四蹄。一刀毙命,鲜红温热的血汨汨地流入了放在一旁的小铁锅内。待确认猪已断气后,几个年轻人迅速把它抬到旁边铺好的樱桃枝叶上。一个强悍的中年男子抽出腰间的长刀,剖开猪的腹部,快速掏出猪的内脏,并熟练地把猪肝连同猪苦胆分离出来,平放到近旁干净的野芭蕉叶上。村里的几位老人快速地围拢过来,仔细翻看还冒着热气的猪肝和猪苦胆。旁边围观的男人们屏住呼吸,生怕从看猪肝卦的老人们嘴里听到什么不好的消息。稍许,嘴玛阿支愉快地向各家各户的男人们宣布:"没有问题,一切都很好。"老人们解释说,猪肝的4瓣分别代表寨子、家庭、寨里人和寨外人。如果猪肝色泽鲜润自然、形态正常完好,就预示着寨子来年风调雨顺,寨里人平安幸福、邻里和睦;如果猪苦胆被一层油所包裹,就预示着来年家家户户丰衣足食、人丁兴旺。如若不然,寨里人则须加倍干活,力争有个好收成。如果从猪肝中看出凶兆,有凶兆的人家须多多提防,多行善事。

随后,主事的几个中年男子分为两组。一组男人把猪抬到旁边的樱桃枝叶上,用细竹签把剖开的猪肚皮缝合起来,抬到篝火上去烧。猪毛烧干净以后,他们用清水把整头猪冲洗干净。除了留下一定数量的猪肉送到嘴玛家招待寨子里的老人外,另一组男人把猪肠子、猪肝和一小块带皮的肥肉切成大小相同、分量相等的小段,然后用竹签把这三样东西串在一起,每家分1串(见图3-6)。

嘴玛阿支坐在一旁,点燃了烟斗,冷静地观察着年轻人忙碌的身影。在类似的祭祀活动中,上了年纪的阿支不再亲手操作所有程序,而是放手让徒弟们去做,需要的时候加以指点。由于没

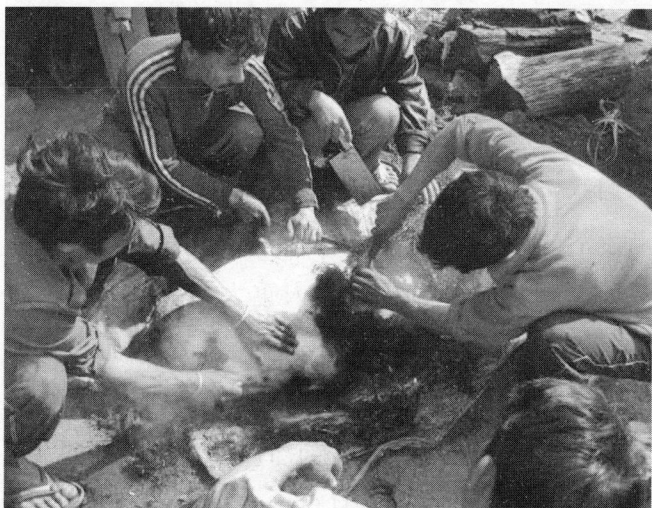

图 3-6　嘎汤帕节的杀猪分肉

有文字，僾尼人常使用这种"实践教学"的方法把传统知识传给年轻一代。另一个老人阿黑身旁围着几个年轻的小伙，他们正在用竹签编织驱鬼的五边形风转轮。风转轮的中心部位涂抹上猪血，分别插在寨子的各个路口。驱鬼的风转轮插上之后，寨里人便不可以随意走出寨子，寨外的人也不得擅入。风转轮从杀猪的当晚一直保留到第二天清晨，之后由寨里的老人将其拔掉，寨里、寨外人进出寨子便恢复正常。

　　按照僾尼人的传统，"嘎汤帕"是清算年终总账、处理当年各种民事纠纷的日子。凡是过去一年中无法解决的纠纷，无论大小，无论是家庭内部的还是邻里之间的，都可以借这个机会，在嘴玛家当着各位老人的面提出来。一般说来，通过老人的调解和评判，所有的纠纷都可以解决，当事人也都心服口服。纠纷就地了结，今后任何人不准积宿怨、翻旧账。在过去，维护家庭稳定与和睦也是"嘎汤帕"的功能之一，如对本寨内讨小老婆的男子进行罚款，对已婚而又与其他男女发生性行为者进行处理等。

第三天是"嘎汤帕"节的高潮，寨内寨外的男女身着节日盛装，聚拢在广场，尽情地唱歌跳舞。小伙们忙着打陀螺、走高跷；姑娘们欢快地跳起了竹筒舞，尽情地倾诉着对新的一年的期盼和对新生活的向往。

欢乐的"嘎汤帕"节是僾尼人重大的节日之一，僾尼人借"辞旧迎新"之际，总结过去一年的收获，尽情抒发着对新的一年的希望。该节日以女人们从"祖宗泉"取水为起始环节缓缓拉开序幕，接下来由女人们操持的净屋、舂粑粑等环节蕴含着浓浓的宗教气氛和欢乐的世俗节日氛围；再接下来由男人们主持的杀猪分肉和调解纠纷的环节同样也有机地整合了祭祀礼仪的精神成分与世俗活动的实践成分。在这个欢乐的节日里，虽然男人和女人参与了不同的活动环节，他们却都表达辞旧迎新，祈求来年人畜平安、五谷丰登的美好愿望，实践着"磨盘双合"的社会性别理念。

（四）"活舍阿培"——新年

"活舍阿培"①，僾尼语新年之意，时间大约在初春白桦花朵盛开之初，约为农历的二月间，现为阳历3月1～3（4）日，历时3～4天。"活舍阿培"节来到之时，打破碗花开，天空最蔚蓝，阳光最灿烂。"活舍阿培"节过后，"烧山"的时间就到了。

节日第一天叫"活翁"，意为一年的最后一天。全寨放假，停止一切农事活动。以户为单位，每户安排1～2人到寨外的阿匹梅

---

① 此部分文献资料主要来源于门图《西双版纳爱尼村寨文化》，中国文学出版社，2002，第118～124页。此外，笔者就"鸡蛋节"的部分补充了田野材料。

烟老括（祖宗泉）打水供第二天的祭祀祖先用。被安排打水的为家庭主妇或已婚妇女。成年男子则要劈木条或削竹片，在阳台上搭一个"草拉"（即装放物品的小平台）。小平台搭好后，要做一个有九或七或五级台阶①的小竹梯，小竹梯的尾端支在阳台上，头端靠在平台上。这个平台是专门用来装放第二天的祭祀用品的，僾尼人称为祭台。待水背回家后，妇女们便忙着泡糯米、黄豆，到了夜晚（晚上10点左右），妇女们把豆倒入簸箕，或将泡好的糯米装进木碓里；男人们则手把竹筒，竖起耳朵，静候家中。

节日的第二天叫"合实"，意为新年。这天黎明鸡叫头遍时，全寨的成年男女争先恐后簸豆、舂米或用竹筒敲击地板。僾尼人用簸豆声、舂米声、竹筒敲击声唤醒沉睡的土地，祈求天神保佑，希望新的一年五谷丰登、人丁兴旺。据说，寨子里第一个舂响脚碓的女人被寨里人公认为"优节"（最勤劳的人）；第一个敲响竹筒的男人被称为"送门然"（最富裕的人）。簸完豆、舂好米之后，妇女们开始做汤圆，男人杀鸡和猪。鸡和鸡蛋煮熟后，男人们用碗端到屋外阳台的小平台上，将鸡蛋和鸡肉捣烂撕碎涂抹在小平台上，敬献给已故的祖宗品尝，然后用篾签串9个汤圆插在屋檐下，送祖先离开。这时，妇女们端出染成五彩的彩蛋，家中的最年长者向最年幼者敬一枚彩蛋，之后全家人互相赠送彩蛋，象征新的一年里全家人的生活红红火火、幸福美满。

"活舍阿培"节的第三天叫"悟节朗"，意为倾听新年的第一个春雷。按照习俗，这一天全寨人不得出寨，不得下地干活，只能在家中静候春雷的到来。雷声响过之后，人们就开始煮鸡蛋

---

① 台阶的数目绝对不能为双数。在僾尼文化中，"双"表示"成双成对"，而鬼或神与活人之间不能有"成双成对"的联系，否则活人将遭受不幸。

和汤圆。随后，人们开始走亲串戚，互赠鸡蛋，这一天也称为鸡蛋节。在南糯山的大巴拉寨，鸡蛋节（僾尼语"果秀达"）是"活舍阿培"节日活动中的一个重要内容。届时，女人们用染料把鸡蛋染成红、黄、绿三色，用竹筐背鸡蛋互送彩蛋。新年新气象，在此期间，凡是当年结婚、生子的夫妻和新生婴儿都被视为新人（搓哈搓秀），亲戚朋友都会送给他们一双鸡蛋，祝愿他们在新的一年里有好的开头，红红火火、吉祥如意。至此，冷季的农闲阶段结束，新一年的农事活动正式开始。

"活舍阿培"节标志着旧年农闲期的结束。在节日活动中，妇女到祖宗泉打来新水，冲走凡间的晦气；男人操持祭祀活动，祭祖许愿。僾尼人用自己特有的方式迎接新一轮农事活动，舂响脚碓、敲响竹筒。在预示一年农事活动开始、人们期望丰收富裕的重要仪式活动中，男女两性分工不同，社会性别期望也不同，却在期望实现举家幸福安康、生活富裕的努力工作中通力合作、携手前行。

农耕礼仪作为僾尼人农耕文化的主要组成部分，在重要农事活动的起始和结束阶段发挥着辞旧迎新、承前启后的桥梁作用，它们同时也是传统文化得以传承和发扬的重要载体。从以上田野材料的分析和研究中可以看到，僾尼人的农耕礼仪活动和传统节日紧密糅合在一起，多以家户为基本祭祀或庆祝单位。在以家户为单位的活动中，男女家长（扩大式家庭由长辈夫妻操持，核心家庭由小辈夫妻操持）是活动的主持人，其余家庭成员进行相关的辅助工作。对于已成年的家庭成员而言，参与这些活动也是一个耳闻目睹的学习过程。同时，这些祭祀活动也是基于村社层面之上的社会活动。在这些社会活动中，女性和男性分属不同的组织群体。女性担当洁净家屋、冲洗晦气、守护灵魂等重任，充当

"祖先或神灵"的代言人，维护着祖先神灵的高贵和神圣；而男性则担当杀猪分肉、占卜打卦、操持祭祀等重任，充当"凡人"的代言人，向祖先神灵表达凡间的愿望，期望得到祖先神灵的护佑。

在具体的祭祀活动中，男女同持一事的情况绝无仅有。例如，女性不会参与杀猪分肉等活动，男人也不会参与汲水蒸饭等活动，因为这是祖先传下来的"礼"。这样一来，男女两性扮演的性别角色和承担的任务既符合社会规范的期望，又反过来对社会规范进行不断强化。一句话，在具体的节日或礼仪活动环节中，两性角色如影随形，不同但对等。在这些以"人—神"交流为核心的祭祀或节日活动中，男性与女性达到了完美的结合。

第二节　稻作生计活动中的"环环相扣"

僾尼人在传统生计活动中的分工与合作模式和他们所生存的自然环境以及由此而衍生的土地利用方式和生产方式密切相关。作为典型的山地农耕民族，西双版纳僾尼人直至今日也没有完全脱离"人跟地走，靠天吃饭"的农业生产环境。而这种劳力投入大、风险程度高、相对封闭的自给自足的农业生产方式不仅塑造了僾尼人吃苦耐劳、坚忍不拔的民族精神，也培养了他们助人为乐、与人为善、和睦相处的处事原则，这一切的达成使得家庭成员间的团结协作成为必需和必然。在生产活动中，夫妻、子女甚至祖父母都共同参与劳动，并共同分享着丰收的喜悦。笔者的田野调查和研究证明：在僾尼社会中，不存在家庭生活与生产劳动之间的性别分界线，因为无论男人还是女人，都无一例外地挑起了生产与生活的重担。

僾尼人有诸如"女子不犁田，男子不栽秧；男子不织布，女子不打猎"等社会性别分工的惯习，男女如果做了其性别期望中不该做的活儿是要被笑话的。生产活动中这种显著的社会性别分工不仅没有造成男女社会性别的主次或优劣，反而恰到好处地构成了僾尼人传统文化所崇尚的"磨盘双合"的社会性别关系。更为重要的是，父母在实现和实践社会性别理想的过程中的所思、所想和所做为下一代树立了榜样，规范了孩子们日后的价值观念和行为模式。例如，长子长女是爹妈的得力助手，儿子常跟随父亲上山打猎和下地犁田，女儿学习母亲纺织刺绣，养鸡喂猪；爹妈外出劳动时，年长的哥哥姐姐在家照看弟妹；随儿子生活的祖父母也会在儿子儿媳忙于生产劳动时，帮着做一些力所能及的活计，如晾晒谷物、烧火做饭、照看孙儿等。

在僾尼人的生活中，传统生计活动中的社会性别分工模式在孩子很小的时候就由父母或长辈用儿歌的形式灌输到孩子幼小的心灵中。这种潜移默化的教育方式使得这些孩子在成年以后对既定的性别分工模式持有坚定不移的信念。如果有人问到男女间为何有这样的分工，当地人会告诉你"这是祖宗传下来的礼"，很少有人会违背这样的"礼"。实际上，自娃娃们牙牙学语、蹒跚学步时，父母便开始了社会性别的启蒙教育。在这种教育环境中成长起来的僾尼人，早已习惯了既定的社会性别分工模式并把它作为一种常态遵守着、奉行着。

以下以"刀耕火种"和"水田稻作"两种传统的生计方式为例，探讨西双版纳僾尼人在传统稻作生计活动中"磨盘双合"社会性别关系的体现和表达。

一　男人戳穴，女人点播

小伙子们握着亮铮铮的钢刀，唱起山歌清除残根竹苑；

姑娘们挥起闪光光的银锄，唱起挖山调挖地松土；小伙子在前挖塘飞样快，姑娘们在后撒种手不停。①

　　据有关史料记载，早在汉代以前，僾尼先民就在西双版纳及澜沧一带守土耕耘，种植稻谷和茶叶，开始了土地资源的开发和利用。新中国成立前，农业是这些地区的社会经济的主要部门。旱地锄耕农业占主导地位，水田占的比例较小，旱地作物以旱谷、苞谷、芋头和瓜豆等作物为主，经济作物以棉花和茶叶为主，耕作技术较为粗放，普遍采用"刀耕火种"的方法。由于每年都有部分旱地要放荒轮歇，僾尼人要耗费大量劳动力去另开新荒，这样一来，耕地与村寨的距离越来越远，有时村寨甚至跟随耕地而搬迁。当地的某些僾尼村寨，直到20世纪60年代还保留着原始的游耕习俗，3~5年就要搬迁一两个地方。

　　在这种"脸朝黄土背朝天"的传统生计活动中，个人的力量和大自然的威力相比较而言，显得微不足道。在西双版纳这片土地上生存了千百年的僾尼人在敬畏自然、顺应自然规律的同时，也创造了与大自然和平共处、互动共赢的生计方式。他们从大自然中汲取食物和生活资料，又以传统的智慧还自然以持续发展的活力与养分。"刀耕火种"稻作农业就是僾尼人在顺应自然、利用自然资源的过程中创造和发展的合理利用土地资源的方式。这种传统的生计方式不仅包含着丰富的土地利用知识，还是一个山地农耕民族的文化信仰活动的重要载体之一。其中，强调男女社会性别的差异及褒扬他们在实际生产劳动中的和谐与合作始终是相

---

① 西双版纳勐海县民族事务委员会编《西双版纳哈尼族歌谣》，云南少年儿童出版社，1989，第143~144页。

关文化元素的精华之一。这种特定的分工模式反过来又使得这种农业生产方式在大自然的巨大威力面前得以有效和持续地发挥作用，从而使这个民族在特定的自然和生活环境中得以生存和发展。

（一）旱稻种植中的性别分工与合作

新中国成立前，西双版纳僾尼人居住的地区地域封闭，人少地多。当地高温高湿的亚热带自然气候条件形成了茂密的森林，并促成了次生阔叶林的速生速长，这一切促发和保证了"刀耕火种"土地利用方式和农业生产方式的生存和发展。"刀耕火种"的耕作方式"一般是在冬季将山坡上的树木杂草砍倒晒干，第二年春季放火烧山，然后便在烧荒的土地上，用锄开挖并略加修整即进行播种，如果种苞谷和黄豆，即用挖穴点播，出苗后薅一至二道草就等待收获。收获用镰刀，脱粒用脚搓。水田多半是'雷响田'，耕作一型一耙，薅一至二道草。"[1] 旱稻的种植主要有两种方式：点播和撒播。点播旱稻多使用木矛、竹矛，男人持矛在前戳穴，女人随后依穴播种。撒播稻谷时，先将土地挖翻，敲细土垡，遍撒种子。[2] 旱谷种植从整地到收割要经历十多道工序，主要包括选地和号地、砍地、烧地、清地、播种、薅草、收获、抛荒等环节。除了"号地"由男性家长独立进行，薅草主要由女子承担外，其余工序均由男女协作完成，在某些工序中男女承担同样的工作。

1. 选地和号地

选地和号地以家庭为单位，一般由男性家长带领家中 15 岁以上的男性进行。选地和号地是旱地耕作的第一道工序，它也标

---

[1] 《哈尼族简史》编写组编《哈尼族简史》，云南人民出版社，1985，第 84 页。

[2] 勐海县志办编《勐海县志》（内部资料），第 119 页。

志着一年农事的开始。在"选地"和"号地"的过程中，父亲主持选地和号地，儿子在一旁做些辅助工作。在整个过程中，父亲向儿子仔细讲解每一个环节的知识和示范每一个动作。经过反复实践，儿子在另立门户时就能熟练掌握相关知识。从社会性别角色分工的角度来看，父亲也同样承担了教育孩子的工作。实际上，"号地"的过程也是父亲向儿子传授相关知识的过程。父亲言传身教，向儿子灌输、强化传统文化对社会性别角色的期望定位和价值取向。

2. 砍地

砍地的时间一般定于农历的二月间，相当于公历的三四月份。茅草地要砍得早些，树林地则要晚些。砍地需要从山下向山上砍，以确保人身安全。树桩以留 20～30 厘米高为宜，同时要留一些有用的树木作为遮阴树。砍地时，由男女家长带领，家庭所有劳动力参加。

3. 烧地

砍地后，沟谷干热地带要晒地 20～25 天，高处寒冷地带要晒地 30～45 天。"烧地"活动于农历三月间举行。届时，由男女家长带领，家庭所有劳动力参加。烧地时要选择无风，或者微风的晴天。点火前，一般在地的上方留出 5～8 米宽的防火带。茅草、松树、竹子容易燃烧，而烧不完剩下的树枝要清理成堆重烧。

4. 盖窝棚

烧完地之后，就着手准备盖窝棚，家中成年男女参加。男子在靠近水源或饮水方便的地方盖一间竹木结构、能容纳 1～2 人住宿的小窝棚。窝棚分上下两层，底层堆放简单的农具或饲养少量家禽，上层住人。窝棚屋顶盖以自家妇女精心编制的茅草排。窝棚的四周或一侧留出一小块地，种植日常蔬菜瓜果、草烟等。小窝棚实际上就是僾尼人在备耕期间的简易居所。

5. 清地

把初次烧地后留下的未烧尽的树根、树枝和茅草清理后，点火焚烧，家中成年男女参加。

6. 播种

烧地、清地后要等上一段时日，待植被的灰烬渗透进土壤成为肥料后再行播种。播种前，要选一个吉祥的日子举行祭祀祖先和谷神的活动，感谢祖先对子孙的护佑，祈求谷神保佑粮食丰收。举行祭祀活动的当日，每家每户杀一只鸡，按照惯例在家庭内部举行祭祖活动。随后，由公众推选出的"圣女"带领全寨人举行庄严肃穆的"祭谷神"。这名"圣女"必须是大家公认的家庭幸福、人格完善的已婚女性。她的个人婚姻和生育史必须清清白白，没有离过婚，婚前无私生子，婚后有儿有女。"圣女"带着挑选出来的谷种，来到"祖宗泉"边认真清洗，洗净可能沾染在谷种上的种种不吉利的东西。随后，青年男女用水互泼，以洗去身上的晦气。仪式完成之后，由嘴玛将洗净的谷种带到自家的地块举行开播仪式。仪式结束后的第二天，寨里人就可以开始播种了。播种以家庭为单位，男女合作。男人用点种棒在地上戳出一个个小洞，女人随着男人的节奏往小洞里撒谷种。

7. 薅草及管理

种子播下之后一般很少管理，只是在杂草长多之后需要除草。根据杂草的长势不同，每年一般除草 2 ~ 4 次不等。薅草于农历五月份开始，全部工作由女子承担。在雨季到来前，男人们要在地里每隔 30 ~ 40 米挖出防洪沟，防止雨水过分冲刷耕地。

8. 收获

收获一般在秋季，有收谷、打谷、晒谷、背谷、归仓等环节。收获的过程既是繁重和费工的农活，也是举家欢乐的黄金时

日。届时全家出动，在地里劳动、生活，直到谷子全部归仓为
止。漫山遍野的金黄色的谷穗中，晃动着男人和女人的身影，空
气里弥漫着稻谷的甜味，耳边飘荡着小伙和姑娘撩人的情歌……

9. 抛荒

收获之后，僾尼人将连续耕种了多年的耕地抛荒。抛荒的方
法主要有两种，一种是一茬轮歇，另一种是轮作轮歇。在林地充
足的情况下，一块林地要抛荒13年。经过10年以上的抛荒，新
树木已长成直径约20厘米的大树，砍伐焚烧，其灰烬足够补偿
地力的衰退；如果林地紧张，无法按13年轮歇，僾尼人一般采
用"荒七不荒八、丢三不丢四"的奇数年抛荒的方式，进行轮
作轮歇。抛荒过后的耕地不需要管理，只做一些简单的除草工
作。在抛荒7～13年之后轮歇地上的植被又能恢复到当初未砍地
之前的状况。此时再行上述耕作过程，如此往返循环。

表 3 - 2　旱谷种植中的性别分工与合作

生产步骤	男性承担	女性承担
选地、号地	√	
砍　地	√	√
烧　地	√	√
挖　地	√	√
整　土	√	√
理　地	√	√
盖工棚	√	√
播　种	√	√
薅　草		√
割　谷	√	√
晒　谷	√	√
堆　谷	√	√
打　谷	√	
扬　谷		√
背　谷	√	√
归　仓		√

资料来源：作者整理自田野点。

从表 3-2 中可看出，在"刀耕火种"旱稻种植农业中，从"号地"到"归仓"要经过近 20 道工序，其中 4/5 以上的工序由男女合作完成，男人和女人忙碌的身影总是同时出现在充满生机与希望的土地上。前文提到，僾尼人的"刀耕火种"农业生产方式主要包括一茬轮歇和轮作轮歇两种方式。"一茬轮歇"以刀、斧砍树开地，戳铲点播，小歪刀除草，生产过程简单，耕作粗放；轮作轮歇主要使用锄、犁耕地，撒、点播种，生产过程和耕作技术较前一种复杂和精细。一茬轮歇制从砍地到收割累计用工日约为 214 个。轮作轮歇由于轮歇周期短，杂草多，从钐地到收割累计用工日为 418～475 个，比前一种用工时间多出一倍。① 因此，在这样劳力投入高、劳动时间长的劳动过程中，举家参与，男女间高度协调与合作成为必需和必然。

就如同本书第二章中所提到的，婚姻不仅连接了男女两性，还使他们成为一对责任共负、风险共担的共同体。他们在以育儿为代表的家务劳动中，夫妻俩分工不同，但携手共行。家务劳动没有导致男女间社会性别的优劣或轻重之分，而是使夫妻两人更紧密地团结在一起。生产劳动中的夫妻同行、男女协作再一次说明，某些学术理论界的"家务劳动"和"社会生产"的僵化"二分法"并不适用于僾尼社会的生产生活。然而，这个行动一致、高度协作的"共同体"并没有人为地模糊或弱化两性间的生理及心理的差别。例如，男女在生产劳动中虽然担当同样的工作，但在很多具体的工作任务和工作细节上，男女分工是有差别的。在砍地、挖地等重体力活中，男性担当前期的大部分工作，而女性担当后续的整理和收尾工作；在整土和

① 勐海县农业局编《勐海县农业志》（内部资料），第 93 页。

理地这两个环节中，男性主要承担打土、碎土等体力活，而女性主要承担清除地里遗留的树根和石块等细致活。这是在充分尊重两性性别差异并发挥各自优势的基础上形成的分工模式。

在如上分工协作的劳动生产模式中，男人和女人所使用的农具也具有明显的性别分类（见表3-3）。

表3-3　旱稻农具的性别分类

农具种类	僾尼名称	用　途		男用	女用
砍刀	米切的玛	大砍刀,用于砍伐大树,是砍新地的主要工具。主要包括:砍斧(砍大树用)和带刀(分齐头、钩头两种,砍树用)	小砍刀:用于砍伐小树木、灌木丛,是砍新地的辅助工具。主要包括钐刀(砍树、钐草)、弯根刀(砍树、砍柴)和歪刀(有大、中、小三种,用于播种、除草、松土)	大砍刀	小砍刀
点播棒/戳铲	嘎切	点播谷种时打穴		√	
山锄	池玛	内分大锄头和小锄头两类。大锄头用于挖地,小锄头用于松土、除草和播种豆类		大锄头	小锄头
镰刀	也活	分齿口刀和平口刀两种,用于收割稻谷		√	√
小尖刀	米切短吉	削竹篾		√	
铁斧	德哈	内分哈斗和夫则两类。哈斗用于砍伐树木和打制木具,夫则用于砍柴		哈斗	夫则

资料来源：作者整理自田野点。

从表3-3可看出，僾尼人所使用的生产农具也具有明显的性别分类。这种属性分类更进一步说明，"刀耕火种"这种劳力投入高、受自然因素影响大的农业生产方式使得村社成员之间、家庭成员之间的高度合作成为必然。而在很大程度上源自生理性别差异的社会性别分工，如男性承担重体力活、粗活，女性承担相对轻的体力活、细活的分工模式在尊重人的生物性能力的基础上，充分挖掘人的性别潜力，使得男女两性在社会生产活动中，有分工有合作，互为补充、缺一不可，成为特定自然及历史条件下的社会性别分工合作模式。

（二）狩猎和采集中的分工与合作

"刀耕火种"农业时期的僾尼人除了稻谷生产外，狩猎和采集是他们农业经济的重要补充手段。僾尼男性均具有丰富的狩猎知识，并对常见猎物的习性有清楚的认识；僾尼人聚居的山区，原始森林茂密，打猎活动大多围绕"刀耕火种"的生产活动进行。例如，守地打猎：一二月份林木砍伐后，所生嫩草招来马鹿、麂子、刺猪等野物，是狩猎的好机会；烧地打猎：焚烧林地时，熊熊大火使得觅食的野物和鸟类仓皇出逃，猎手守在地边，伺机捕杀；烧地后捕猎：烧地后，野生兽禽常到地中捡食烧死的小型动物和虫子，也是狩猎的好机会；护秋狩猎：临近秋收，野猪、野熊等常到地里偷吃庄稼，猎人常采用下跳签、弯签、地弩等方法捕捉野兽。按照传统，猎肉除了少数稀有的要拿出来奉献给头人外，要专门分出一部分孝敬家族内或寨中的老人，其余部分归个人所有。

僾尼妇女则对近百种野生植物的食用价值有清楚的认识。妇女和老人们常采集各种野菜、野果、野花、野生菌类、野薯之类来补充粮食的不足。女孩子从十一二岁起就背着一只小背箩，带着一把镰刀到深山老林里采集各类蕨菜和鲜果。因此，女童的社会性别常被称为"含丹丹露"（蕨菜芽）或"阿明明露"（竹笋）。① 采集的工具主要是木棒、砍刀、弯刀、镰刀等。采集形式以

---

① 黄绍文、何作庆：《哈尼族传统采集狩猎与生物多样性》，《中央民族大学学报》2008年第2期。

个体或三五成群为主，除了季节性强的采集对象外，没有固定时间和地点，随到随采。此外，僾尼妇女对野生植物的药用价值，尤其是一般疾病用药和妇科用药也有相当丰富的知识。再者，僾尼妇女对手工编织所需要的草类植物，如打火草、蒲草、芦苇、芭茅、野薏仁、稻草、苎麻等的采集和加工方法了如指掌（见表 3 – 4）。

表 3 – 4　野生妇产用药物

僾尼名	汉名	用途、用法
Aqnanq	观音土	怀孕期间从寨子的专门地方挖来，用竹筛铺开置于火塘上方慢慢烤干，储存于竹筒中。男人不能吃，据说吃了会变成娘娘腔，打不到麂子
Miq zeil gaoq yyuq		产妇难产时，把其树根放入火塘中烤熟，口嚼服用
Siq maq	盐巴辣子果	产妇难产时，温水送服
Yaiq baiv	苏木	产妇生产后止血化瘀，用其树皮，煮/泡水服用
Haq hml daiq ciq	臭牡丹	分娩 7 天之内，将其叶子在火塘上烤热，垫在臀部下坐，消炎止血
Aq qyul nee dov		催奶，用其树根煮水服用
Hhaoq lyul hhaol niyul	苦凉菜	催奶，与鸡肉同熬食用
Caqdevq caqpeev	火烧盐	产妇回奶用。将饼盐放在火塘中烧红，外裹谷糠，与饭同服
Ceevq kav al pavq	毛栗树叶	婴儿出生 7 天之后，"认舅舅"用。届时，产妇由自己母亲或姐妹陪同，领着一个七八岁侄儿或侄女，背上婴儿，带上一个鸡蛋和少许糯米饭，到山上去寻找毛栗树叶。婴儿若是男性，摘取嫩尖；婴儿若是女性，摘取大叶子。然后带婴儿去舅舅家认亲。舅舅家杀鸡款待，并赠予婴儿一个银元，意为认下了这个孩子，在孩子身上打下了家族的印记。从今往后，这个婴儿就有了明确的身份。此植物存放在婴儿枕边，直至干枯
Alha jiqdaovq	艾叶	防虫、蛇，带奶娃上山劳动时垫在婴儿身体下

注：空格代表汉名不详。

资料来源：由南糯山大巴拉寨妇女提供。

狩猎和采集活动是"刀耕火种"轮歇农业的主要组成部分，对当时的物质匮乏起到了重要的补给作用。同时，这两种传统的"副业"也衍生了丰富的、具有明显性别倾向的本土知识。正如大卫·格斯在描述居住在奥里诺科盆地的叶库人时所提到的，"特许的知识，或者仪式活动，渗透到每一个文化功能之中，无论这一功能针对的是男性还是女性，都成为各自独特知识和独立仪式活动的主要表达方式。"①

不同的分工与不同的传统知识把僾尼男女纳入了一个互补和谐的社会性别关系网中。在这个网中，男女两性分担着不同的工作，构建并阐述着属于自己群体的独特文化认知。在此基础上，为本民族的生存和繁衍共同创造和提供着必要的物质财富。

（三）刀耕火种生产方式的变迁

在"刀耕火种"的游耕阶段，僾尼人对土地没有私有产权的意识。地是村社共有的，今年我开垦的地属于我，明年被其他人开垦了，就属于其他人。新中国成立后，西双版纳勐海县实行了农业社会主义改造，建立了农村合作经济组织，从而宣告了村社氏族土地所有制的崩溃。土地所有制的根本改变不可避免地产生了新的控制系统与传统生产之间的矛盾，"刀耕火种"的农耕系统陷于失调和混乱。人口与耕地的矛盾不断加剧，迫使人们不得不建立新的调控系统。1982 年，勐海县施行了"林业三定"（定责任山、自留山、轮歇地），结束了新中国建立以来勐海县山权、林权归属不明、界线不清的局面，明确划定了国家、集体、个人所占林地的比例和界线，消除了

---

① Guss, D., *To Weave and to sing*: *Art*, *Symbol*, *and Narrative in the South American Rain Forest* (Berkeley: University of California Press, 1989), p. 35.

任意扩大耕地的可能性。"刀耕火种"的传统农业因此陷入
困境。

　　针对"刀耕火种"农业所面临的危机，如何发展哈尼族地
区的农业生产，当地政府和有关人士提出过许多方案。据有关资
料记载，当时提出的方案主要有三类：一是山区发展以经济林为
主，粮食依靠坝区；二是减少国有林，增加轮歇地；三是固定耕
地。① 对于第一种方案而言，僾尼人所居住的山区、半山区严重
缺乏商品市场，农民手中的林业产品无法在短期内换为现钱，农
民手中没有钱，向坝区买粮食就成为一种空想；针对第二种方案
而言，减少国有林，增加轮歇地是当地农民的普遍愿望，但在人
地比例严重失衡的情况下，即使补充再多的轮歇地也无法达到
"刀耕火种"农业所要求的"人地比例"②，反而会极大地破坏
周边的生态环境和森林资源；而第三个方案是在当时的背景下既
能满足人们的日常生活需求，又能有效地利用现有土地资源的最
佳选择。于是，自20世纪50年代起，南糯山的僾尼人充分利用
自然条件，在有水源的山间谷地、河流沿岸、沼泽地及有山箐的
缓坡地开垦梯田。20世纪90年代后期，山区的僾尼人、布朗族
等所开垦和造筑的水田面积已占勐海县全县水田面积的
33.3%。③

　　至此，"刀耕火种"被"固定耕地"的水田稻作农业生产方
式所取代。"刀耕火种"农耕系统的瓦解使得与之紧密相关的农
耕文化发生了深刻的变革。这不仅表现在生产程序、劳动生产流

---

①　勐海县农业局编《勐海县农业志》（内部资料），第94页。
②　根据国际"比较农业"的研究，刀耕火种的农业生产方式要求人均占有
　　林地15亩，人口密度每平方公里不超过30人。
③　勐海县农业局编《勐海县农业志》（内部资料），第95页。

程、劳动工具等物质层面上的改变，还表现在人们在对土地的认识、相关的农耕礼仪等精神意识层面的改变。然而，僾尼传统文化所崇尚的"磨盘双合"的社会性别分工与合作模式并没有随着主要生计方式的改变而消失，而是以一种新的面貌展现出来，成为文化调适的范例。

二　女人的镰刀，男人的谷船

> 女人的镰刀割得"沙沙沙"，男人的谷船打得"梆梆梆"；你割谷子我不闲，我打谷子你不懒。①

据文献记载，现居住在西双版纳格朗和地区的僾尼人实际上在大约 500 年前就开始尝试种植水稻了。当时，僾尼先民擅长旱地的耕作技术而不熟悉稻田的耕作技术，而当地傣族先民的稻田耕作技术已达到相当的高度。在民族交往的过程中，僾尼先民发现水田稻作劳力投入少，收获丰硕且稳定，即向傣族人学习水田耕作技术，如牛耕中的常用语"前进"、"停"、"向左"、"向右"等都是傣语。这种学习的过程不是被动地接受而是积极地调适。在此过程中，僾尼先民引种并培育了适合山区和半山区种植的"滇马欠四"（黄谷）、"八坡欠且"（白米谷）、"威玛威纳"（黑糯米谷）等稻谷品种。此外，僾尼人还创造并发展了与傣族坝区耕作技术不尽相同，但符合山区半山区的自然生态条件的耕作技术，如在 20°以下坡地开垦梯田的技术，在沼泽地开垦水田的技术，在河谷地带以渠水为水平

---

① 西双版纳勐海县民族事务委员会编《西双版纳哈尼族歌谣》，云南少年儿童出版社，1989，第 148~149 页。

线开垦水田的技术，在寒冷的山区为了壮秧苗增加产量而发明的"旱育稀植"技术等。① 此外，僾尼人很重视作物的混种、套作和间作，以便提高单位面积的作物产量；同时注意轮作和休耕，同是一块地，每年都要更换种植品种，以充分发挥地力。例如，僾尼人在地力充足，通风透光好的大块田地上，种植有一定共生期的作物，有黄豆和玉米间作，玉米套种杂豆、马铃薯等。

（一）水田稻作农业生产方式

僾尼人根据土地资源的特征和用途，将整个村社的土地划分为村寨、森林、轮歇地、水田、沼泽地（水体）5 种类型进行统一区划管理。平坝开垦为水田。村寨则建于平坝四周的山腰和山凹平坦之地，寨后或寨子周边的森林蓄养作为水源林和风景林，严格加以保护，使青山常在，清水长流，令村寨掩映于翠绿之中，清泉流过村寨，灌溉寨下农田。而轮歇地则划在离村寨相对较远、海拔相对更低、热量更充足的缓坡林地中。僾尼人的"固定耕地"稻作农业中，水田稻作生产是最主要的组成部分，它虽然与红河地区哈尼族的梯田稻作农业在很多细节上不尽相同，但对于水源、土体和光照等因素的选择基本相同。僾尼人的水田稻作已形成稳定的耕作程序模式，即选种育秧田、将秧苗移植水田、施肥、收获等环节，其耕作程序具体包括以下环节。

（1）挖田。选择水源好、土地肥沃、气温适宜、光照充足的山坡地带开挖。挖田的时间一般定在阳春三月，这段时间气候

---

① 杨忠明：《西双版纳哈尼族简史》（内部资料），西双版纳州政协提案法制委员会，2004，第 151 页。

温和凉爽，宜于劳作，且地气不发，土质干燥。

（2）开挖水沟。截住高山箐沟中流泻下来的溪泉水，用以灌溉缓坡地带的水田。

（3）盖田棚。为了缓解水田与村寨因距离远浪费时间的问题，僾尼人在田边地角建盖窝棚，既节省时间和劳力，又为生产劳作和田间管理提供方便。

（4）开挖积肥塘。给稻田施肥、冲肥。

（5）水稻的播种、收割、归仓。

（6）泡冬水田。在秋收以后，将水田犁过、耙平之后，放水泡田。"冬水田"从秋收泡到第二年春耕，整整一个冬季，有利于坚固田埂、恢复地力。

（二）水田稻作中的性别分工与合作

从选留谷种、播种、栽秧、田间管理、放水、锄草、薅秧、割谷、脱粒、晒谷、归仓等水田稻作的诸多工序中，男女均投入其中。与此同时，伴随着水田稻作文化发展，与之适应的社会性别制度也被重构。在水田稻作生计方式中，僾尼人"磨盘双合"的社会性别观又以新的形式呈现出来。"对偶"表现在生产活动和环节中严格的性别分工，诸如"男子不插秧，女子不犁田"；而"双合"则表现在男女在环环相扣的生产环节中的紧密合作。

表 3 - 5　水田稻作中的性别分工与合作

生产步骤	男性承担	女性承担
挖　田	√	
修水沟	√	
铲　埂	√	
修　埂	√	

生产步骤	男性承担	女性承担
犁　田	√	
耙　田	√	
放　水	√	
泡谷种		√
撒　种		√
拔　秧		√
背　秧		√
栽　秧		√
施　肥		√
薅　草		√
割　谷	√	√
脱　粒	√	√
背谷回寨	√	√
晒　谷		√
归　仓		√
泡冬水田	√	√

　　首先，从表 3 - 5 可以看出，僾尼男子主要负责挖田、犁田、耙田、铲埂、修水沟等重体力活；妇女主要是泡谷种、撒种、栽秧、薅草、施肥等精细活。这种社会性别分工方式与"刀耕火种"中的性别分工方式有很多相近的地方。其次，从表 3 - 5 中还可以看出，僾尼男女在生产劳动中承担着环环相扣、同等重要的工作，他们所付出的劳动共同决定了来年是否会有一个好收成。据笔者统计（南糯山大巴拉寨材料），在水田稻作农业中，僾尼成年男女全年参加劳动生产的时间达 200～250 天，每日的劳动时间为五六个小时。僾尼妇女在水田农耕程序中，除了不犁田、耙田、铲埂外，几乎参与了农耕的全过程，即从稻谷的育秧、栽秧、生长到收获、脱粒、归仓等，而且在男人犁田、耙田、铲埂的过程中，妇女也是重要的助手，如拣拾用犁耙出的石

块、草根等。换句话说，僾尼男女在水田农耕活动中尽管分工不同，但承担的工作量是非常接近的。

此外，僾尼男子除了负责领导生产、从事田间耕作和管理的重体力活外，还从事和承担商业以及外出买卖禽畜、制造生产用具和修建房屋等活动、活计。妇女除了在田间劳动中和男性的紧密合作外，还要承担纺织、饲养禽畜、砍柴，以及零星的交易等。一句话，僾尼男女除了在水田稻作农业生产中的高度协调的分工合作外，还在其他领域为着共同的目标，即全家人生活水平的提高和生活幸福，以不同的方式贡献着自己的力量。

三　传统手工业中的角色互补

在传统的僾尼社会中，副业和手工业从没有和农业生产分离过。它们作为农业的必要补充手段，在僾尼人的生产生活中起着重要的作用。以妇女纺织与男子竹篾器编制为例，这两种手工业是僾尼人生产生活中最重要的手工业形式。它们的规模局限于家庭内部，通常由男女家长承担，长辈家长仅做些补充性工作，而未成年子女尚处于学习阶段。在僾尼人眼里，田间劳作是衡量男人和女人是否勤劳肯干的标尺，而织布绣花和编制竹篾器则是衡量女人和男人在家庭生活方面能力的重要标准，因为家中有手巧的妻子、闲不住的丈夫，这个家庭一定是团结和睦、兴旺发达的。

纺织由妇女独立承担，在个体家庭中独立进行。从年初选择较肥沃的棉花地砍伐、烧荒、点播、管理，到七八月间收采棉花，将棉花运回家轧掉棉籽，再用一种细软的弓将棉团弹松。用一块光滑的木板和木棍将蓬松的纤维裹成拇指大

206

小的棉条，用特制的小块篾巴将棉条裹好，然后纺成线。妇女们上山砍柴和下地劳动都带着纺锤沿途捻线（见图 3－7）。织布则是靠一部简单的织布机来完成，织出的土布布幅较窄，用自种的蓝靛染成藏青或黑色，然后缝制成衣（见图 3－8）。从棉花捻成线到制成衣服，每套需用时三四十天，因而要满足一个家庭内部成员的需要，每年都得经过一番努力。妇女们还会用葛麻编制伞套、背袋，用五彩的绣线绣织标有各色美丽图案的挎包（见图 3－9）。擅长编制竹篾器物是每个哈尼族男子的特点。家庭用的箩筐、竹篓、竹席、草排，大部分自编自用，只有少数竹藤用具，间或拿到市场去换取自己需要的商品（见图 3－10）。

图 3－7　纺线

图 3－8　织布

图 3－9　绣花

图 3－10　编箩

表 3 – 6　手工业活动中的男女分工与互补

分类	名称	男性制作	女性制作
手工制作的竹木器具	犁架	√	
	耙	√	
	谷床	√	
	鱼笼	√	
	背箩	√	
	簸箕	√	
	篾桌	√	
	竹凳	√	
	纺车	√	
	织机	√	
	染布笼	√	
	木碓	√	
	木油榨	√	
	煮酒器	√	
纺织和刺绣	筛出棉籽		√
	打松棉花		√
	纺线		√
	织布		√
	染布		√
	刺绣		√
	制衣裤/裙		√
	制帽		√
	大挎包		√
	小挎包		√

资料来源：作者整理自田野点。

　　从表 3 – 6 可见，在纺织刺绣、打（编）制竹木（篾）器等传统手工业活动中，僾尼男女两性有严格的分工，他们各司其职，但所生产出来的产品均为生产生活中不可或缺的物品。从这一点上，僾尼人的"磨盘双合"社会性别关系体现为不同但互补。

　　作为依山而居、守土而作的农耕民族，农业生计活动是僾尼人的立身之本，也是其农业文化的实践和丰富过程。在僾尼人的文化传统和社会结构中，生产劳动从来不是与家庭生活截然分离、互不相干的两个领域。就如同本书第一章和本章中所展示的那样，男女两性不仅在家庭生活中扮演着不同但相当的角色，他们在生产劳动中也扮演着不同但对等、缺一不可、互为补充的社会角色。这种角色分工是在充分尊重两性差异的基础上，紧密结合特有的自然环境和生计形式而构建的性别角色模式。它强调了男女两性的不同，并规范了相应的性别角色和行为模式。更为重要的是，它在尊重相异的基础上，整合了两性角色，使之环环相扣、相辅相成。小到具体的生产环节，大到整个生计活动，传统文化无时无刻不彰显着"磨盘双合"的社会性别关系。

本章小结

　　农业生计活动是僾尼人传统文化的重要组成部分，既是其思想意识在物质层面的具体体现，也是其赖以生存和发展的重要物质基础。在农耕祭祀活动中，传统文化宣扬着"磨盘双合"的社会性别理念：男女两性以不同的角色、方式活跃于仪式活动中，共同祈求五谷丰登、人畜兴旺。在生产劳动中，僾尼人也实践着"磨盘双合"的社会性别理念："女子不犁田，男子不栽秧；男子不织布，女子不打猎"的性别分工恰切地体现了社会性别关系中的"对偶"观念；"小伙子在前挖塘飞样快，姑娘们在后撒种手不停；你割谷子我不闲，我打谷子你不懒"的合作互补又生动地展示了社会性别关系中的"双合"观念。"磨盘双合"的社会性别观引领着男人和女人在生产劳动中，尊重差异、携手合作，为着同一目标而辛勤劳作。同时，生产劳动中的"磨盘双合"也有力地支撑着并持续滋养着思想意识层面的同一观念。

第四章　磨盘双合的变迁与文化调适

第三章曾提到，作为居住于山区半山区、以稻作农业为主要生计方式的僾尼人，在千百年的生息繁衍中，创造了伟大的稻作文明及由此而衍生的稻作文化。其中包含了僾尼人关于天、地、人、鬼的独特认知，这不仅强调了人与自然和谐共处的世界观，更彰显了人类应对自然的巨大潜力。在僾尼人的传统生计活动中，诸如刀耕火种、水稻种植、传统的狩猎与采集、传统的手工业等，无一不蕴含和宣扬着该民族对"磨盘双合"的社会性别关系的阐释和诉求。然而，任何文化的生存、变化和发展都深深植根于它所赖以存在的自然、历史、社会和经济环境，也势必随着其生存环境的改变而发生变化。社会性别关系也不例外。

20世纪80年代起，"联产承包制"和"林业三定"的政策改变了僾尼人先前的土地所有制模式。耕地面积的缩小、生产力的提高及剩余劳动力的增加，使得青壮年有机会也有必要走出大山，进入非农产业。与此同时，改革开放中"一部分人先富起来"的思想观念使得那些胆子大、观念新、脑子活络的僾尼人开始重新认识传统稻作农业的价值。他们不再满足自给自足的生

210

产生活方式，而是以更为有效的方式将农业和手工业产品推销出去。20世纪90年代后期，"市场经济"的大潮以其无所不及的触角再一次触及僾尼人生产生活的方方面面。这些外部环境的发展变化不仅改变了僾尼人传统的生计方式，拓展了其生计领域，也引发了其思想观念的转变。

在"联产承包制"和"市场经济"为载体的现代化大潮的影响和冲击下，僾尼传统文化受到了巨大影响。在文化变迁与调适的过程中，很多观念经历了解构与重塑的过程。其中，作为传统文化构成要件的"磨盘双合"社会性别关系也发生了不小的变化。本章以如上两次重要的社会历史与经济时期为切入点，探讨在现代化背景下，僾尼人社会性别关系的变迁与调适。

第一节　剩余劳动力脱离土地生产

第三章谈到，"刀耕火种"和"固定耕地"农业中的"磨盘双合"社会性别关系及性别的分工与协作模式反映了僾尼人传统文化在特定的自然环境中和与之相配的农业生产方式中，对社会性别关系的阐释与诉求。在当时的农业生产模式中，僾尼人的全部命脉都系于土地，"靠天吃饭"的观念在僾尼人的思想意识中普遍存在。相对封闭的社会环境和匮乏的物质财富，使得"只事土地耕耘，日出而作，日落而息"的生产生活方式成为常态。同时，由于自然界的诸多不定因素，僾尼人更注重人际间的协调与合作，因为仅凭个人、家庭本身，甚至村寨内部的力量不足以完全应对自然界的变化与挑战。

20世纪80年代，"联产承包制"的贯彻实行使得僾尼人的传统土地利用和管理方式发生了巨大变化。包产到户之后，绝大部分寨子里的水田、山地、轮歇地已经按照人头、优劣和远近搭配分到了每家每户。"包产到户"之后从外寨嫁来的妇女、新出生的婴儿等新增人口再没有机会分到土地，人地比例出现明显失调。而此时的僾尼人不能再像以前一样按自己的需求和能力随意地扩大耕地面积。同时，精耕细作和化肥农药的使用，使稻谷和其他经济作物，如苞谷、甘蔗等的亩产有了大幅度的提高，基本解决了当地人对食物的日常需求。以上两方面的合力导致了剩余劳动力的大量出现。随着外部环境的变化和自身生存发展的需要，这些剩余劳动力不仅具有了"走出去"的愿望，也具备了"走出去"的可能性和必要性，僾尼人"面朝黄土背朝天"的传统生计方式发生了变化。

过去，村寨的劳力输出多见于农忙时的换工互助，很少有长期帮工的。而"联产承包制"背景下的劳务输出，除了农忙季节仍有成群结队的帮工队伍外，平日间也有为数不少的剩余劳动力以"打工"的身份走出村寨，从事建筑、修路、挖沟、伐木、餐饮、娱乐、保姆等职业。大量外来劳动力也不断地涌入僾尼地区，主要从事挖山筑路、修桥建房等行业。劳动力的输出和输入从不同渠道开拓了僾尼人的视野，使他们有更多的机会与外界接触，很多僾尼人，尤其是年轻人开始重新审视自身的文化传统。由于剩余劳动力流向的外部产业多属非农产业，僾尼人长期以来在稻作农业中（包括"刀耕火种"和"固定农业"）所形成的社会性别关系模式也就随着其赖以生存的自然与文化环境的变化而发生着变化。在这样的大背景下，劳动力经历了被重新划分和整合的过程，以家庭为单位的"磨盘双合"模式也被赋予了新的内容。下面以西双版纳南糯山村委会

10 余个僾尼寨子为例，探讨"联产承包制"后，传统社会性别关系的变迁与调适。

一　两代人的困扰

案例一：南糯山姑娘寨的阿作（68 岁）和妻子次飘（70 岁）于 20 世纪 60 年代结婚，膝下育有 2 子 2 女。儿子女儿均已成家生子。两位老人与二儿子作二（42 岁）和儿媳门娥（39 岁）居住。2005 年，小夫妻俩离婚。下面是笔者与小儿媳门娥的一段对话，此段对话发生于 2006 年夏季。

> 笔者：你和作二为什么要离婚呢？
>
> 门娥：我们本来感情很好，后来作二看见朋友去景洪打工挣了钱，心动了。他和几个朋友相约去学车（考到了驾驶证），就去景洪帮老板开车跑运输。你想，那个时候就能每月挣到 1000 块钱，我们全家人都觉得很有面子。
>
> 笔者：后来怎么样了呢？
>
> 门娥：（门娥叹了口气，眼圈红红的）他后来认识一个景洪城里的年轻姑娘，她跟着他一起跑运输。时间长了，作二的心就变了。

（作二提出了离婚。门娥起初不同意，作二就把城里女人带回家。门娥不同意也只得同意了）

> 门娥：我当时想，作二既然如此绝情，我也没有什么舍不得的。可我心里总是放不下年迈的阿爸阿妈（公公婆婆）。让那个城里姑娘回来服侍阿爸阿妈，做屋里屋外的家

务事，干田里地里的活是不可能的。这在我第一次见到那女人的时候就看出来了。

笔者：离婚时你应该分到一些什么东西吧？

门娥：田地和牛是我们僾尼人的命根子。我原本不是姑娘寨的人，我们僾尼人的姑娘出嫁时，不兴把土地从娘家带出来。我和作二结婚前，寨子里的水田已经在1985年包产到户。他家有10亩水田，是阿爸、阿妈、作二和出嫁的两个姐妹名下的。我在作二家的那几年，和作二一起辛辛苦苦地料理田里的活计。农忙的时候，阿爸帮我们守田，阿妈帮着带孩子、料理家务。我们一斤不少地承担了承包田应缴的公余粮。作二家的牛也从原来的5头发展到8头。

笔者：他们分给你田地和牛了吗？

门娥：我阿爸阿妈说，僾尼人的田地不能带走，但是牛可以分一部分给我。我分到了两头牛和一辆摩托车。我本想把两个孩子带在身边，但我的条件不如作二家，他们跟着我也只能受苦。另外，我也想出去打工，也想像别人那样多挣些钱……

案例二：南糯山村委会水河寨的克确（67岁）和妻子车露（64岁）于20世纪60年代结婚，膝下育有3男1女。3个儿子均已结婚，小女儿远嫁浙江，后离婚返回寨内。以下是笔者与克确老人的一段对话，此段对话发生于2007年的冬季。

笔者：寨里的很多老人都和儿子一起住，你和车露阿匹（奶奶）为什么自己住呢？

克确：我们原本与二儿子确二和他媳妇边梭一起住。确二老实本分，田里的活干得很好，竹篾也编得好。儿媳边梭能说会道，心眼活，也很能干。

笔者：他们小夫妻俩的感情好吗？

克确：好着呢。在边梭出去做生意前，他们夫妻两人是家里的主劳力，田里的活都是他们干的。我和确二他阿妈帮忙放牛、养猪、养鸡。

笔者：边梭出去做什么生意？

克确：说是和几个小姐妹约着去打洛边境做"边贸生意"。

笔者：生意做得好吗？

克确：看样子还可以。但自从她出去做生意，家里就乱了套。确二包了田里所有的活，很辛苦。我们不仅要帮他们带孩子，家里家外的事情都要照应。前两年，我的小女儿王丽（汉名）离婚从浙江回来，没有住处，只好和我们暂时住在一起。姑嫂两个人本来就合不来，小姑说嫂子自己出去赚钱，却让年迈的爸妈在家里操劳；嫂子说小姑赖在家里白吃白住。我们两个老人实在受不了这种吵吵嚷嚷，去年（2006）就让确二他们分家出去单过了。小女儿再嫁前也只能和我们住在一起。

笔者：寨子里人会怎么看呢？

克确：老人单过当然不好，但没有办法，只要孩子们好就行了。但看着确二一个人操持家，真为他担心！

笔者：那么平常你地里的活计谁来干呢？

克确：我家有 4 亩水田，2 亩茶叶地。车露有关节炎，几年前就下不了田了。田里的活计是我一个人料理，栽秧、打谷子的时候，儿子们回来帮忙。女儿在浙江挣到的钱也会拿出一些贴补家用。

后来，笔者与车露的女儿王丽聊过几次。她对二哥二嫂心存怨气，说他们不养父母，父母生病也不拿钱出来。王丽说："我阿妈说，养了4个孩子，只养着我一个。前段时间，寨子里的一个老人病逝，传说是因为儿子不孝顺，老人想不通吃草药自杀。我阿妈参加葬礼归来，很伤感。我阿妈说，以后她可能死了几天都不会有人知道。"

在本书第一章中曾经谈到，在僾尼人的传统生命周期礼仪中，有儿有女、儿孙满堂、家庭幸福和睦的老人由于圆满地达成既定的人生理想和社会性别期望，在亲戚朋友中会备受尊敬。同时，小辈人幸福的婚姻生活和由婚姻缔结而衍生的赡养父母的责任和义务也是社会性别关系的重要内容之一。在僾尼人的传统文化中，长辈老人在女儿出嫁、儿子娶妻生子分家之后，便会随其中一个儿子居住，安度晚年。作为给儿子的补偿，长辈老人的房产和地产由该儿子继承。因此，对于逐渐淡出主要生产领域和社会活动圈子的长辈老人而言，儿子是否孝顺、儿媳是否善良成为这一居住形式是否顺畅和成功的重要因素。

当地人普遍认为，儿子与父母有割不断的血缘关系，再不孝的儿子也不会对老人不敬，再苛刻的老人也不会对儿子心存隔阂；而儿媳的角色则完全不同。寨里人在田间地头、茶余饭后的闲聊中，谁家的儿媳能干不能干、谁家的儿媳孝顺不孝顺常常是避不开的话题。有了能干孝顺的儿媳，公公婆婆的脸上有光；有了不懂轻重、不知冷热的儿媳，公公婆婆的脸便是阴沉沉的，别人觉得他们可怜，他们自己也觉得很不幸。

从以上的两个案例来看，"联产承包制"的实行，使得富余劳动力有机会走出大山，以新的方式来获得物质财富；留在家中的劳动力不仅要承担自身社会角色所规定的任务，还要替配偶一方承担相应的义务。"由于农村的结构性调整，包括土地的分配和利用，农产品的生产和销售等环节上的变革，以及资源保护和现代化发展的具体落实等，都要求农业人群的利益做出让步。"①这些变化迫使当事人不得不面对新变化，从身体和心理两方面做出应对和必要的调适。这些变化调整有积极正面的，也有消极负面的。劳动力的新流向和家庭社会角色模式的改变，不仅打破了传统的生计模式，也使得依附其上的社会性别模式发生了改变。小辈夫妻的以土为本的"磨盘双合"社会性别分工与合作模式在部分僾尼人中出现了解构的趋向，由此而引发的后果不仅波及小辈夫妻之间、妯娌之间的感情，也将动摇传统社会性别关系中老有所养、老有所依的观念。

二 夫妻关系的新气象

案例一：大巴拉寨批桑（50岁）和妻子确美（46岁）是一对老实巴交的夫妇，育有2个女儿1个儿子。孩子们都是在"包产到户"之后出生的，他们的名下都没有分到土地。批桑的妹妹批都在20出头的时候认识了在景洪做生意的浙江人，嫁到了浙江，据说生活富足。后来，经过批都的介绍，批桑的两个女儿先后到浙江打工，时不时为母亲寄回时髦的衣服和首饰，让寨里的女人们羡慕不已。2005年，大女儿从浙江回来，为父母租下

---

① 赵捷：《社会性别与发展：实践者的足迹与反思》，《山西师范大学学报》2004第4期。

了团结桥①附近的一家小吃店。此后，批桑夫妻俩在劳动之余或在农闲时候就到小吃店做烧烤生意（见图4-1）。

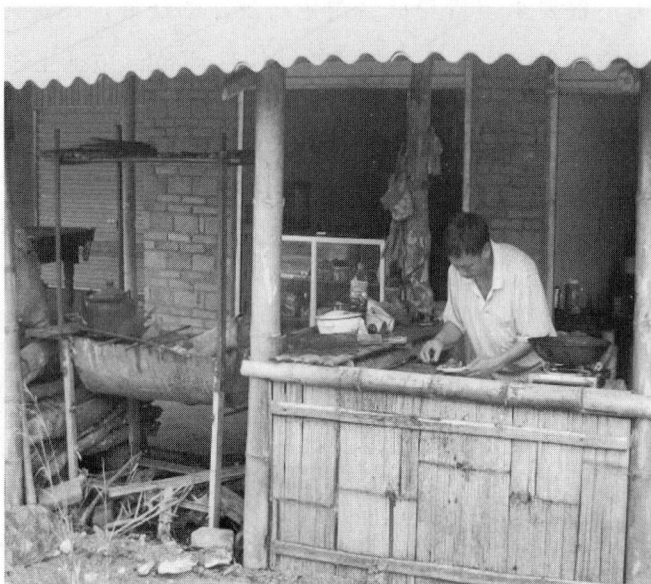

图4-1　批桑夫妇的烧烤店

笔者曾去他们的小店里吃过烧烤，夫妻俩热情招待了笔者。确美忙着倒茶、点菜、结账，批桑在烟熏火燎的烧烤架旁翻动着肉串和蔬菜串。光顾小店的多是附近寨子的年轻人，"烧烤"虽不是僾尼人生活中的新玩意儿，但吃客中有拉祜族、傣族、僾尼人，有时还有汉族，他们口味不同，饮食习惯也不同，夫妻俩为

---

① 南糯山村委会范围内有一条流沙河，沿流沙河向东走出了勐海坝，再行9公里，就到了曼尾村委会与南糯山村委会的交界地。这里有三个村寨，分别居住着傣（小曼恩寨）、僾尼（大巴拉寨）、拉祜（小巴拉寨）3个民族。长期以来，村民们只能靠竹排摆渡把农产品运出去。雨季来临时，人出不去，外面的拖拉机也进不来。1995年，大巴拉村小组长学爬牵头筹备建桥，小巴拉、小曼恩的僾尼、傣、拉祜农户积极响应。1996年大桥竣工验收并举行通行典礼，命名为"民族团结桥"。

了菜品的选择和搭配着实费了一番脑筋，还专门去景洪夜市的烧烤摊上取过经。确美说，自从小店开起来以后，家里只种了少量的水稻，够吃就可以了。其他杂粮已经没有时间料理，猪和鸡也不养了。两个女儿在外打工，生活无忧，儿子在景洪上技校，等他毕业了，生活应该会更好。

案例二：南糯山大巴拉寨于 1982 年实行了包产到户。据副村主任讲，当时每人头上分得水田 2 亩、旱地 20 亩，还有离寨子 5 公里处的 2000 多亩荒地没有分。21 世纪初，西双版纳州政府计划修建一条由景洪直达边境打洛的公路——214 省道，而 214 省道在勐海县境内的选址正好要穿越南糯山村委会。2000 年修 214 省道时，占用了寨子的水田近 60 亩，山地上百亩。

农户科当（46 岁）和妻子郁咪（44 岁）于 20 世纪 80 年代结婚，育有两个儿子。郁咪从外寨嫁进科当家时，大巴拉寨已经完成了"包产到户"。等大儿子到了 10 岁的年龄，科当和妻子从父母家分出来单过。分家的时候，科当除了分得自己名下的 2 亩水田和 40 亩山地外，还分得出嫁的姐姐名下的 2 亩水田和 40 亩山地。科当和郁咪是一对幸福的夫妻，和大多数寨子里的中年夫妻一样，以土为本、养儿育女、夫唱妇随的简朴生活模式一直被他们默默地遵守着、奉行着。夫妻俩除了忙完田地里的活，还养了 4 头猪、2 头牛。农闲的时候，科当编些竹桌、竹凳或竹篓；郁咪是个巧手的媳妇，一家老小的衣裤都由她亲手制作。据说，科当的妹妹科美出嫁时，她还送了两套衣裙呢！

2004 年 214 省道完工。214 省道紧邻大巴拉寨，修建时不同程度地占用了农户们的山地和水田。根据有关规定，占用 1 亩水田补偿 17000 元，占用一亩山地补偿 7000 元。科当家的水田被占去 1 亩，山地近 20 亩，补偿款加起来近 15 万元。除了科当家外，寨子里的其他农户家均有相似的情况。科当夫妇认为，这笔钱一定要好好利用，不能吃肉喝酒糟蹋了，两个儿子名下都没有分到土地，将来成家立业时还需要长辈帮扶。于是，科当家和寨子的其他 3 户人家合资，在距寨子 10 公里远的地方租了一块荒地，种了近 70 亩葛根。葛根自种下去 1 年半便有收成，产品由景洪城里的一家公司专门收购，制作成葛根粉，销往云南省内各地。

2006 年，当笔者到大巴拉寨做调查时，科当的葛根地已经种植了 4 年，收获 2 年（见图 4-2）。自科当与人合伙种植葛根以来，到田地里劳动和在家的时间明显减少，大儿子当江在景洪城里打工，二儿子当巴还在勐海县城上中学，家里家外的大小事情都由妻子郁咪一人料理。郁咪告诉笔者，家里的 2 亩水田已经租给寨里需要的人家栽种，牛卖了，原来养的 4 头猪也卖了 2 头，自己一个人实在是忙不过来。农忙的时候，要请工来帮忙。换工的形式也由原来的劳力换劳力变成了出钱请工。不过，郁咪告诉笔者说，生活虽然辛苦，丈夫种葛根赚的钱都如数拿回来，这笔钱比起种地来不知要多出多少。大儿子在景洪打工能养活自己，现在只有小儿子的学费和生活费需要负担，生活比以前好多了。

从以上两个案例中可以看到，核心家庭的夫妻部分脱离了"只事土地耕耘"的农业生产方式，共同投身到外部市场中。土地对他们而言不再是获取物质必需品的唯一来源，也不是只能保证一家人温饱问题的物质基础。新的生计模式为僾尼人提供了更多谋生的途径，而谋生途径的多样化不仅导致了物质财富的增加，也使人们对以往的社会性别模式有了新的理解并加注了新的元素。这两个案例表明，在新的生计模式下，传统性别模式的变

图 4 - 2 收获葛根

迁并不一定会导致不良的后果。相反，在新的生计模式中，夫妻
双方更加紧密地团结在一起应对挑战和机遇，而社会性别角色的
分工也以一种崭新的方式呈现出来，对它们的解释必须超越家庭
内部活动和田间生产劳动的范畴。当然，这种模式还要接受时间
的考验并必然处在不断的发展变化中。

第二节　男女老少投入茶叶生产

20 世纪 80 年代"联产承包制"前，僾尼人的土地属村社共
有，而生产劳动则以家庭为单位，男女分工明确。1978 年"包
产到户"实行后，南糯山僾尼人的农业生产由原来的以村社为
单位变为以家庭为单位，扩大式家庭中的小辈夫妻和核心家庭中
的男女家长仍然是"包产到户"政策背景下的主要劳动力和家
庭的决策者。然而，如前所述，传统生计活动中的性别角色已经

221

受到挑战、发生了变化并实现了部分重塑。在面临新一轮的、以茶叶生产和贸易为载体的市场经济的挑战时，刚刚建构起来的性别分工模式又一次面临挑战，也势必发生变化。

西双版纳勐海县南糯山是出产普洱茶的五大名山之一。有关西双版纳勐海县茶叶生产和贸易的记载始于唐代的汉文史籍中。1978年改革开放后，勐海县茶叶生产的得天独厚的自然条件和悠久的茶叶生产历史及文化重新展示出魅力，西双版纳州、勐海县茶叶科学研究所积极鼓励和推广茶叶种植。当历史跨入21世纪，翻开崭新一页的时候，以"普洱茶"为代表的云南茶叶一夜之间成为经济和文化的新宠。在"普洱茶热"席卷云南，乃至全国的时候，它的触角也以无可比拟的速度深入西双版纳南糯山的千家万户，成为僾尼人发家致富的希望。2006年，为了适应和满足市场经济的需求，南糯山的僾尼人从简单的茶叶初加工转向成品茶加工，从等待茶商上门收购转向自主推销茶叶，将茶叶卖到县外、省外和国外。2007年，南糯山村委会牵头成立了"茶叶联合会"，旨在联合个体农户，形成联合贸易平台。自20世纪90年代后期到21世纪初的短短10年，茶叶市场经济不仅为国内许多与茶叶挂钩的行业带来了巨大财富，也给边远山区的僾尼人的生产和生活带来了翻天覆地的变化。

本章的第一节中提到，僾尼人在"联产承包制"背景下，传统的社会性别分工模式和社会性别关系经历了一个文化变迁与调适的过程。同样，在市场经济背景下，以山地或水田稻谷种植为主，辅以家畜养殖、田园经济和编制、纺织等手工业的传统生计方式再一次发生了历史性变迁。传统生计方式的变迁所带来的变化，不仅出现在物质层面，也深刻地体现在相关的意识领域。人们在前所未有的财富面前，不再笃信传统生计方式和生活方式中固有的性别分工，他们更讲究灵活的合作与共赢方式。他们认为，只要能够积极有效地创造财富，任何与之相符的性别分工与合作都是合理可行的。这从另一方面表明了僾尼人在挑战和机遇面前所呈现出来的高度的开放性和灵活性，以及其传统文化的巨大包容性和调适能力。

一 传统生计方式的变迁

2005 年当笔者第一次走进南糯山时，僾尼农民还在大面积种植杂交稻和甘蔗。自 2006 年起，改种苞谷，田间套种黄瓜、面瓜、辣子、芝麻、苏子等，并大力发展养殖业。2007 年夏天，当笔者第四次走进南糯山时，呈现在眼前的是好一番繁荣的景象：空气里弥漫着茶叶的清香，农户的语言里活跃着关于茶叶的词汇，大人孩子的脸上洋溢着幸福的微笑，茶叶成为僾尼人生产生活中最受欢迎的精灵。家庭制茶手工作坊遍及每家每户，农户们安置了炒茶用的大锅，留出了干净卫生且通风条件好的房间储存茶叶，有的家庭还购置了揉捻机、烘干机、杀青机或整套的茶叶制饼机。茶叶种植面积急剧扩大，茶叶已经成为各家各户最主要的经济来源。[①] 山地的租赁价格由两年前的 200 元/亩上涨到 7000 元/亩（租赁期限 50 年）。为数不少的农户停止了甘蔗和苞谷种植，有的农户为了防止水田丢荒，雇工来栽种水稻，收成归雇工所有。

短短 10 年间，生产及销售由市场的自由价格机制为主导的

---

① 以南糯山大巴拉寨为例：1984 年云南省农科院茶叶研究所推广"果茶套种农林系统"，向农民免费提供茶籽和栽培技术。大巴拉寨的茶叶种植从 1984 年的 24 亩，发展到 1985 年的 150 亩、1986 年的 160 亩、2005 年的 1500 亩。2006 年起，茶叶种植面积急剧扩大，茶叶已成为大巴拉寨的主要经济来源，户均可达 2 万~3 万元/年，多者可达 10 万元/年。

市场经济深刻地影响着曾经闭塞的僾尼山寨，商品经济意识向纵深发展，深入每一个角落、每一户人家。在市场经济大潮的驱动下，这个历史上以土地生产为生存根本的半山区民族根据市场需求的不断变化，发挥土地的多样性生产功能并适时改变自己的生产战术。他们不断地学习、调整、适应，以开放的思维迎接外部力量带来的机遇和挑战。

二　全家都是劳动力

本书的第三章谈到，在以家户为基本生产单位的稻作生计活动中，两性的分工与合作既是劳动力组合的基本形式，也是社会性别关系的核心元素。21世纪初重新兴盛起来的茶叶生产与贸易在很短的时间内打破了传统的生计模式。僾尼人漫山遍野种植了茶树（见图4-3），稻谷种植所占的比例被急剧压缩。而深深植根于传统生计模式的社会性别关系，也随着其所依赖的生存环境的变化发生了变化。那么，这种变化在多大程度上解构了传统的社会性别关系，又在多大的程度上、以何种方式赋予了社会性别关系新的内容？与水稻种植的自给自足的生产模式相比，茶叶的生产和贸易在更大的程度上受制于外部经济环境和市场需求。这种情况要求茶农们超越封闭的生产模式，更加注意外部市场的变化，并加强与外界的交往与合作。这种开放式的生产模式及经营理念要求僾尼人及时调整劳动力的分配与整合形式，并更为有效地利用外部资源。

在僾尼人的传统性别关系中，扩大式家庭的一线核心劳动力为小辈夫妻，与之共同生活的长辈夫妻在劳力的使用、家庭的决策、经济的支配等方面都已退居二线。小辈夫妻承担了田间地头95%以上的活计，家里家外的各种农活和家务事也大部分由他们承担。夫妻间的"磨盘双合"表现在共同参与生产劳动和共同担负家务劳动

图 4 – 3　漫山遍野的茶树

方面。老辈夫妻在身体状况良好的情况下，则从事一些辅助性的工作，如放牛、找猪草、看孩子、做饭等轻体力活；未成年的孩子除了要照顾年幼的弟妹外，仍可以无忧无虑地享受着简朴而快乐的童年。就核心家庭的夫妻而言，"对偶"意味着生产、生活中不同的角色与任务，而"双合"则意味着他们环环相扣、合作互动的角色互补。在此时的社会性别关系的二元结构中，夫妻既是家户的，也是公共的，并不存在"公/私、社会/家庭"的明显分界线。

　　下面以南糯山大巴拉寨的个案为例来探讨茶叶生产贸易中社会性别关系的变迁。2005 年以前，大巴拉寨大面积种植甘蔗和杂交稻。自 2006 年起，改种苞谷，套种黄瓜、面瓜、辣子、芝麻、苏子等，水稻主要满足日常生活需要。自 2006 年起，农户开始大面积种植茶叶，多数农户连水田都不种了。他们说没有时间和精力来种植水稻，种植茶叶得到的收益完全可以用来买粮食。有些农户为了防止水田丢荒，雇工来栽种水稻，不收取任何费用。2006 年以前，大巴拉寨的养牛量在 500 头左右，每家每户都养近 4 头猪。后来由于大面积开垦茶地，牧场缩小，寨子的养牛量不到 10 头。由于养猪所产生的粪便等不能保证茶叶加工和储存的卫生标准，再加上每年五六月份大面积的猪瘟，只有很少的农户养猪，每户也就一两头猪。

大巴拉寨的爬娥（38 岁）17 岁时嫁给了本寨的小伙子克索（40 岁），夫妻生活幸福美满，膝下有两个儿子，大儿子 20 岁，小儿子 18 岁，两人初中毕业，都在景洪城里打工。克索兄弟姐妹 4 人，大哥分家后仍居住在本寨，大姐嫁到保山农村，小妹也嫁在本寨。克索的父母随克索夫妇居住。

20 世纪末在茶叶生产和贸易重新兴起之前，克索、爬娥家有水田 8 亩、山地 60 亩，主要种植水稻、苞谷和甘蔗。当年夫妻俩在田里干活的时间平均 300 天/年，在农忙时节，村民们常常采用换工形式进行劳力补给。2004 年，克索家在栽秧时请了 30 个工，栽秧的活计一天完成。在接下来的日子里，他们夫妻俩还了整整一个月的工。晚上和农闲时，克索编制竹篾器，爬娥制衣绣花。爬娥说，家里养了 8 头牛，公公一人独自照料，孩子们放学或放假时，也会随爷爷上山放牛；家里养了 4 头猪，由婆婆照料。婆婆除了每天上山找猪草外，还负责煮饭等家务活。收获的水稻除了满足日常消耗外，略有剩余，苞谷主要用来喂猪和酿酒，甘蔗卖给附近的糖厂补贴家用。

茶叶的生产和贸易为大巴拉寨的农户们带来了翻天覆地的变化，农户们一夜之间"富了起来"。克索家也不例外，他家的现金收入在 2006 年底达到了 10 万元。在这样极具有诱惑力和美好前景的产业面前，克索家的劳动力分配做出了及时调整，传统的社会性别分工模式也被重新整合。

克索家的 8 亩水田中，自己保留 6 亩，2 亩放荒；苞谷和甘蔗地已经改种茶叶；原来的 8 头牛卖掉 7 头还剩 1 头；原来的 4 头猪全部卖掉；手工酿酒停止，克索的竹器编制和爬娥的制衣绣花也停止。几乎所有的传统生计方式都被茶叶生产与贸易替代。与此同时，两个在外打工的儿子也被召回寨子，参加茶叶生产活动。

茶叶生产与贸易重新兴起之前，大巴拉寨有十来个男性老人在自家田地附近盖一间小木屋居住，主要任务是养牛和看护自家田地。因为田地距离村寨至少有 5 公里远，加上雨天路滑，来回不方便，这些老人都选择住在山上。克索的父亲年近 70，独自住在山上已经有 12 个年头了。老人除了放牛外，还养了几十只鸡，在小木屋四周种了一些日常食用的蔬菜。老人告诉笔者，克索和爬娥夫妇现在已经腾不出时间去料理田里的水稻，本该由他们夫妻俩完成的活计现由他独自一人完成。老人说，今年（2007）儿子媳妇都忙于种茶叶，实在没有多余的时间来照料水田，"我独自一人花了 20 多天薅田里的草，后来实在干不完，请包工队帮忙干了 4 天。后来，我又独自一人打农药 3 次，用时 5 天时间。"当问及请包工队的具体费用时，老人说："我也不知道，都是娃娃他们给钱，我又没有钱。"当问及他在山上的生活时，老人说："娃娃时不时给我送点肉。（他们送）我就吃点，不送的话，我养了鸡，也种了些蔬菜。"自 2007 年起，以前住在山上的十来个老人已经陆续迁回寨子居住，一是因为各家各户的水稻种植面积急剧压缩，牛也几乎卖光了，老人在山上就没有必要再继续住下去；二是因为家里急需劳力，老人虽不能亲自参加栽种和管理茶叶，却能参加采茶、晒茶和挑拣黄叶的工作。

克索的母亲原来养了 4 头猪，现在家里的茶叶加工有相应的卫生要求，就不能再养猪了。老人早上去采两趟茶叶，每次背回来的茶叶至少有二三十公斤。而挑拣毛茶中黄片的任务自然就落到了老人头上。这活计看似轻松，可几个小时下来，老人常常觉得腰酸腿疼，脖子也僵硬了。揉茶、晒茶的任务也落到了老人头上（见图4－4、图4－5）。晒茶的时候碰上天气晴朗、太阳高照的日子是最好不过的了，两三天就可以把茶晒干晒透。要是碰到天阴下雨或间晴间阴，老人要把晒在篾席上或大簸箕中的茶叶不断地收进摆出，这绝对不是件轻松的活计！

图4－4　揉茶　　　　　　　　图4－5　晒茶

克索夫妇是家里栽种茶叶和管理茶叶的主要劳动力。在栽种和管理茶叶的劳动过程中，夫妻俩没有明确的分工。在买茶种、整地、栽茶苗、松土、浇水、施肥、打药、采茶、烘茶、揉茶、晒茶等十多道工序中，夫妻俩同心协力、辛勤劳动，不敢有丝毫懈怠。克索告诉笔者说，种茶虽然很赚钱，却实在是一种细致而辛苦的活计。嫩茶尖从冒芽到采摘只有14天的时间，采摘时间稍有拖延，高品质的"两叶一芽"就会变成老叶，不值钱了。"在这种情况下，我们不再像以前那样讲究哪些活是男人的活，哪些活是女人的活。我们夫妻俩，再加上2个儿子，人手都不够。"以前克索和爬娥在一天的劳作之后，在夜晚的火塘边或电灯下，还要做些手工活。"现在的时间除了睡觉，都在做（茶叶）活计。"

在茶叶生产和贸易的大好形势下，曾经紧紧依附于水田稻作农业的"男子不插秧，女子不犁田"的传统性别分工已经不复存在。取而代之的是，男女性别角色的趋同倾向和更为紧密的合作。此外，茶叶生产中家庭劳力的紧缺也使赡养长辈老人的观念发生不小变化。以前，有儿有女有孙辈的长辈老人由于达成了人生理想、履行了做人的责任（详见第一章第四节），拥有了享受颐养天年的资格和荣耀。他们除了自愿承担一些力所能及的轻活外，多在与同龄老人的闲聊中，在温暖太阳的照耀下，享受着儿孙们的供养，平静地度过老年时光……而如今繁荣的茶叶生产与贸易又将他们拉回劳动大军之中，在享受越来越丰富的物质生活的时候，他们年老的身体和深深植根于传统观念的大脑该经历着怎样一种冲击或煎熬？

三　由"家户"导向"外部"

（一）家庭雇工

自大面积种植茶叶起，僾尼人的农忙季节的界定发生了很大的变化。与过去稻谷生产中的栽秧和收割的五六月和九十月农忙季节相比，栽种茶叶的农忙季节①在时间上延长了许多。由于水

---

① 清明节前是茶叶采摘的黄金时段，这段时间的茶叶称为"节前茶"。经过了前一年11月至次年2月近3个月的休整，茶叶长出了最新、最绿、最香的嫩茶。这段时间的茶叶价格最好，销路也最好。听农户们说，当年的春茶制成毛茶后几乎不用在家中过夜就能销售一空，南糯山沿途都是收购春茶的车辆和生意人。清明过后的茶叶称为"雨水茶"，这段时间的茶叶在品质方面就远远不如"节前茶"，销量明显下降。但茶叶不采摘就不发新芽，所以，尽管茶叶的销路远不如几个月前，但是农户对茶叶的采摘也不敢怠慢，还是天天去摘，并抽空开辟新的茶地，尝试新的茶苗品种。9月份，又是茶叶采摘的另一个黄金季节，在这段时间内采摘的茶叶被称作"谷花茶"，这时候的茶叶里面带着淡淡的谷花香，雨水少，茶叶品质也不错。这样的忙碌一直要持续到10月底。用茶农的话说，种茶的活计比较单一、轻松，男女老少都能做，但一年到头不得歇息。

稻栽种和收割季节与茶叶的采摘季节产生了部分重合，村民之间的换工方式急剧减少，在部分村寨已经完全消失。取而代之的是大量临时雇工的出现，南糯山多衣寨的村小组长为笔者做了生动的说明："你想想，摘一公斤茶叶拿去卖，可以卖 200 元；雇一天工栽秧要 100 元，虽然太贵了，但算起来还是很划算，200 元的收入减去 100 元的支出，你不是净赚 100 元。"

（1）长期养工。雇工和雇主同吃同住，除了茶叶生产外，还兼顾其他作物的种植、管理和收割。这种雇工方式主要出现在家庭劳力少，收入情况较好的农户家。

（2）合同工。这样的雇工现象主要出现在大面积栽种茶叶的农户家。在茶叶可采摘之前（茶苗成熟一般需要 3 年的时间），雇主保证雇工的基本生活需要。茶地由雇工自己栽种和管理，等有了收益以后，雇主和雇工按照当初的约定分成。

（3）零工。这种雇工方式在农忙时最为常见。南糯山的僾尼农户一般都会有几个相对固定的零工人选，需要的时候，打一个电话预约就行。"有时主人还没有起床，打零工的人已经在门外等着呢。"僾尼人这样描述。

新的劳动力雇用形式的出现，使得以往以家户生产为主要特点的生计活动发生了根本性转变。不少僾尼农户从单纯的土地耕作者转变为土地经营者。他们不仅懂得"汗珠落地砸两半"的辛勤付出能够带来丰收的喜悦，还懂得有效利用外部资源，适时吸纳外部劳力的外部导向性土地经营方式。在土地经营的过程中，大部分男性家长承担外部联系、接洽的工作，而女性家长则发挥其细致耐心、精打细算的特长，承担了外来劳动力的管理工作，包括食物的供给、日常生活的安排及酬金的发放等。在茶叶生产与贸易中，"磨盘双合"的社会性别关系出现了由以家户为基础导向了以外部为中心的趋势。

（二）男主外，女主内

随着茶叶生产规模的不断扩大，南糯山的傈尼人不再满足于将茶叶卖给前来收购的个体茶商，他们开始尝试自己把茶叶制成茶饼，申请茶叶生产卫生许可证和专利品牌，将茶叶卖到寨外、县外、省外甚至国外。

南糯山新路寨自1999年从半坡新寨搬迁至现址，一直以种植水稻满足日常生活的需要，以甘蔗种植为主要的经济来源。2006年以来，寨子里开始以茶叶种植为主要经济来源，只有少数农户还在种植水稻、苞谷和甘蔗，但劳力投入和以前相比大大减少，栽秧、收割等农忙季节请包工队的现象也比较突出。笔者到姑娘寨调查时，途经新路寨，寨里的朗三热情地用自己新购置的轿车把笔者送到目的地。一路上，他非常健谈，谈到他的茶叶生意，谈到他通过网络把茶叶卖到加拿大，并和几个台商有固定的产销合同。乡间的道路狭窄而颠簸，朗三的轿车开在这样的路上显得并不十分合适。他说："轿车开着气派，坐着也舒服。运货的时候可以出钱请人雇车。"临下车时，他坚决拒收笔者塞给他的搭车钱，一脸的诚恳与和善。在南糯山的其他村寨里，也发生着同样令人惊异的变化。2006年底，大巴拉寨的秋克把自家的茶叶送到景洪市里的茶庄供客人免费品尝；后来又与人合伙在景洪市的茶叶街开了一个兼营批发零售的"茶行"；2007年他和寨里的几个男人结伴去了一趟北京，把茶叶送到云南省驻北京办事处，供办事处作为免费礼品赠送省外客人，他希望把茶叶生意做到北京去。2008年上半年，秋克把二儿子派到北京经营自家的茶叶铺面，进行批零兼营的茶叶生意。

开放式的茶叶贸易使得部分傈尼人成为连接土地生产和商品

贸易的中间环节代理人，也成为铺设寨内通往寨外，寨外走进寨内的经济桥梁的先锋。这种新形势下的劳动力分化打破了僾尼传统的生产方式和农业生产关系结构，也导致了传统性别关系的变迁。在不少的僾尼家庭里，出现了"男主外，女主内"的社会性别分工模式，男人进入外部的贸易市场，女人则独自承担起家里或田里的所有活计。在部分村寨，农业女性化的趋势已初现端倪。

（三）住屋空间"公"与"私"的变化

随着外部茶叶市场的开放和茶叶贸易的逐步升温，茶叶俨然成为僾尼人心中的"宠儿"。其地位之显赫，从僾尼人家庭内部空间的重新安排中就可见一斑。2005年，当笔者第一次到大巴拉寨做田野调查时，农户克梭家的房屋结构及其功能还很好地保留着传统风格。标准的干栏式建筑分为上下两层，上面住人及日常生活，下面养猪和酿酒。笔者就住在主人房间隔壁临时隔断的小过道内，只有窄小的布门帘与堂屋分隔开来。2007年7月当笔者再次踏进克梭家时，整个房子几乎变得认不出来了。正屋中男室和女室的隔板已拆除，男室的火塘已被现代的饮水机和配套茶具所替代，靠窗的木板墙上悬挂了"古巴拉茶厂生产卫生许可证"。家里已经不再养牛、猪，酿酒也停了，房子底层被茶叶完全占据，原来的土泥地已经变成了水泥地。原来敞开的空间一分为二，一边储存茶叶，一边放置茶叶制饼机。原来的厕所装了门，还新建了一个厕所，就像城里人家里的主卫生间和客卫生间一样。笔者原来住的小隔间已经单独从大屋子里分隔出来，面积也扩大为两间，添置了床铺和安装了门锁，跟城里人家里的客房是一样的。克梭家还围起了院子，装上了大门，因为家里有近万元的茶叶机器，还有每天销售茶叶的现金，僾尼人以前夜不闭户的传统已经不复存在。

在住屋空间"公"与"私"的重新设计和规划中，"公"的空间被大大提升，而"私"的空间被急剧压缩，家庭内部空间和外部市场空间的分界线日趋明显。而原来以家户或"私"为基础的社会性别关系由一个相对封闭的内循环圈转向了一个开放或半开放的外循环圈。

（四）"从夫居"到"携夫归"

传统上，僾尼妇女婚后均采用"从夫居"模式，嫁出去的姑娘一般不再回到娘家，有些嫁得远的姑娘甚至连父母过世也无法赶回来，其名下的土地留在娘家，由父母实行再分配，嫁出去的妇女随之成为夫家的主要劳动力。在传统的性别角色中，女人嫁到婆家就变成了婆家人，与婆家的阿爸阿妈、丈夫、孩子共同见证该家庭的兴衰成败，而与娘家人的关系随着时间的推移，渐行渐远。

然而，21世纪初茶叶生产和贸易所带来的丰厚利润不仅吸引着外乡姑娘嫁进南糯山，也召唤着一些早年嫁到外乡的妇女举家回迁。例如，本书第二章提到的大巴拉寨妇女克依于20年前外嫁到云南保山农村，2006年初她携丈夫、女儿回到了大巴拉寨。夫妻俩租住寨子里的一处老房子，女儿借住在舅舅家。在茶叶采摘的繁忙季节，一家人靠帮亲戚家采摘茶叶来维持生计。妇女飘秀于18岁嫁给湖南籍男子，随丈夫回湖南生活，育有两个孩子，2007年初携丈夫和孩子回到大巴拉寨，租住了山坡上的一处住房（50元/月），养了200多只鸡，靠帮亲戚家摘茶叶增加经济收入。女歌手确布于5年前嫁给勐勒建筑公司的一位干部，自2006年起，她就在夫家和娘家两边跑，农忙时常住娘家，靠帮娘家摘茶叶增加经济收入。

　　僾尼人的婚后居住模式涉及家庭财产的分配与继承、农业生产的方式和规模、文化传统的传承和变迁等诸多方面。在茶叶贸易所带来的前所未有的财富面前，僾尼妇女不再恪守"从夫居"的传统居住模式，毅然决然地携夫带子回到家乡。尽管当地的僾尼人对这种突然出现的新事物无充分准备，但他们仍以宽广的胸怀默默地接受这些外嫁姐妹的归来，并为她们提供一定的帮助。

　　这些妇女回到家乡后，大多遇到无地无房、生活水平相对较低等诸多问题。她们只好租住寨子里的旧房子或租用闲置的山地，进行茶叶生产。但这样的境遇并没有难倒或打垮这些坚强的妇女。她们凭借着姑娘时代的"人脉"关系，周旋于兄弟姐妹中，游说于亲戚朋友中，让他们了解她们的困难与需求。从这一点上看，她们担负起了一家人发家致富的全部重任。

（五）女人不绣花，男人不编箩

　　僾尼人的传统手工业以妇女的织布、刺绣和男人的竹篾器编制（详见第三章第二节）为主，这是僾尼人传统生产、生活中不可或缺的部分，也是颇具性别特色的生产劳动。

　　僾尼人的传统服饰是僾尼传统文化传承过程中的一个重要媒介，也是最具性别特色的文化传统。它不仅是僾尼人生活的自然空间及所创造的社会文化的产物，也表达了僾尼人对世界的认识和对生命的理解。在传统文化中，针线活不仅是年轻姑娘能力一个重要的考量标准，也是一个女人立足于社会、被社会认可的一个重要指标。手巧的姑娘从来都是娘家的自豪、婆家的骄傲。据寨子里40岁左右的中年妇女回忆，当年劳动之余，她们缝制和刺绣僾尼服装和挎包，常常通宵达旦。直到20世纪90年代后期，僾尼妇女的手工业都是家庭的一项主要收入来源。一个勤劳手巧的僾尼妇女仅凭这一项每年就可以有上千元的收入（见图4－6）。而茶叶生产和贸易带来的巨大财富把妇女的手工业压缩到了边缘位置，年轻姑娘们不再谈论女红，妈妈、婆婆们也不再像以前把这门手艺视为女人的至宝。在笔者走访的南糯山的13～18岁的女孩中，80％以上的女孩称自己"不太会绣花和做衣服，外面的衣服比民族服装好看多了"。问及这些女孩的母亲，她们说："孩子都不太喜欢穿民族服装；种茶叶这样忙，我们也没有时间绣花做衣服。"

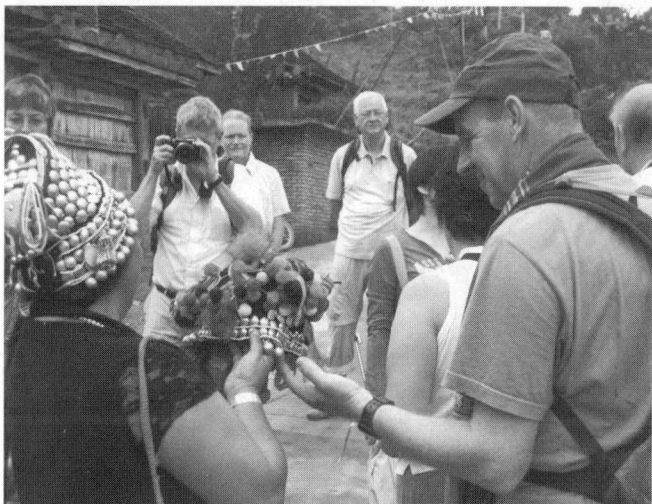

图4－6 向"老外"推销绣品

就男人的竹篾器编制而言，茶叶种植前和后的变化也是十分巨大的。2007年以后，在南糯山已少见男子的竹篾编制，他们说："茶叶活计太忙了，根本没有时间做。再说，有钱了，这种土里土气的东西也不时兴了。"

（六）为自己的人生"上保险"

2007年，保险开始光顾20世纪90年代才基本解决温饱问题的南糯山僾尼村寨。保险公司派出能说会道的本民族业务员，不辞辛苦地穿梭于大山之间。保险业务员凭着熟练的业务能力，再加上一张巧嘴，向那些一夜之间富裕起来的僾尼人宣传各种险种，这在僾尼人的历史上是破天荒的稀奇事。保险业务员对村民们讲，现在赚的这些钱，不好好管理，拿来喝酒吃肉，不长时间就糟蹋光了；存银行利息低，不如为自己的将来买个保障，还有定期分红。于是，僾尼寨子的村民一家看一家，很多农户都买了保险。在南糯山向阳寨的 68 户村民中，有 63 户买了保险，险种多为人寿险。

　　僾尼人对保险业的接受从一个层面预示着僾尼人对传统社会性别关系的诉求发生了变化。在物质生活日益丰富的今天，年轻人有越来越多的机会走出大山，他们对外部世界的渴望远远超出了长辈们的预期。当今的青壮年人已不敢奢望自己年老的时候会有孝顺的儿子媳妇守在身边，他们得提前为自己的人生上一份保险。

（七）学校教育的发展

　　就南糯山僾尼人的受教育水平而言，60 岁以上的老人几乎没有上过学；40 岁左右的中年人大多受过小学教育，能进行简单的阅读；20 岁左右的年轻人大多接受过九年制义务教育，但由于当地师资水平和教学条件的限制，文化水平并不高。过去，僾尼人往往认为，家里穷，孩子读书不仅费用高，而且读书也没有多大用处。以南糯山大巴拉寨为例，寨子里有一所小学，两个任课老师，设有 2、4、5 三个年级，开设了语文、数学、社会、美术等课程，寨子的所有适龄儿童都在这里读书（见图 4-7）。2007 年初，富裕起来的僾尼人开始重新考虑孩子的教育问题。寨子里有 5 个孩子（4 女 1 男）转学去了离寨子 3 公里以外的天伟私立小学，据说那里教学条件好，老师都是大专生。孩子们带午饭到学校，早晚由家长用新购置的轿车轮流接送。南糯山的僾尼人说，现在有钱了，要让孩子们多读些书，多学些知识，将来也到城里去工作。在他们眼里，城里人的生活才算得上真正幸福的、体面的生活。

图 4 - 7 孩子们放学归来

茶叶生产和贸易在短短几年时间内为僾尼人的生活带来了翻天覆地的变化。财富的积累、对外交流的增加以及现代市场对专业化人才的需求，使得年轻父母们不再恪守把孩子培养成"打猎的男孩、织布的女孩"的传统。他们意识到，随着外部世界的飞速发展和变化，生于斯长于斯的传统社会性别关系模式已无法适应时代的要求和期望，孩子受教育的程度和教育质量在很大程度上关乎孩子的将来。他们把男孩和女孩送到同一所学校接受同样的教育。在有的村寨中，还出现了送女孩而不送男孩上私立学校的现象。家长们说："我们不是重男轻女，也不是重女轻男。谁会读书，就送谁去好学校。"这种有意淡化传统社会性别分工模式启蒙教育的现象，展示着"磨盘双合"社会性别关系的新风貌。

本章小结

　　文化变迁和社会变迁紧密相关，一个民族在发展变化的过程中，体现民族特征的文化特点也在随之变化。[①] 这种变迁不仅源于外部因素的强烈冲击，也源于内部因素的急剧冲突和理性调适。在以"联产承包制"和"市场经济"为载体的现代化的影响和冲击下，僾尼人的农业生产结构发生了根本性变化，紧紧依附其上的社会性别关系也随之发生了变迁。对于传统上"以土为本、守土耕耘"的僾尼人来说，"磨盘双合"的社会性别关系是该民族在长期的生产劳动和社会历史发展过程中总结、提炼并实践着的一整套高度适应自然环境、充分挖掘人的潜能的传统知识。然而，"成功的社会并不是无限期地原封保存它们的文化，而是必须使之变化"[②]。在新的历史条件下，僾尼人传统的社会性别关系发生了较大的变化，以适应来自外部的机遇和挑战。无论从劳动力的分配、整合，还是新的劳动生产关系的兴起等方面都展示出，僾尼人"磨盘双合"社会性别关系的某些传统元素已经不能完全适应外部环境的新变化和新要求。

　　有些学者认为"市场经济动摇了传统社会关系乃至性别秩序，传统与现代的碰撞致使理论滞后于生活现实从而引发了文化失衡"。[③] 然而，笔者在南糯山看到，外部环境的变化并未根本

---

① 黄淑娉、龚佩华：《文化人类学理论方法研究》，广东高等教育出版社，1998，第 209 页。

② 塞缪尔·亨廷顿：《文明的冲突与世界秩序的重建》，周琪等译，新华出版社，2002，第 219 页。

③ 周全德：《我国存在某些男女不平等现象的原因探析》，《中州学刊》2003 年第 1 期。

动摇傈尼人社会性别关系的根基和精华部分，即男女两性属性不同，但能力相当、价值相等的"磨盘双合"。相反，传统文化在遭遇现代化冲击时候，做出了积极有效的调适。当然，不可否认的是，文化的调适功能并非在所用的情况下都能有效地发挥作用，傈尼人的生产生活中也或多或少地出现了不和谐的音符，这是不可避免的，也是我们应该坦然承认的。

结　语

从弗洛伊德的"生物性别决定论"到波伏娃的"社会性别存在主义"、西苏的"社会性别后现代解构"、再到沃伦的"生态女性主义性别绿色构想",性别问题一直是考察和研究一个社会的社会结构、组织原则、政治制度和经济制度的核心问题之一。而性别间的、主流和边缘的、强势和弱势群体间的平等与和谐一直以来都是妇女解放运动的理论基础和行动指南。

就是在这样的大背景下,本书选取了西双版纳哈尼族僾尼人作为研究对象,兼容了社会性别的理论基础和人类学的研究视角,探讨了僾尼人的社会性别关系和角色构成模式及其文化的特有运作方式,旨在通过翔实的田野材料和深入细致的分析研究,为基于妇女地位、权利、作用及两性关系的社会性别研究提供新的视角和有益的思考。同时,也为主流文化在宏观层面上的"性别平等"理论诉求和实践途径中存在的盲点、误区或僵化模式提供学术上的反证。

僾尼人的"磨盘双合"社会性别关系表明,男人和女人作为自然与文化的产物,一方面蕴含着迥异的特征与特色,另一方面又彰显着融通的需求与必然。在形式上,男人和女人属于独立的性别群体，扮演着不同的性别角色；在本质上，男人和女人骨肉相连、角色互补、团结协作。傈僳文化在充分尊重两性差异的基础上，始终奉行并实践着"对称与融合"的性别关系的整体观和全局观。"磨盘双合"的社会性别关系作为傈僳人传统世界观和价值观的一条主线，贯穿于其精神文化领域和物质生产生活的方方面面，它不仅是精神世界的理想，更是实践行动的指南。正是基于这样的思想观念，傈僳传统社会呈现出一种承认差异、尊重不同、团结与合作、携手与共赢的和谐风貌。

在傈僳社会中，父子连名、从夫居以及单边继嗣等文化特征并不是独断专行的男权的表征，也不意味着男人拥有比女人更高的地位或更多的权利，这些特征所表明的不过是在特定社会组织和结构中的一种文化运行模式。换句话说，在传统的傈僳社会中，社会性别关系没有把男女两性置于对立冲突、非此即彼的状态中，也没有只眷顾男人而忽略女人，更并没有刻意抬高男人的地位而人为抹杀女人的作用。因此，把父系制等同于男性霸权的普世性概念并以此为依据来解释或模式化女性从属地位或受歧视状态的做法，不仅造成了学理上的混乱，还在某种程度上导致了实践过程中"一厢情愿"的行为。

社会性别的观念和实践作为文化和社会存在和运作的核心要件之一，没有单一不变的模式可循，而是具有鲜明的地域性和文化多样性特征。在传统傈僳社会中，性别分工惯习赋予了男女两性不同的性别任务和角色定位。这种分工模式与某些文化中的自然/文化、家庭/社会、私人/公共等二分法大相径庭。特有的自然生态环境与历史文化背景造就了傈僳人基于家户单元之上的分工与合作模式。在这种模式中，男人和女人虽然扮演着不同的角色，从事着不同的工作，却共同承担着家庭、社会、私人、公共等领域的任务与责任。在僾尼传统文化中，"性别平等与和谐"
的内涵没有局限于"同工同酬，同机会、同权利"的单一表达，
其外延早已渗透至社会、文化的各个层面，其核心理念是：性别
角色的对等、依存、互惠与和谐。这种性别模式使得男女截然不
同的社会性别角色在特殊的地域里、时空中，通过特定的文化运
作方式达到了理想的和谐状态。这种和谐状态有效地维护着个
人、群体生活的平衡，从而维持其文化特色经久不衰。

　　在本书的"导论"部分曾经提到性别学术研究中的一个事
实，即女性研究与男性研究相分离，形成一个封闭的思维圈，既
未能全面揭示女性与男性共生共长的社会事实，也未能挖掘男性
与女性各自的特殊性以及作为人的存在的同一性。就如同某些哈
尼族（僾尼人）的性别研究所展示的那样，单从男性的角度研
究女性，女性便成为男性标准之下的弱者或劣者；单从女性的角
度研究女性，女性便一跃成为男性世界的强者和勇者。在这种缺
乏整体观和全局观的学术理论引导下，社会性别研究在不知不觉
中掉入了一个学术怪圈。实际上，社会性别研究不应等同于妇女
研究，更不应该仅以妇女作为孤立的关注对象，而应该是关照了
女性群体和男性群体的综合性研究。正如僾尼人的社会性别关系
所表明的，妇女独特的性别角色及其丰富的文化内涵之所以得以
完美呈现，离不开男性角色的支撑、补充与合作；同样，男性角
色的独特经验及文化外显符号的表达，也离不开女性角色的衬
托、推动和整合。社会性别研究的整体方法论取向，在当今
"性别主流化"的理论与实践的背景下，显得尤为重要和紧迫。

参考文献

《联合国评估各国性别平等状况》,《中国妇女报》2005 年 2月 5 日。

《再聚北京 共创未来》,《人民日报》2006 年 8 月 29 日。

顾秀莲:《男性为中心的传统观念是男女平等的主要障碍》http: //news. xinhuanet. com/newscenter/2005 - 08/30/content_3419420. htm, 2005 年 8 月 30 日。

《贺国强在中国妇女第十次全国代表大会上的祝词》, http: //news. xinhuanet. com/newscenter/2008 - 10/28/content _10265834. htm, 2008 年 10 月 28 日。

中华人民共和国国务院新闻办公室:《中国性别平等与妇女发展状况》, http: //news. sina. com. cn/c/2005 - 08 - 24/10506771249s. shtml, 2005 年 8 月 24 日。

玛格丽特·桑顿:《公民概念的性别化分析》, 王卫平等译,《外国法译评》1997 年第 1 期。

周全德:《我国存在某些男女不平等现象的原因探析》,《中州学刊》2003 年第 1 期。

汪丹、汪兵:《是"新妇"还是"西妇"?——梁启超"新妇观"的文化评议》，《思想战线》2004 年第 1 期。

张晓红、梁建东：《从"铁姑娘"到"新典范"——中国女性社会角色的历史变迁》，《思想战线》2008 年第 1 期。

熊秉纯：《客厅即工厂》，重庆大学出版社，2010。

李慧英：《社会性别与公共政策》，当代中国出版社，2002。

李小江：《50 年，我们走到了哪里？——中国妇女解放与发展历程回顾》，《浙江学刊》2000 年第 1 期。

白志红：《早期人类学研究中女性的在场与缺席》，《云南社会科学》2005 年第 6 期。

宋建丽：《从性别平等、性别差异到性别公正》，《中华女子学院学报》2008 年第 4 期。

《两会聚焦：妇女回家相夫教子还是延长退休年龄》，http：//text. news. sohu. com/12/81/news144268112. shtml，2001 年 3 月 7 日。

沈奕斐：《被建构的女性：当代社会性别理论》，上海人民出版社，2005。

陈庆德、潘春梅：《现代语境中的妇女地位与箐口哈尼族村寨中的妇女角色》，《思想战线》2008 年第 4 期。

贝蒂·弗里丹：《女性的奥秘》，巫漪云等译，江苏人民出版社，1988。

西蒙娜·德·波伏娃：《第二性》，陶铁柱译，中国书籍出版社，2004。

凯特·米利特：《性的政治》，钟良明译，社会科学文献出版社，1999。

罗斯玛丽·帕特南：《女性主义思潮导论》，艾晓明译，华中师范大学出版社，2002。

玛格丽特·米德：《萨摩亚人的成年》，周晓虹等译，商务印书馆，2008。

玛格丽特·米德：《三个原始部落的性别与气质》，宋践等译，浙江人民出版社，1988。

夏建中：《文化人类学理论学派》，中国人民大学出版社，1997。

奈杰尔·拉波特：《社会文化人类学的关键概念》，鲍雯妍等译，华夏出版社，2005。

潘桂林：《伙伴关系模式：女性解放的绿色构想》，《广西社会科学》2007年第6期。

闵家胤：《阳刚与阴柔的变奏：两性关系和社会模式》，中国社会科学出版社，1995。

黄启璪：《黄启璪同志谈：性别观点纳入决策主流》，《妇女研究论丛》1996年第3期。

陈慕华：《加强妇女理论研究，推动中国妇女解放事业沿着正确的道路前进》，http：//www. wsic. ac. cn/internalwomenmovementliterature/12236. htm，1996年12月16日。

戴成萍：《女性人类学与中国女性人类学研究现状分析》，《内蒙古社会科学》2003年第5期。

白志红：《女性主义人类学对二元论的挑战》，《云南社会科学》2003年第5期。

王政、杜芳琴主编《社会性别研究选译》，生活·读书·新知三联书店，1998。

佳亚特里·斯皮瓦克：《从解构到全球化批判——斯皮瓦克读本》，陈永国、赖立里、郭英剑主编，北京大学出版社，2007。

王铭铭：《非我与我》，福建教育出版社，2000。

高彦颐：《闺塾师：明末清初江南的才女文化》，李志生译，江苏人民出版社，2005。

王政：《国外学者对中国妇女和社会性别研究的现状》，《山西师范大学学报》1997年第4期。

曼素恩：《缀珍录：十八世纪及其前后的中国妇女》，江苏人民出版社，2004。

翁乃群：《女源男流：从象征意义论川滇边境纳日文化中社会性别的结构体系》，《民族研究》1996年第4期。

翁乃群：《公共领域家户化：纳日社会的公众领域和家户领域及其社会性别问题》，载周星、王铭铭编《社会文化人类学讲演集》，天津人民出版社，1997。

刘永青：《家户领域与公众领域：旅游业发展对摩梭人社会性别关系的影响》，载杜芳琴、王政主编《社会性别》第1辑，天津人民出版社，2004。

云南社会性别与发展小组：《参与性发展中的社会性别足迹》，中国社会科学出版社，2005。

和钟华：《在女神的天地里》，云南教育出版社，1995。

杜杉杉：《社会性别平等模式——"筷子成双"与拉祜族的两性合一》，赵效牛等译，云南大学出版社，2008。

《哈尼族简史》编写组编《哈尼族简史》，云南人民出版社，1985。

《民族问题五种丛书》云南省编辑委员会编《哈尼族社会历史调查》，云南民族出版社，1982。

雷兵：《哈尼族文化史》，云南民族出版社，2002。

云南省民族事务委员会编《哈尼族文化大观》，云南民族出版社，1999。

史军超：《哈尼族文学史》，云南民族出版社，1998。

西双版纳勐海县民族事务委员会编《西双版纳哈尼族民间故事集成》，云南少年儿童出版社，1989。

西双版纳勐海县民族事务委员会编《西双版纳哈尼族歌谣》，云南少年儿童出版社，1989。

张宁：《爱尼人的变迁——一位女学者眼中的"并寨进场"》，《民族团结》1997年第7期。

许敏：《传统文化背景下哈尼族妇女的现代化问题》，《红河学院学报》2006年第1期。

李云霞：《哈尼族稻作文化中的社会性别角色》，《中央民族大学学报》2003年第6期。

李云霞：《社会性别视野下的哈尼族家庭教育》，《民族教育研究》2004年第2期。

邹辉：《沙普哈尼族女性人口个案研究》，载戴庆厦主编《中国哈尼学》（第一辑），云南民族出版社，2000。

马翀炜、潘春梅：《仪式嬗变与妇女角色——元阳县箐口村哈尼族"苦扎扎"仪式的人类学考察》，《民族研究》2007年第5期。

潘春梅：《元阳县箐口村哈尼族日常生活实践中的妇女角色》，《中南民族大学学报》2008年第2期。

米娜：《哈尼族妇女在家庭中的地位和作用》，载红河州哈尼学学会编《哈尼学研究》（第二集），云南民族出版社，1993。

龚佩华：《龚佩华人类学民族学文集》，民族出版社，2003。

王金玲：《女性社会学》，高等教育出版社，2005。

田汝康：《芒市边民的摆》，云南人民出版社，2008。

杨毓骧：《拉祜族"奥者奥卡"双系制家庭剖析》，《云南民族学院学报》1988 年第 3 期。

许鸿宝：《拉祜族大家庭的调查与分析》，《云南社会科学》1984 年第 1 期。

王正华、和少英：《拉祜族文化史》，云南民族出版社，1999。

晓根：《拉祜文化论》，云南大学出版社，1997。

西双版纳傣族自治州民族事务委员会编《哈尼族古歌》，云南民族出版社，1992。

张福三：《简论我国南方民族的兄妹婚神话》，《思想战线》1983 年第 3 期。

李子贤：《彝、汉民间文化圆融的结晶——开远市老勒村彝族"人祖庙"的解读》，《云南民族大学学报》2010 年第 4 期。

王宪昭：《中国多民族兄妹婚神话母题探析》，《理论学刊》2010 年第 9 期。

汪宁生：《文化人类学调查——正确认识社会的方法》，文物出版社，1996。

尤中：《中国西南的古代民族》，云南人民出版社，1980。

云南省编辑组编《云南方志民族民俗资料琐编》，云南民族出版社，1986。

勐海县人民政府编《勐海县乡镇年鉴》，2004。

杨忠明：《西双版纳哈尼族简史》（内部资料），西双版纳州政协提案法制委员会，2004。

门图：《勐海少数民族纪略》，勐海县民族事务委员会，1993。

门图：《西双版纳爱尼村寨文化》，中国文学出版社，2002。

李克忠：《寨神——哈尼族文化实证研究》，云南民族出版社，1998。

王清华：《梯田文化论》，云南大学出版社，1999。

门图、高和：《爱尼风俗歌》，香港创意出版公司，1992。

中共勐海县委员会编《中共勐海县党史资料》第3辑（内部资料），2003。

格朗和哈尼族乡党委政府、勐海县史志办编《幸福吉祥的格朗和哈尼族乡》（内部资料），2002。

李强：《雅尼人父子联名制谱系新说》，《云南社会科学》2003年第1期。

《云南画报——景洪》，2004。

利普斯：《事物的起源》，汪宁生译，四川民族出版社，1982。

刘辉豪、阿罗编《哈尼族民间故事选》，上海文艺出版社，1989。

郭丽：《彝语支民族"洪水神话"解读》，硕士学位论文，四川大学，2007。

马林诺夫斯基：《两性社会学》，李安宅译，上海人民出版社，2003。

《现代汉语词典》（第6版），商务印书馆，2012。

恩斯特·卡西尔：《人论》，李琛译，光明日报出版社，2009。

拉德克利夫－布朗：《安达曼岛人》，梁粤译，广西师范大学出版社，2005。

俞顶贤主编《中国各民族婚俗》，北方妇女儿童出版社，1988。

刘伟：《"社会性别"——社会学"他者"的研究视角》，《南方论刊》2009年第3期。

熊丽芬、李劼：《西南少数民族两性角色差异的支点》，《中央民族大学学报》2010 年第 1 期。

施达、陈桂芬整理《欧夏奕——哈尼族婚礼古歌》，云南民族出版社，2002。

赵官禄等搜集整理《十二奴局》，云南人民出版社，1989。

云南省少数民族古籍整理出版规划办公室编《哈尼阿培聪坡坡——"好地诺马阿美"》，云南民族出版社，1986。

白玉宝、王学慧：《哈尼族天道人生与文化源流》，云南民族出版社，1998。

何作庆：《哈尼族丧葬习俗中的人际关系》，《云南民族大学学报》2007 年第 4 期。

罗伯特·F. 墨菲：《文化与社会人类学》，吴玫译，中国文联出版公司，1988。

G. 邓肯·米切尔主编《新社会学词典》，蔡振扬等译，上海译文出版社，1987。

郭璞注《尔雅·释亲》，北京图书馆出版社，2002。

许慎：《说文解字》，中华书局，1963。

彭兆荣：《西南舅权论》，云南教育出版社，1997。

彭兆荣：《论"舅权"在西南少数民族婚姻中的制约作用》，《贵州民族研究》1989 年第 2 期。

杨才让塔：《论舅权在天祝藏族婚俗中的遗存》，《西藏民族学院学报》2009 年第 5 期。

《马克思恩格斯全集》（第 45 卷），人民出版社，1985。

柯斯文：《原始文化史纲》，张锡彤译，人民出版社，1972。

马林诺夫斯基：《野蛮人的性生活》，高鹏等译，团结出版社，2005。

特伦斯·霍克斯：《结构主义和符号学》，瞿铁鹏译，上海译文出版社，1987。

尹绍亭：《文化生态与物质文化》（杂文篇），云南大学出版社，2007。

列维－布留尔：《原始思维》，丁由译，商务印书馆，1986。

李少军：《哈尼族连名谱系的哲学解读》，《中央民族大学学报》2006年第1期。

杨忠明：《我们同根，我们同源——论西双版纳哈尼族与东南亚阿卡人谱系的同一性》，载西双版纳州政协主办《人民政协》（内部资料），2007年第2期。

施建光：《哈尼族舅权初探》，《蒙自师范高等专科学校学报》2003年第1期。

李云霞：《哈尼族丧葬礼仪中的舅权——以元阳县水沟脚村哈尼族多尼人为例》，《中南民族大学学报》2003年第1期。

杨万智：《巫师的魔障——哈尼族尼帕行巫心理分析》，《云南师范大学学报》1991年第2期。

张宁：《一个僾尼"尼帕"的传奇》，《今日民族》2002年第3期。

F. V. 格朗菲尔德：《泰国密林中的游迁者——阿卡人》，刘彭陶译，载云南省民族研究所编《民族研究译丛》第5辑，1987。

白宇：《哈尼族历法概论》，载红河哈尼族彝族自治州民族语文古籍研究所编《红河民族语文古籍研究》，1987。

勐海县志办编《勐海县志》（内部资料）。

勐海县农业局编《勐海县农业志》（内部资料）。

黄绍文、何作庆：《哈尼族传统采集狩猎与生物多样性》，《中央民族大学学报》2008年第2期。

赵捷:《社会性别与发展:实践者的足迹与反思》,《山西师范大学学报》2004 年第 4 期。

黄淑娉、龚佩华:《文化人类学理论方法研究》,广东高等教育出版社,1998。

塞缪尔·亨廷顿:《文明的冲突与世界秩序的重建》,周琪等译,新华出版社,2002。

和钟华:《生存与文化的选择——摩梭母系制及其现代变迁》,云南教育出版社,1999。

Scott, J. W. , Fictitious Unities: Gender, East and West (A Paper for the Fourth European Feminist Research Conference, Bologna, 2000) in www. women. it/cyber archive/files/Scott. htm.

Oakley, Ann, *Sex, Gender, and Society* (London: Temple Smith, 1972).

McCall, D. K. , "Semone de Beauvoir, The Second Sex, and Jean-Paul Sartre," *Journal of Women in Culture and Society* 5 (2), 1979.

Cixous, H. , "The Laugh of the Medusa," in E. Marks & I. de Courtivron, eds. , *New French Feminisms* (New York: Schocken Books, 1981).

Warren, K. J. , "Feminism and Ecology," *Environmental Review* 9 (1), 1987.

King, Y. , "The Ecology of Feminism and the Feminism of Ecology," in J. Plant, ed. , *Healing the Wounds: The Promise of Ecofeminism* (Santa Cruz, CA: New Society Publishers, 1989).

Moore, H. L. , *Feminism and Anthropology* (Minneapolis: University of Minnesota Press, 1988).

Ortner, S. & Whitehead, H. eds., *Sexual Meanings: The Cultural Construction of Gender and Sexuality* (Cambridge: Cambridge University Press, 1981).

Stragthen, M., *The Gender of the Gift: Problems with Women and Problems with Society in Melanesia* (Berkely: University of California Press, 1988).

Craeber, D., *Toward an Anthropological Theory of Value: the False Coin of Our Dreams* (New York: Palgrave, 2001).

Croll, E., *Changing identities of Chinese women: rhetoric, experience and Self-perception in twentieth-century China* (Hong Kong: Hong Kong University Press, 1995).

Ardener, E., "Belief and the Problem of Women," in S. Ardener, ed., *Perceiving Women* (London: Malaby Press, 1975).

Guss, D., *To Weave and to sing: Art, Symbol, and Narrative in the South American Rain Forest* (Berkeley: University of California Press, 1989).

致　谢

　　首先要感谢的是我的两位师长。一位是云南大学的人类学家尹绍亭教授，在他的引领下，我踏进了人类学这个异彩纷呈的研究领域。读他的书，常触动于他优美的文字和犀利的批判；和他一起下田野，常惊讶于他敏锐的观察；和他一起做项目，常见证他对学问的执着。另一位是云南师范大学的人类学家崔明昆教授。我的每一次田野工作情况和写作进度都会在第一时间 Email 一份给他，他再忙都会在最短的时间内给我提出意见。在他们的悉心帮助、热情鼓励下，本书才呈现出今天的模样。

　　其次要感谢的是孟连县腊垒乡岔河村广伞寨的村民，特别是村小组长阿仁和他的家人（能干的妻子和三个可爱的孩子），他们对我最初几次的田野调查提供了很大帮助。再次是西双版纳勐海县格朗和乡南糯山的村民。特别要说的是，南糯山大巴拉寨的克索大哥和他的家人（克索的父母、妻子和两个英俊的儿子），给予我亲情般的关爱，让我的田野调查和生活充满了欢乐。没有这些来自田野的、体现着僾尼人优秀传统的当地人对我的接纳、给予我的灵感和帮助，我的田野工作是不可能顺利完成的。此外，我还要感谢那些在我的田野工作中协助我调查、访谈，但出于学术需要在本书中被隐去真名的傻尼老乡。

在这里，还要特别感谢我的丈夫和父母。从我进行相关研究的第一天起，他们就是我最坚实的后盾。遇到困难时，有他们的鼓励；遇到挫折时，有他们的支持；收获欢乐时，他们与我共享。当然，还有我可爱的儿子。在我带他第一次下田野时，孩子还不满 7 岁。孩子纯真的天性和阳光般灿烂的笑容，让人不设防。一次次的田野调查，小家伙结交了很多傻尼小伙伴。孩子以他独特的方式，很快架起了我和当地人之间情谊的桥梁，他成为我田野工作的"小帮手"。在此，请让我一并感谢所有鼓励和帮助本书成长与进步的人！

"破茧成蝶"的过程是漫长的、艰苦的，但它却是一个充满奇迹与惊喜的过程！当美丽的蝴蝶在眼前飞舞时，我不会忘记它曾经有过一副怎样丑陋的模样，更不会忘记那是一次怎样令人难以忘怀的经历！

图书在版编目（CIP）数据

磨盘双合的日子：西双版纳僾尼人的社会性别研究/
颜宁著. -- 北京：社会科学文献出版社，2016.12
（云南财经大学前沿研究丛书）
ISBN 978 - 7 - 5097 - 9834 - 8

Ⅰ.①磨⋯　Ⅱ.①颜⋯　Ⅲ.①少数民族 - 民族社会学
- 研究 - 西双版纳　Ⅳ.①K280.742

中国版本图书馆 CIP 数据核字（2016）第 244800 号

·云南财经大学前沿研究丛书·

磨盘双合的日子
—— 西双版纳僾尼人的社会性别研究

著　　者/颜　宁

出 版 人/谢寿光
项目统筹/恽　薇　陈凤玲
责任编辑/陈凤玲　杨鑫磊　孙智敏

出　　版/社会科学文献出版社·经济与管理出版分社（010）59367226
　　　　　地址：北京市北三环中路甲 29 号院华龙大厦　邮编：100029
　　　　　网址：www.ssap.com.cn
发　　行/市场营销中心（010）59367081　59367018
印　　装/北京季蜂印刷有限公司

规　　格/开本：787mm×1092mm　1/16
　　　　　印张：16.5　字数：200 千字
版　　次/2016 年 12 月第 1 版　2016 年 12 月第 1 次印刷
书　　号/ISBN 978 - 7 - 5097 - 9834 - 8
定　　价/85.00 元

本书如有印装质量问题，请与读者服务中心（010 - 59367028）联系